관상학의
장수비결

내일을여는지식 철학 10

관상학의
장수비결

김연희 지음

한국학술정보㈜

"여기에 소개되는 인물들은 모두 초상권 사용에 동의한 경우 실물사진 그대로를 실었으며 그렇지 못한 경우, 장수상의 특징을 살려 삽화 처리하였음을 밝혀 둔다."

'관상학의 장수비결'에 실린 인물에 대한 초상권의 책임은 저자가 지겠습니다.

김연희

저자의 말

시대를 막론하고 건강과 장수는 모든 사람에게 회자되는 화두다.

인간은 과연 얼마나 오래 살 수 있을까?

인간의 생로병사는 무엇에 의하여 지배받는 것일까?

이 책이 쓰이게 된 동기는 이러한 고민에서 비롯되었다. 그리하여 그 방법으로서 고전의 상학 장수이론과 현존 장수인의 상관관계를 주목하였는데, 가장 먼저 '상학에서 장수를 예측할 수 있는지' 그 가능성을 살펴보았다. 그래서 상학의 장수요인 중에 자신의 부족한 점을 찾아내어 그에 따른 양생방법으로써 건강한 삶을 유지하기 위한 가능성을 제시하였다.

고령화 시대로 접어들고 있는 현대에서 '선천적으로 타고난 장수 요인이 부족할 때는 어떻게 건강관리를 해야 하는가.' 상학적 장수 연구는 부모로부터 물려받은 선천적 요인을 분석하여 각각의 체질에 맞는 건강관리를 통해 누구나 건강하게 장수를 누릴 수 있는 방법론을 제시하는 데 그 의의를 두었다.

인간의 장수는 여러 가지 환경인자와 유전적 요인이 유기적 관계로서의 다인자적(多因子的) 현상이다. 국내외 장수학자들의 연구발표에서 인간의 건강이나 수명을 결정짓는 요인은 크게 3가지로 구분할 수 있는데 첫째는 유전적 요인, 둘째는 환경적 요인, 셋째는 생활 습관적 요인들이 복합적으로 작용하여 결정된다고 설명한다.

특히 미국의 장수학자 토마스 펄은 119세 노인의 부검 등을 통해 그 중심에 '장수촉진 유전자'가 있다는 걸 발견하고, 유전적 영향 없이 장수할 수 있는 예외적인 가능성을 가진 경우는 20명 중 한 명꼴에 불과하다고 밝혔다.

한편 동양의학에서는, 부모로부터 물려받은 개개인의 선천적 요인이 후천적 요인과 관계를 이루며 인간의 수명에 영향을 미치는 것으로 해석한다. 『동의보감』에서는 "사람의 수요(壽夭)에는 각각 천명이 존재한다. 천명이란 천지와 부모에게서 타고난 원기를 말한다. 부정(父精)·모혈(母血)의 성쇠가 같지 않으므로 사람의 수요 또한 차이가 있는 것이다"라고 하였다.

그렇다면 부모로부터 물려받은 선천적 요인이 바로 장수유전자가 될 수 있는 것으로 보아도 무리가 따르지 않는다.

이 책은 상학이론을 중심으로 부모로부터 물려받은 선천적인 요인(父精·母血·骨)과 살아가면서 형성되는 후천적 요인(風寒暑濕之氣·營養·肉)을 파악하여, 각각의 상(相)에 나타나는 장수요인 중 개인의 부족한 점을 예측하고, 양생방법과 그에 따른 건강관리의 방법을 제시하였다.

그에 대한 검증방법으로서 상학적 장수이론과 현존 장수인의 상관성을 밝히기 위하여 고전 문헌의 장수이론을 정리하여, 고전의 장수이론과 현존하는 실제 장수인의 상관관계를 사진을 통해 사실적으로 분석하였다.

　장수인의 사례는 설문지와 직접 면담을 통한 85세 이상 장수인 50명과 '한국의 백세인'을 연구 발표한 서울대 박상철 교수팀이 조사한 100세인 10명의 사진을 중심으로 하였다. 사례의 분석결과, 상학은 장수를 예측할 수 있는 가능성을 지니고 있음을 확인할 수 있었다. 때문에 이와 같은 결과 값을 현대의 장수연구에 활용한다면 장수의 요인에 대하여 좀 더 효율적으로 예측할 수 있을 것으로 생각한다. 그런가 하면 각 개인의 입장에서도 자신에게 맞는 건강관리 및 양생방법으로서 건강하게 장수하는 데 밑거름이 될 수 있으리라고 생각한다.

　이와 같은 사례의 사진자료를 분석하여 나타난 결과를 중심으로 현존 장수인과 상학의 장수이론이 서로 밀접한 상관관계가 있다는 사실을 상학적으로 밝힌 방법론적 접근방식은 차후의 관련 학계에서의 연구방법에 하나의 규준이 될 수 있을 것으로 믿는다.

2009년 6월
김연희

　이 책은 상학의 장수에 대한 연구가 건강한 장수의 길로 나아가는 데 기여할 수 있기를 기대하면서 '相學에 나타난 長壽 理論의 연구'에 관한 석사 논문을 일반인들을 위하여 일부 수정한 책이다.

목 차

I. 서 론

무병장수의 염원은 인간의 본능으로, 예로부터 이에 관하여 다양한 방법으로 많은 연구를 진행하였다. 상학(相學)의 장수연구는 부모로부터 물려받은 선천적 요인을 판단하여, 각 체질에 맞는 후천적 요인을 통해 건강한 장수를 유도하는 데 그 의의를 두고 있다. 건강한 장수를 위한 양생방법으로는 생활환경, 사회적·심리적 환경, 식생활 등 환경요인으로서의 다각적 접근이 필요하다.

현대는 고령화 시대로 접어들고 있다. 따라서 '건강한 장수를 위해서는 어떠한 양생방법이 필요하며, 선천적으로 타고난 장수요인이 부족할 때는 어떻게 건강관리를 해야 하는가'에 대해 살펴보고자 한다.

상학이란 외부에 나타나는 형상을 통해 사람의 성격과 체질, 그리고 운명까지도 추론하는 학문이다. 겉으로 드러나는 '몸'을 읽는 상학은, 기본적으로 외양이 내면을 반영한다는 논리를 바탕에 두고 면상(面相)·수상(手相)·족상(足相)을 포함하여 골격, 기색 등 몸 전체의 외모, 나아가 체상(體相)인 몸짓까지 읽어 내는 포괄적인 개념이다.

정신과 육체를 분리해서 생각하는 서양과 달리, 동양에서는 몸이란 정신과 육체의 통합체로서 생각해 왔다. 몸은 고대로부터 정신의 상대물(Counterpart) 또는 정신과 직접적 상호관계를 갖는 것으로 인지되었다. 따라서 사람에게 나타나는 형상 및 몸의 표현은 그 사람의 내면 상태를 드러내 주는 신호일 뿐 아니라, 개인 자신에게는 표현의 수단이며 의사소통의 매개체가 되었고 운명의 표지가 되기도 하였다. 때문에 상학에서는 인간의 내면이 몸을 통해 외부로 드러난 형상 및 몸의 표현에 대한 관찰을 통하여 사람의 성격·체질·심리상태·재능과 의지를 읽어 낼 수 있다고 보았으며, 나아가 부귀(富貴)·빈천(貧賤)·수요(壽夭)·길흉(吉凶) 등 운명을 추론하는 것까지도 가능하였던 것이다. 관상은 사실 사람들의 본능적인 행위에 가깝다. 자신에 대한 호기심을 충족시킬 뿐 아니라 타인에 대한 판단을 돕기 위해 누구나 하는 행위이기 때문이다.

사람의 얼굴에는 그 사람의 천성과 함께 삶 전체가 담겨 있기 때문에 다소의 차이는 있을지 몰라도 사람들은 누구나 얼굴 생김새를 통해 그 사람의 '됨됨이'를 파악할 수 있다. 관상이라는 말을 한 번도 들어 본 적이 없다 하더라도 사람들은 본능적으로 사람을 자세히 살펴보고 비교하며 판단을 하는데, 이것이 바로 상학의 시초이며 상학적 판단이라 할 수 있는 것이다. 몸을 통해 인간을 이해하는 수단 중의 하나인 상학은 타인의 모습을 판단하기 위하여 사용되는 경우가 많았기 때문에 철학, 심리학, 사회학, 나아가 미학(美學)을 아우르는 분야라고 할 수 있다. 더구나 상학은 의학과 밀접한 관계성을 가지고 사람의 내기(內氣)가 나타나는 외형의 모습에서 질병을 판단하고 치료하며 건강을 관리하는 동양의학 중의 한 부분인 형상의학에 적용되기도 하였다. 뿐만 아니라 상학의 역사는 그 시대마다 사람들이 세계를 이해하던 방식, 즉 세계관의 역사를 보여주기도 한다. 이러한 측면에서 상학은 몸을 인식하는 사람들의 사고방식과 변화를 보여주는 좋은 연구대상이 될 수 있는 것이다.

이 책에서는 상학의 다양한 분야 중 특히 인간의 수명에 대하여 관심을 가지고 살펴볼 것이다. 연구목적은 고전 상학문헌에서 나타나는 장수이론과 현재 장수하고 있는 노인(이하 '현존 장수인'이라 표기)들의 상(相)과의 상관관계를 연구하는 데 있다. 몸을 통해 인간을 이해하는 수단 중의 하나인 상학의 이론을 중심으로, 부모로부터 물려받은 선천적인 요인인 부정(父精)·모혈(母血)·골(骨)과 살아가면서 형성되는 후천적 요인인 풍한서습(風寒暑濕)의 외감지기(外感之氣)·영양(營養)·육(肉)을 파악하여, 상학에 나타나는 장수의 요인 중 개인의 부족한 점을 예측하고, 양생법과 그에 따른 건강관리의 방법을 살펴보는 데 그 의의를 두고 있다.

지난 20세기 후반부터는 생활수준의 향상, 의료기술의 발전, 위생조건의 개선 등으로 급속한 인구의 고령화 현상이 나타났다. 더구나 21세기 초반 20~30년 사이에는 고령화 현상이 더욱 두드러져 세계 역사상 유례를 찾기 어려울 정도로 빠르게 진행될 것으로 예상되고 있다. 우리나라의 경우 20세기 초만 해도 평균수명이 23세 정도(김정근, 1984)에 불과했는데 2000년에는 남녀 평균 74세에 이르고 있다.[1] '2001년도 보건복지 통계연보'에 따르면 한국인의 평균수명이 남자 72.1세, 여자 79.5세로 나타났으며, 지난 80년의 평균수명이 남자 62.7세, 여자 69.1세였던 데에 비하면 20여 년 만에 평균 10살 이상 늘어난 것이다. WHO는 인간의 뇌 세포 감

---

1) 최성재, 「한국 백세인의 사회적 및 심리적 특성」(박상철 편, 『한국의 백세인』), p.29.

소과정을 기준으로 65세부터를 노인이라고 규정하고 있다. 65세 이상 인구를 세분화해서 볼 때 장수의 반열에 들어갈 수 있는 85세 이상, 특히 100세 이상 고령인구의 증가가 가장 급속하게 이루어져 왔다(New England Centenarian Study Homepage, 2001: 鈴木信, 2000). 질병률 곡선(mordibity curve)에 관한 연구를 기초로 하여 파악된 연구발표에 의하면 85세를 정점으로 그 이후 질병률 곡선이 급격히 하강하는 면을 보인다는 결론이 도출되었다(Fries, 1980). 따라서 의학적으로 85세가 넘으면 그 이전의 연령보다도 상대적으로 사망률이 떨어진다는 결론에 이르렀다.[2]

〈표 1〉 인구·가구·연령별 고령자 2000년

(자료: 통계청)

	전체	남자	여자
계/2000	45,985,289	23,068,181	22,917,108
60세 이상	5,160,655	2,123,862	3,036,793
60~64세	1,788,849	836,465	952,384
65~69세	1,376,122	593,974	782,148
70~74세	918,121	348,226	569,895
75~79세	600,598	211,347	389,251
80~84세	303,759	94,135	209,624
85~89세	128,884	31,725	97,159
90~94세	36,834	7,004	29,830
95~99세	6,554	904	5,650
100세 이상	934	82	852
	전체	남자	여자

통계청 보고서에 의하면 85세인 초고령자인의 숫자가 몇 년간 크게 증가되어 있음을 나타내고 있다. 2000년 총인구 45,985,289

---

2) 전경수, 「한국백세인의 문화적 특성」(박상철 편, 『한국의 백세인』), p.113.

명 중 85세 이상의 인구수는 전국에 173,206명이며, 그중 남자는 39,715명, 여자는 133,491명으로 전국에서 85세 이상 인구는 1만 명당 37.6명이다. 100세인은 전국에 934명이며, 그중 남자는 82명, 여자는 852명으로 전국에서 100세 이상의 인구는 1만 명당 0.2명이다. (<표 1>). 따라서 본서에서는 85세 이상을 현존 장수인으로 선정하고 고전 상학의 장수이론과 현존 장수인과의 상관성을 연구하고자 한다.

연구내용은 크게 두 부분으로 나눌 수 있다. 첫째는 상학의 기본이론과 장수이론을 살펴보기 위하여 고전 상학 문헌을 중심으로 정리하였다. 둘째는 상학의 장수이론과 현존 장수인의 상에 대한 상관관계를 살펴보기 위하여 현존하고 있는 장수인의 사진 실례를 중심으로 분석하였다.

문헌에 관한 연구는 먼저 상학의 역사적인 변천과정을 개략적으로 살펴보고, 어떠한 사상적 배경에 근거한 것인지를 알아보았다. 다음으로 동양의 기본사상 중의 하나인 '천인합일'(天人合一)의 사상을 『황제내경』(黃帝內經)에 있는 천지와 인체의 상응관념을 중심으로 살펴보고, 천지인 상응관념이 상학에서는 어떻게 적용되는지 알아보았으며, 음양오행(陰陽五行)이 상학에서는 어떻게 적용되며 활용되고 있는지 알아보았다. 마지막으로 상학의 기본이론과 장수이론에 관하여 문헌을 중심으로 정리하였다.

고전 상학의 장수이론과 현존하는 실제 장수인의 상에 대한 상관관계를 살펴보기 위한 연구방법으로는, 고전에 나타나는 장수이론을 근거로 분석틀을 설정하고, 그 분석틀에 의거하여 현재 살고 있는 장수인의 실례를 사진을 통해 분석하였다. 장수인은 60명의 현존 장수인을 선정하였으며, 현존 장수인의 실례 분석은 설문지와 직접 면담을 통한 85세 이상 장수인 50명의 사진 및 그들 관상의 특징적인 이미지 도출을 하였으며, 100세 장수인은 '한국의 백세인'을 연구 발표한 서울대 박상철 교수팀이 조사한 100세인 10명의 사진을 중심으로 하였다.

현존 장수인의 자료들을 개개인으로 분석한 후 종합적인 분석결과를 도출하였다. 나타난 결과를 중심으로 현존 장수인과 상학의 장수이론이 서로 밀접한 상관관계가 있다는 사실을 동양의학적 측면에서 검토하였다. 장수인과 장수이론의 요인이 서로 부합되는 경우가 많았지만, 현대 사회가 발전해 감에 따라 기존의 장수이론과 다르게 나타나는 부분도 있었다. 이에 필자는 현대적 측면에서 바라보는 상학의 장수이론과 함께 현대인의 장수상(長壽相)을 재정립하고, 건강한 장수를 위한 양생방법과 상학의 장수의 요인에 나타나는 개개인의 부족한 점을 보충해 주기 위해서 건강관리 방법을 제시하였다.

지금까지 상학에 관한 연구는 미비하고 피상적이며 극히 상식적인 문제를 다루었으며, 상학 문헌이 있다 하여도 체계적으로 정립이 되지 않았기 때문에 연구를 하는 데 부족한 점이 많았다고 할 수 있다.

주 연구문헌은 『황제내경』(黃帝內經), 『동의보감』(東醫寶鑑), 『사고전서』(四庫全書) 「자부・술수류」(子部・術數類)에 수록된 『태청신감』(太淸神鑑),[3] 『월파동중기』(月波洞中記),[4] 『인륜대통부』(人倫

---

[3] 『太淸神鑑』은 모두 6권으로 이루어져 있으며, 舊本은 後周의 王朴이 撰하였다. 「宋・

大統賦),5) 『옥관조신국』(玉管照神局)6)과 『古今圖書集成』에 수록되어 있는 『신상전편』(神相全篇)7), 역사서에는 수록되지는 않았지만 현재 상학의 텍스트로 사용하고 있는 『마의상법』(麻衣相法)8), 『중국상법정화』(中國相法精華)9)를 중심으로 하였으며, 이 외에 『상학사연』(相學辭淵)10), 『유장상법』(柳莊相法)11), 『면상비급』(面相秘笈)12), 『상리형진』(相理衡眞)13), 『상리대전』(相理大全)14) 등이다.

遼·金」時代의 相法에 관한 문헌으로 『永樂大典』에 산재되어 기록되어 있으며 『四庫全書』, 「子部 術數類」에 수록되어 있다.

4) 『月波洞中記』는 모두 9장(仙濟에서 玉枕)으로 되어 있다. 『宋史』 「志」에 『月波洞中龜鑑』 또는 『月波洞中記』 上으로 1권이 수록되어 있고, 『永樂大典』에 수록되어 있으며 『四庫全書』에는 上·下로 수록되어 있다. 南北朝時代 이후의 術士들의 작품으로 후세에 위탁되었다는 說이 있다.

5) 『人倫大統賦』는 金의 張行簡 等이 撰한 것으로 『永樂大典』에 기재되어 있으며, 『四庫全書』에는 上·下로 수록되어 있다. 骨法의 형태를 중요시한 문헌으로 사람의 貴賤은 骨의 形態에서 결정된다는 것을 강조하였다.

6) 『玉管照神局』은 宋齋邱가 撰한 것으로 『宋史』 「經籍誌」, 『永樂大典』에 기재되어 있으며 『四庫全書』에 수록되어 있다. 上·中·下로 이루어져 있으며 上에는 「呂洞賓賦」, 「陣搏風鑑」 등 仙人들의 相法要結들이, 中에 十貴壽相과 掌法이, 下에는 사람의 身體와 面貌를 동물에 25종류의 동물에 비유한 物形들이 기록되어 있다.

7) 『神相全編』은 북송 진희이의 저서로 『古今圖書集成』에 수록되어 있다. 각각 장에는 당거, 허부, 곽태, 여동빈, 귀곡자 등의 상론이 기재되어 있으며, 고전 상학의 전반적인 내용이 실려 있다.

8) 宋의 麻衣道者의 저서, 『麻衣相法』, 『麻衣道者正易心法』이 있으며 麻衣道者는 陳希夷의 스승이다. 『麻衣相法』은 각론과 총론으로 나뉘어져 있으며, 마의선생 石室神異賦의 銀是歌와 金鎖賦, 達磨相法 등의 내용이 실려 있다.

9) 『中國相法精華』는 韋千里의 저서로 고전 상학의 이론을 중심으로 편찬한 상학서.

10) 『相學辭淵』은 梁湘潤이 편찬한 상학서로 각 시대별로 중요시하는 상학의 개념과 차이점과 고전 상학서의 특징 등을 정리하였다.

11) 『柳莊相法』은 明의 柳莊·袁忠散의 저서로 永樂大帝와 상학에 대한 문답한 永樂百聞이 있다.

12) 『面相秘笈』은 小通天의 저서로 인체의 음양 관계, 즉 음양의 조화인 陽和와 陰德 음양의 편차인 亢陽과 孤陰, 두골의 九陽氣, 면부에서의 유년 운기 등 면상에 대해 상세히 기록한 책.

13) 『相理衡眞』은 陳淡埜의 저서로 사람을 오행의 형상을 구분하였을 뿐 아니라 『相理衡眞』에서부터는 글자형상에 구분하기 시작하였고, 「陳希夷心相編」과 「抱朴子行品章」을 참조하여 사람을 파악할 때는 사람의 저울대와 거울이 되는 보이지 않는 형상 밖의 형상까지 그 진면목을 '知人'하기를 권한다.

장수인의 상을 분석하기 위해 실례 조사 대상의 범위는 다음과 같이 하였다. 장수인의 지역적 분포, 생활환경 등에 관한 것이 아니고, 장수인의 상에 관한 것이기 때문에 선정기준에서 장수인이 많이 살고 있는 특정지역을 선택하지 않았다. 선정기준은 첫째, 활동을 하는 데 무리가 없는 85세 이상의 노인으로 특별한 지역을 선택하지 않고 불특정 다수인을 대상으로 50명을 선정하여, 2003년 5월부터 2004년 5월까지 직접 면담과 함께 설문조사를 하고 사진을 찍었다. 조사한 대상은 모두 50명으로 성별은 남자가 15명, 여자가 35명이었고, 나이는 85~89세가 35명, 90~99세가 14명, 102세가 1명 있었다. 지역은 서울·경기에서 24명, 그 외 지역에서 26명이었다. 둘째, 『한국의 백세인』을 연구 발표한 서울대 박상철 교수팀이 2002년 7~9월까지 장수지역 현장을 조사하면서 찍은 100세인의 사진 중 파악할 수 있는 10명의 사진과 설문조사를 참조하였다.

장수에 대한 연구 중 가장 큰 난점은 장수인을 대표할 충분한 수의 표본을 확보하기가 어려웠던 점이다. 사진을 필요로 하기 때문에 더욱 난제였다. 장수인의 상을 연구하기 위해서는 사진이 꼭 필요하였는데, 실례를 조사할 때 사진을 공개하기 꺼리는 장수인들이 있었기 때문에, 면담과 설문조사를 하고서도 사진이 없어 조사 대상에서 제외한 장수인들이 많아 아쉬움을 남겼다. 때문에 분석한 장수인의 수가 적어 어떤 현상을 설명할 때 확실한 결론을 도출하기에 부족함이 있을 수 있다.

---

14) 『相理大全』은 龔稚川의 저서로 관상은 풍수를 보는 법과 동일하므로 形과 氣에 따라 상을 판단해야 한다는 특징을 지닌 상학서이다.

현존 장수인의 상을 분석할 때에는 두상(頭相)·골상(骨相)·면상(面相)·체상(體相) 등 몸 전체를 다 보는 것을 원칙으로 삼는데, 얼굴 사진을 가지고 분석하였기 때문에 두상·골상·면상에 초점을 맞출 수밖에 없었던 점이 연구의 한계라고 생각한다. 또한 장수인의 상을 파악하는 데 있어 기혈의 상태가 어떠한가에 따라 몸의 건강상태를 판별할 수 있으므로 기색을 보는 것이 중요한데, 사진이라는 한계성 때문에 파악 가능한 기혈의 상태만 볼 수 있었던 점 역시 연구의 한계였다. 향후 상학적으로 장수인을 연구함에 있어 이러한 한계를 극복할 수 있는 연구가 되었으면 한다.

분석결과에 의하면, 상학은 장수를 예측할 수 있는 가능성을 지니고 있음을 확인할 수 있었다. 때문에 현대의 장수연구에 상학을 활용한다면, 일반적인 장수연구에서 간과한 장수의 요인을 파악하는 데 한 단계 다가갈 수 있을 것이다. 타고난 선천적인 조건이 여러 가지 영향을 미치는 바가 크기는 하지만, 후천적 요인인 음식(飮食)·거처(居處)·음양(陰陽)·희로(喜怒)·풍(風)·우(雨)·한(寒)·서(暑) 등 후천적 요인도 선천적인 요인과 함께 수명에 큰 영향을 끼치는 것을 알 수 있었다. 이 점은 현대에서의 장수의 요인으로 규정하고 있는 유전적 요인·환경적 요인·생활 습관적 요인과도 무관하지 않음을 보여준다. 선천적으로 장수할 상을 타고났다고 하여 위생관념을 소홀히 하거나 무절제한 생활을 해서도 안 되고, 장수할 상이 아니라고 해서 포기해서도 안 된다. 미리 알 수 있다면 부족한 조건을 보충하여 예방적인 차원의 대처가 필요하고, 좋은 조건은 더욱 좋은 방향으로 향상시키는 노력이 필요하다. 타고난 골격의 형성은 변화시키기 어렵다 하더라도, 장수의 가장 큰 요인이라고 할 수 있는 정·기·신의 상태, 골육의 조화 등은 양생과 건강관리를 통하여 얼마든지 조절 가능하기 때문에 생활 습관을 바꾸고 노력하는 만큼 상도 변화해 갈 수가 있다. 따라서 상학의 장수에 대한 연구가 좀 더 효율적으로 장수를 예측하고 건강한 장수의 길로 나아가는 데 기여할 수 있기를 기대한다.

Ⅱ. 상학의 기본구조와 장수이론

1. 상학이론의 성립과 발전

상학이 어느 시기부터 성립했는지는 분명하지 않지만 『대대례기』 (大戴禮記) 「소한」(少間)의 기록을 보면 매우 이른 시기부터 관상은 사람을 파악하는 방법 중 하나로 활용되었던 것으로 보인다. 기록에 의하면 요, 순임금, 우와 탕, 문왕은 인재를 선발할 때 그 사람의 용모와 안색, 언어, 목소리와 풍도(風度)를 참고했다는 기록이 있다.

> 옛날 요임금은 용모(상 : 狀)를 보고 사람을 선발하였고, 순임금은 안색을 보고 사람을 선발하였으며, 우임금은 언어를 보고, 탕임금은 목소리를 듣고, 문왕은 풍도를 보고 사람을 선발하였다.[15]

이 기록에서 보듯이 이미 상고시대부터 사람의 관상은 인재 선발의 중요 참작 원칙으로 삼았으며, 관상을 볼 때에는 얼굴만 국한하지 않고 신체 전반을 살폈음을 알 수 있다.

춘추전국시대에도 이러한 기준으로 관상을 보는 풍조는 계속 이어졌음을 문헌을 통해 확인할 수 있다. 특히 관상을 보는 사람을

---

15) 王聘珍 撰, 『大戴禮記』 「少間」, "昔堯取人以狀, 舜取人以色, 禹取人以言, 湯取人以聲, 文王取人以度", 中華書局(1998), p.215.

'상인'(相人)이라 하였는데, "옛날에는 고포자경(姑布子卿)16)이 있었고 지금은 양나라에 당거(唐擧)17)가 있는데, 사람의 형상과 안색을 보고 그 사람의 길흉 요상(妖祥)을 아는 것을 세상 사람들은 '상인'이라 칭한다"18)라고 하였듯이 상인이란 '사람의 형상과 안색을 보고 그 사람의 길흉 요상을 살피는 사람'을 지칭한다. 문헌에 따르면 춘추전국시대에는 관상을 통해 사람을 파악하는 중요한 수단으로 삼았을 뿐 아니라 그 사람의 길흉을 예측하기 시작하였다. 당시 관상에 상당한 조예가 있었던 사람들 중에는 일반인을 포함하여 상당수 지식 관료들이 포함되어 있었다. 기원전 626년 문공(文公) 원년에 숙복(叔服)이라는 사람은 내사(內史) 신분으로 공손오(公孫敖)의 두 아들의 관상을 보았으며,19) 또한 같은 해 문공 원

---

16) 姑布子卿은 『史記』 卷43, 「趙世家」와 『韓詩外傳』 券9에 그의 행적이 보인다.

17) 『史記』 卷79 「范雎蔡澤列傳」, "蔡澤者, 燕人也. 游學干諸侯小大甚衆, 不遇. 而從 <唐擧>相, 曰, '吾聞先生相李兌, 曰, 『百日之內持國秉』, 有之乎?' 曰, '有之.' 曰, '若臣者何如?' <唐擧>孰視而笑曰, '先生曷鼻, 巨肩, 魋顔, 蹙齃, 膝攣. 吾聞聖人不相, 殆先生乎?' 蔡澤知<唐擧>戲之, 乃曰, '富貴吾所自有, 吾所不知者壽也, 願聞之.' <唐擧>曰, '先生之壽, 從今以往者四十三歲.' 蔡澤笑謝而去, 謂其御者曰, '吾持粱刺齒肥, 躍馬疾驅, 懷黃金之印, 結紫綬於要, 揖讓人主之前, 食肉富貴, 四十三年足矣.'(蔡澤은 연나라 사람이다. 크고 작은 많은 제후국에 유세하며 관직을 얻으려 하였으나 재능을 인정받지 못하였다. 그러자 唐擧를 찾아가 관상을 보면서 말하기를, '제가 듣기로 李兌의 관상을 보면서 말씀하시기를, '100일 이내에 나라의 정권을 잡을 것이다'라고 하셨다는데 그런 적이 있습니까?'라고 묻자, 당거가 '그렇소'라고 대답하였다. 이에 채택이 '저는 어떻습니까?'라고 물으니, 당거가 그를 자세히 보고 웃으며 말하기를, '선생의 코는 蝎蟲 모양에 어깨가 넓고, 작은 붉은 곰의 얼굴이며, 쭈그러든 콧대에 다리는 구부러져 있습니다. 내가 듣기로 성인은 相을 보지 않는다고 하는데 선생을 두고 하는 말인 것 같습니다'라고 하였다. 채택은 당거가 자신을 비웃는 소리로 알고 말하기를, '부귀는 내가 원래 지니는 것이지만 내가 알지 못하는 것은 수명입니다. 그것을 듣고 싶습니다'고 하였다. 당거가 말하기를, '선생의 수명은 지금부터 43년을 더 살 수 있습니다'고 하였다. 채택은 웃으면서 감사의 뜻을 표하고 떠나면서 자신의 말머리 꾼에게 말하기를, '내가 쌀밥과 고기반찬을 먹고, 말을 타고 달리며, 황금 도장을 품고, 허리에 자색의 비단 띠를 두르며, 군주 앞에 절을 하고 부귀한 생활을 할 수 있다면 43년으로 충분하다'고 하였다.")

18) 『荀子』 「非相篇」, "相人, …… 古者有姑布子卿, 今之世, 梁有唐擧, 相人之形狀顔色 而知其吉凶妖祥, 世俗稱之."

년에 초자(楚子)가 상신(商臣)을 태자로 삼으려 할 때 영윤(令尹) 신분인 자상(子上)은 상신의 관상을 보고 만약 그를 태자로 삼으면 초나라에 환란이 일어날 것을 예고하기도 하였다.[20] 이처럼 숙복과 자상은 이 당시 고위 관료였을 뿐 아니라 지식인이면서 관상에 대해 상당한 조예가 있었던 사람들이었음을 알 수 있다.

관상을 판단하는 기준으로는 목소리, 얼굴의 특징과 기색을 살피는 것이었다. 자문(子文)이라는 관상가는 초나라 사마자량(司馬子良)이 자월초(子越椒)를 낳자 그 아이의 관상을 보고 말하기를,

> "반드시 이 아이를 죽여야 한다. 이 아이는 곰과 호랑이 용모에 승냥이와 이리의 소리를 지니고 있으니 죽이지 않으면 반드시 약오씨(若敖氏) 집안이 멸망할 것이다. 속담에 이르기를, '랑자야심'(狼子野心)이라 했는데, 이 아이가 이리와 같으니 양육할 수 있겠는가?"[21]

라고 했는데, 어린아이의 목소리와 용모를 보고도 그 아이의 미래를 예측할 수 있었다. 용모를 보고 그 사람이 향후 어떤 사람이

---

19) 『左傳』「文公」원년, "王使內史叔服來會葬. 公孫敖聞其能相人也, 見其二子焉. 叔服曰, '穀也食子, 難也收子. 穀也豐下, 必有後於魯國.'(周나라 天子가 內史 叔服을 파견하여 魯나라의(僖公의 장례) 회합에 참가하게 하였다. 公孫敖가 이 사람이 사람의 관상을 잘 본다는 소문을 듣고 자신의 두 아들을 보게 하였다. 叔服이 말하기를, '穀(文伯)은 제사를 잘 받들 수 있고, 難(惠叔)은 장례를 잘 치를 수 있습니다. 곡은 下停이 풍성하여 반드시 노나라에 후사를 이를 것입니다'고 하였다.)"

20) 『左傳』「文公」원년, "楚子將以商臣爲大子, 訪諸令尹子上. 子上曰, '君之齒未也. 而又多愛, 黜乃亂. 楚國之擧, 恒在少者. 且是人也, 蜂目而豺聲, 忍人也, 不可立也.' 弗聽.{楚子가 商臣을 태자로 삼으려하자 여러 令尹 子上이 방문하였다. 자상이 말하기를, "商臣은 아직 나이가 어리고 총애를 많이 받고 있다.(만약 그를 즉위시킨다면)폐출되어 환란이 일어날 것입니다. 초나라는 항상 나이 어린 사람이 즉위하였는데, 이 또한 그런 사람입니다. 이 사람은 벌의 눈과 승냥이 음성을 지니고 있어 殘忍한 사람이니 즉위시켜서는 안 됩니다"고 하였다. 왕이 듣지 않았다.}"

21) 『左傳』「宣公」4년, "子文曰, '必殺之! 是子也, 熊虎之狀而豺狼之聲; 弗殺, 必滅若敖氏矣. 諺曰, <狼子野心.> 是乃狼也, 其可畜乎?'"

될지 예측하는 것은 상학의 기본 방법이다. 기원전 578년 왕손설(王孫說)이란 사람이 숙손교여(叔孫僑如)의 관상을 보고 평가한 기록을 보면, 얼굴의 특정 부위의 형세를 보고서 그 사람의 길흉을 판단하기도 하였다.

> 간왕(簡王) 8년에 노나라 성공(成公)이 조빙하기 위해 먼저 숙손교여(叔孫僑如)에게 조빙의 예를 행하게 한 후 곧 성공이 조빙할 것을 아뢰게 했다. 왕손설을 만나 그와 함께 대담을 하였다. 왕손설이 왕에게 말하기를, "노나라 숙손(叔孫)이 온 것은 반드시 다른 뜻이 있어서일 것입니다. …… 또한 그 사람(숙손교여)의 용모가 상정(上停)은 반듯하지만 하정(下停)은 예리하니 사람을 해할 것입니다. …… "고 하였다.[22]

왕손설은 숙손교여의 관상이 "상정(上停)은 반듯하지만 하정(下停)은 예리하니 사람을 해할 것"이라 한다. 상학에서 상정과 하정은 사람의 얼굴을 살피는 데 중요한 부분인데, 이 시기에 이미 얼굴을 세부적으로 나누어 사람을 판단하였다는 것을 알 수 있다.

목소리 또한 중요한 판단 기준으로 『좌전』(左傳) 「선공」(宣公) 4년의 기록에서 알 수 있듯이 목소리가 이리나 승냥이 소리(시랑지성: 豺狼之聲)와 비슷한 것을 가장 흉한 소리로 보았다. 고대에 '시'(豺)와 '랑(狼)' 두 동물은 탐욕이 많고 잔인한 동물의 상징으로 악독한 사람을 비유할 때 쓰는 표현이었다.[23] 따라서 이러한 동물의 울음소리와 비슷한 목소리는 타인을 해할 뿐 아니라 자신

---

22) 『國語』「周語」中, "簡王八年, 魯成公來朝, 使叔孫僑如先聘且告. 見王孫說, 與之語. 說言於王曰: '魯叔孫之來也, 必有異焉. …… 且其狀方上而銳下, 宜觸冒人 ……'"

23) 『孟子』「離婁上」, "嫂溺不援, 是豺狼也." 『三國演義』第3, "董卓乃豺狼也, 引入京城, 必食人矣."

도 타인에게 해를 당한다고 보았다.

　얼굴의 기색 또한 중요한데, 기색을 통하여 그 사람의 수명을 예측할 수도 있었다.

> 사광(師曠)이 대답하기를, "그대(태자 진)의 목소리는 청한(淸汗)하며, 얼굴색
> 이 붉으면서 흰 빛을 띠고 있다. 화(火)의 색은 장수하기 어렵다"고 하자 태자
> 진이 말하기를, "그렇다면 내가 3년 뒤에(그대를) 임금의 자리에 상빈으로 대
> 접할 것이니 그대는 그렇게 말하지 말라. 재앙이 너에게 미치게 될 것이다"고
> 하였다. 사광이 돌아간 지 3년이 되지 않아 부고를 알려 왔다.[24]

　맹자는 눈동자를 통해서 선한 마음과 악한 마음을 살필 수 있다고 한다. 물론 맹자는 전문적인 관상가는 아니지만 그의 말을 통해 전국시대 사람들이 사람을 어떤 방식으로 판단했는지 살펴볼 수 있다.

> 맹자가 말하기를, "사람을 관찰할 때에는 눈동자를 살피는 것보다 좋은 것이 없
> 다. 눈동자는 그 사람의 악한 마음을 감출 수 없기 때문이다. 마음이 바르면 눈
> 동자는 밝으며, 마음이 바르지 않으면 눈동자도 어둡다. 그 사람의 말을 들을 때
> 그 눈동자를 관찰한다면 사람이 어찌(선악을) 감출 수 있겠는가?"고 하였다.[25]

　이처럼 사람을 판단하는 하나의 방식으로 관상은 일반화된 것이었으며 당시 매우 유행했다는 것을 알 수 있다. 『장자』「응제왕」(應帝王)편과 「서무귀」(徐无鬼)의 기록을 보면 역시 이 당시 관상은 일반적으로 폭넓게 알려진 술수 중 하나였음을 알 수 있다.

---

24) 『逸周書』「大子晉」卷9, "師曠對曰, '汝聲清汗, 汝色赤白, 火色不壽.' 王子曰, '然!
　吾後三年, 將上賓於帝所, 汝慎無言, 殃將及汝.' 師曠歸, 未及三年, 告死者至."
25) 『孟子』「離婁上」, "孟子曰, '存乎人者, 莫良於眸子. 眸子不能掩其惡. 胸中正, 則眸
　子瞭焉, 胸中不正, 則眸子眊焉. 聽其言也, 觀其眸子, 人焉廋哉?'"

정나라에 계함(季咸)이라는 무당이 있었다. 사람의 생사, 존망, 화복, 요수를 알았는데, 연월일로써 귀신처럼 예측하였다. …… 열자(列子)가 그에게 심취하고 돌아와 호자(壺子)에게 고하기를, "처음에는 제가 선생님의 도가 최고라고 생각했습니다. 그런데 또 다른 최고가 있었습니다"라고 하였다. 호자가 말하기를, "나는 그대에게 이미 도의 표면은 가르쳤으나 도의 실제는 아직 가르치지 않았으니 참으로 도를 얻었다고 할 수 있겠는가? 암컷이 많아도 수컷이 없으면 어찌 알을 낳을 수 있겠는가? 그대는(미숙한) 도로 세상과 대항하며 억지로 뻗어가려 하는가! 그러니까 남이 그대의 관상을 보고 쉽게 알아맞히는 것이다. 어디 시험 삼아 데리고 와서 나를 그에게 보여 보자"고 하였다.26)

자기(子綦)에게 여덟 아들이 있었다. 그들을 앞에 세우고 구방연(九方歅: 관상가)을 불러 말하기를, "나를 위해 내 아들들의 관상을 봐 주시오. 누가 복이 많겠습니까?" 하고 물었다. 구방연이 대답하기를, "곤(梱)이 복이 많습니다" 하였다. 자기가 놀라면서도 기뻐하며 묻기를, "어떤 복이 있습니까?" 구방연이 말하기를, "곤은 나라의 군주와 같은 음식을 먹는 신분이 되어 평생을 보낼 것입니다" 하였다.27)

이처럼 춘추전국시대에는 많은 관상가들이 활동하고 있었는데, 앞서 살펴보았듯이 그들 중에는 일반인 이외에도 지식인들 또한 상당수 참여하고 있었다는 것을 알 수 있으며, 또한 군주로부터 하층민에 이르기까지 관상을 보는 것에 관심이 많았던 것으로 보아 관상은 일반적으로 유행하는 술수 분야 중 하나였다. 그리고 관상을 볼 때 용모와 목소리, 기색을 통하여 사람의 길흉을 예측한 점 등은 이 시기에 이미 어느 정도 관상 이론이 정착되었을 것으로 생각된다. 이러한 경향들은 양한시대에도 계속 이어졌다.

---

26) 『莊子』「應帝王」, "鄭有神巫曰季咸, 知人之死生存亡, 禍福壽夭, 期以歲月旬日, 若神.……列子見之而心醉, 歸, 以告壺子, 曰: '始吾以夫子之道爲至矣, 則又有至焉者矣.' 壺子曰: '吾與汝旣其文, 未旣其實, 而固得道與? 衆雌而无雄, 而又奚卵焉! 而以道與世亢, 必信夫, 使人得而相汝. 嘗試與來, 以予示之.'"

27) 『莊子』「徐无鬼」, "子綦有八子, 陳諸前, 召九方歅曰: '爲我相吾子, 孰爲祥?' 九方歅曰: '梱也爲祥.' 子綦瞿然喜曰: '奚若?' 曰: '梱也將與國君同食以終其身.'"

양한시기에 여공(呂公)이란 인물은 일찍이 한고조 유방(劉邦)의 관상을 보고 그가 장차 귀한 인물이 될 것을 예측하고 자신의 딸을 그에게 시집보낸 일화가 『전한서』(前漢書)에 기록되어 있다.

   여공(呂公)이 말하기를, "신(臣)은 젊어서부터 사람의 관상을 보는 것을 좋아하여 다른 사람의 관상은 본 일이 많았는데, 당신과 같은 관상을 본 적이 없습니다. 자신을 소중히 여기십시오. 제게 여식이 있는데, 허드렛일을 하는 첩으로 삼아 주십시오"라고 하였다. …… 여공의 딸이 바로 여후(呂后)이다. 효혜제(孝惠帝), 노원공(魯元公)을 낳았다.[28]

   한고조 역시 관상에 대한 관심이 많았는데, 『전한서』「고제기」(高帝紀)에 보면 고조가 군주가 되기 전에 앞으로 자신과 자신의 가족들이 모두 귀한 신분이 될 것이라는 소리를 어떤 관상가로부터 듣게 된 고사가 기록되어 있다.

   고조(高祖)가 전렵에서 곧 돌아온다는 소식을 듣고 여후(呂后)와 두 아이들이 사냥터에 머물러 있었다. 어떤 노인이 지나다가 마실 것을 청하자 여후가 먹을 것을 주었다. 노인이 여후의 관상을 보고 말하기를, '부인께서는 천하의 귀인입니다'고 하였다. 두 아들의 관상을 보았는데, 효혜제(孝惠帝)를 보고 말하기를, '부인께서 귀인이신 이유는 바로 이 아이 때문입니다'고 하였다. 노원공주(魯元公主)의 관상을 보고 모두 귀하다고 하였다. 노인이 떠난 후 고조가 막 방사로 돌아오자 여후가 이 사실을 모두 말하기를, '어떤 객이 지나가 저와 자식들의 관상을 보고 말하기를 모두 대귀하다 하였습니다'라고 하였다. 고조가 묻자 '멀리 가지는 못하였을 것입니다' 하였다. 곧 그 뒤를 쫓아가 노인에게 물었다. 노인이 말하기를, '부인과 자식들이 모두 귀한 이유는 군주 때문인데, 군주의 관상은 더욱 귀하십니다'라고 하였다. 고조가 사례를 하며 말하기를, '노인의 말이 사실이라면 그 은혜를 잊지 않겠습니다'라고 하였다. 고조가 마침내 귀하게 되었으나 노인이 어디에 살고 있는지 알 수 없었다.[29]

---

28) 『前漢書』卷1上「高帝紀」第1上, "呂公曰, '臣少好相人, 相人多矣. 無如季(劉邦)相, 願季自愛. 臣有息女, 願爲箕帚妾.' …… 呂公女卽呂后也, 生孝惠帝, 魯元公."

또한 한문제(漢文帝)와 한무제(漢武帝) 또한 관상 보는 일을 좋아하였는데, 이 역시 관상이 당시 상당히 유행하는 술수 분야였음을 의미한다.

문제(文帝)는 관상을 잘 보는 사람에게 등통(鄧通)의 관상을 보게 하였다. 관상가가 말하기를, "빈한하여 굶어 죽을 것입니다"고 하였다. 문제가 말하기를, "등통은 나의 휘하에 있어 부유할 수 있는데 어찌 빈한하다고 하는가?"라고 하였다. 이에 등통에게 촉엄도(蜀嚴道)의 동산(銅山)을 하사하여 동전을 주조할 수 있게 하였다. 등 씨의 동전이 천하에 유포되어 많은 부를 쌓았다.[30]

이릉(李陵)이 전투에 패배한 곳은 변방 요새에서 100리가량 떨어져 있다는 소식을 변방 요새로부터 알려오자 한무제는 이릉이 전사하기를 원했다. 이릉의 모친과 처를 불러 관상가에게 보이니 상을 당할 기색이 없었다. 후에 이릉이 항복했다는 소식이 들렸다. 한무제가 매우 노하여 진보락(陳步樂)을 질책하자 진보락이 자살하였다.[31]

서한 초기의 유명한 관상가로는 허부(許負)가 있었다. 그는 한고조의 첩이 된 박희(薄姬)의 관상을 보고 후에 천자가 될 아이를 낳을 것이라고 예언한다.

허부가……박희의 관상을 보았는데, 천자를 낳을 상이었다. 이때 항우와 한왕

---

29) 『前漢書』 卷1上 「高帝紀」 第1上, "高祖嘗告歸之田. 呂后与兩子居田中, 有一老父過, 請飮, 呂后因餔之. 老父相后曰, '夫人天下貴人也.' 令相兩子, 見孝惠帝, 曰, '夫人所以貴者, 乃此男也.' 相魯元公主, 亦皆貴. 老父已去, 高祖适從旁舍來, 呂后具言, '客有過, 相我子母皆大貴.' 高祖問, 曰, '未遠' 乃追及, 問老父. 老父曰, '鄕者夫人兒子皆以君, 君相貴不可言.' 高祖乃謝曰, '誠如父言, 不敢忘德.' 及高祖貴, 遂不知老父處."

30) 『漢書』 卷93 「佞幸傳」 第63, "上(文帝)使善相人者相(鄧)通, 曰, '當貧餓死.' 上曰, '能富通者在我, 何說貧?' 於是賜通蜀嚴道銅山, 得自鑄錢. 鄧氏錢布天下, 其富如此."

31) 『漢書』 卷54 「李廣蘇建傳」 第24, "陵(李陵)敗處去塞百餘里, 邊塞以聞. 上(漢武帝)欲陵死戰, 召陵母及婦, 使相者視之, 無死喪色. 後聞陵降, 上怒甚, 責問陳步樂, 步樂自殺."

(漢王)은 형양(滎陽)을 두고 거리를 두고 있었고, 천하가 아직 누구의 차지인지 정해지지 않았다. …… 한왕은 조삼(曹參) 등을 보내어 위표(魏豹)를 사로잡고 위나라를 군으로 삼고, 박희는 궁실로 옮겨졌다. 한왕이 궁실로 들어가 박희의 아름다운 용모를 보고 후궁으로 불러들였으나 나이가 아직 총애를 받지 못할 때였다. 박희가 어렸을 때 관부인(管夫人)과 조자아(趙子兒)와 가까이 지냈는데, 그때 서로 약속하기를, "먼저 귀하게 된 사람은 서로 잊어서는 안 된다"고 하였다. 이미 관부인과 조자아가 한왕의 총애를 받았다. 한왕이 하남궁에 세워진 고대(皐臺)에 앉아 있을 때 두 여인이 서로 박희와 처음에 했던 약속을 얘기하면 웃고 있었다. 한왕이 그 소리를 듣고 그 까닭을 물으니 두 여인이 한왕에게 그 사실을 모두 고하였다. 한왕은 안타까워하며 박희를 가엾게 생각하고 이날 불러 박희를 총애하였다. 박희가 말하기를, "어제저녁 밤에 소첩의 꿈에 창룡(蒼龍)이 제 배 속으로 들어왔습니다"고 하였다. 고조가 말하기를, "이것은 귀한 징조이니 내가 너를 취하여 그것을 이루리라"고 하였다. 사내아이를 낳았는데 이 아이가 한왕을 이은 왕이 되었다. 그 후 박희는 고조를 거의 보지 못하였다.[32]

허부는 또한 하내지방의 관리였던 아부(亞夫)의 관상을 보고 말하기를, "앞으로 3년 이후에 제후가 될 것이며, 제후로 봉해진 지 8년 후에는 장상이 되어 나라의 권력을 장악할 것이니 귀함이 많을 것이며, 견줄 만한 사람이 없을 것입니다. 9년 후에는 군께서 굶어 죽을 것입니다. …… 허부가 아부의 입을 가리켜 말하기를, 법령(法令)이 입으로 들어가는데 이것은 굶어 죽는 암시가 있습니다"[33]고 하였다. 과연 3년이 지나자 아부는 제후로 봉해졌으나 한

---

[32] 『史記』卷49, "<許負>……相薄姬, 當生天子. 是時項羽方與漢王相距滎陽, 天下未有所定.……漢使曹參等擊虜魏王豹, 以其國爲郡, 而薄姬輸織室. 豹已死, 漢王入織室, 見薄姬有色, 詔內後宮, 歲餘不得幸. 始姬少時, 與管夫人·趙子兒相愛, 約曰, '先貴無相忘.' 已而管夫人·趙子兒先幸漢王. 漢王坐河內宮成皐臺, 此兩美人相與笑薄姬初時約. 漢王聞之, 問其故, 兩人具以實告漢王. 漢王心慘然, 憐薄姬, 是日召而幸之. 薄姬曰, '昨暮夜妾夢蒼龍據吾腹.' 高帝曰, '此貴徵也, 吾爲女遂成之.' 一幸生男, 是爲代王. 其後薄姬希見高祖."

[33] 『史記』卷57 「絳侯周勃世家」第27, "曰君, '後三歲而侯. 侯八歲爲將相, 持國秉, 貴重矣, 於人臣無兩. 其後九歲而君餓死.'……許負指其口曰, '有從理(法令)入口, 此餓死法也.'"

경제(漢景帝) 때 옥사하여 5일 동안 먹지 못하고 피를 토하고 죽
고 말았다. 여기서 '법령(法令)'이 입으로 들어가면 굶어 죽을 암시'
가 있다는 언급은 후대 상학이론에서 궁핍하게 될 수 있거나 소화
기능의 장애를 암시한다.

춘추전국시대와 마찬가지로 한대 역시 관상을 판단하는 주요 항
목으로 얼굴의 생김새와 목소리, 기색, 풍모였다.

> 왕망(王莽)은 큰 입에 오그린 턱을 지니고, 돌출된 눈에 적색을 띠고 있으며,
> 큰 목소리에 쉰 소리를 하며, 키는 7척 5촌이고, 두터운 신발을 신고 높은 관
> 을 쓰기를 좋아했으며, 털이 달린 옷으로 치장하고, 가슴을 펴고 시선을 높이
> 두며, 좌우를 내려 보았다. 이때 중앙(黃門)에 방기술(方技術) 관직인 대조(待
> 詔)에 등용된 자가 있었는데, 어떤 사람이 왕망의 형모에 대해 물었다. 대조가
> 말하기를, '왕망은 올빼미 눈과 호랑이 입, 시랑의 목소리를 지닌 것이라 할
> 수 있습니다. 따라서 사람을 해할 수 있으며, 또한 다른 사람들에게 해를 당할
> 수 있습니다'고 하였다. 질문자가 그것을 고하자 왕망이 대소를 죽이고 그 사
> 실을 알린 자에게 관직을 하사하였다. 후에 왕망은 항상 부채 비슷한 가리개
> 로 얼굴을 숨겨 가까운 사람조차 그의 얼굴을 볼 수 없었다.[34]

위의 기록에서 보듯이 왕망의 입 모양과 턱의 모양, 눈의 형태
와 눈빛, 목소리의 음색, 키, 풍모 등 비교적 자세하게 묘사되어
있는 것으로 보아 관상을 보는 방법이 이전과는 달리 비교적 정교
해졌음을 알 수 있다. 특히 얼굴 중 이마에 나타나 있는 골격 또
한 관상의 중요한 판단 기준이기도 했다. 『후한서』「주경왕두마류
부견마열전」(朱景王杜馬劉傅堅馬列傳)에 보면 이마의 '일각'(日

---

34) 『漢書』 卷99 「王莽傳」 第69, "莽(王莽)爲人侈口蹙顬, 露眼赤精, 大聲而嘶. 長七尺
五寸, 好厚履高冠, 以氂裝衣, 反膺高視, 瞰臨左右. 是時有用方技待詔黃門者, 或問
以莽形貌, 待詔曰, '莽所謂鴟目虎吻豺狼之聲者也, 故能食人, 亦當爲人所食.' 問者
告之, 莽誅滅待詔, 而封告者. 後常翳雲母屏面, 非親近莫得見也."

角)이 두드러지면 귀한 관상이라는 언급이 보인다.

세조는(주우를) 대사마로 삼아 하북을 토벌하게 하였고, 다시 주우를 호군으로
삼아 항상 옆에 두고 중앙에 머물게 했다. 주우가 연나라와 대치하면서 말하
기를, '장안에 정난이 일어날 것입니다. 공께서는 이마에 일각이 뚜렷한 상이
있으니 이는 천자의 명입니다'고 하였다.[35]

영건(永建) 3년 여인들과 함께 액정(掖庭: 비빈의 거처)에 들어가 비빈을 간
택(후에 순제의 황후인 양납을 말함)하였는데 그때가 13세였다. 상공 모통(茅
通)이 보고 나서 놀라며 다시 경하며 말하기를, "이러한 일각언월(日角偃月)
한 관상은 극귀한다고 했는데 저는 아직 본 적이 없습니다"고 하였다. 태사의
거북점이 복수를 얻었고, 또한 시초 점 또한 곤지비(坤之比) 괘를 얻었으니
귀인이 될 만하였다. 특별히 어전으로 불려가게 되자 황제에게 종용하며 말하
기를, "양으로는 널리 덕을 베풀고 음으로는 관용으로 의를 삼으며, 종사(螽
斯: 후사가 번성하는 경사스러운 조짐)가 있으면 후사가 많고, 복이 일어납니
다. 원컨대 폐하께서는 운우의 고른 은택을 생각하시고, 차서에 따른 총애를
내리시어 소첩이 질투의 죄를 범하지 않게 하옵소서"라 하였다. 이 때문에 황
제가(그 여인을) 더욱 존중하였다.[36]

이처럼 한대에는 춘추전국시대와 동일한 기준으로 관상을 보긴
했어도 이전 시대보다는 좀 더 세밀하게 관상을 보았다는 점과,
다른 점술 방법과 병행하여 종합적으로 판단하였다는 점이 두드러
진 특징이다. 또한 『한서』(漢書) 권30 「예문지」(藝文志) 제10에 『상
인』(相人) 24권이 있었다는 것은 당시 어느 정도 상학이론이 체계
적으로 형성되었을 것으로 생각된다. 따라서 상학이론은 이전 시기

---

35) 『後漢書』 卷22 「朱景王杜馬劉傅堅馬列傳」 第12, "及世祖爲大司馬, 討河北, 復以佑
爲護軍, 常見親幸, 捨止於中. 佑侍燕, 從容曰, '長安政亂, 公有日角之相, 此天命也.'"

36) 『後漢書』 卷10下 「皇后紀」 第10下, "永建三年, 與姑俱選入掖庭, 時年十三. 相工
茅通見後, 驚, 再拜賀曰, '此所謂日角偃月, 相之極貴, 臣所未嘗見也.' 太史卜兆得
壽房, 又筮得坤之比, 遂以爲貴人. 常特被引御, 從容辭於帝曰, '夫陽以博施爲德,
陰以不專爲義, 螽斯則百, 福之所由興也. 願陛下思雲雨之均澤, 識貫魚之次序, 使
小妾得免罪謗之累.' 由是帝加敬焉."

보다는 더욱 정교하게 발전하였을 것이다.

삼국시대의 상법은 양한 시대에 비해 진일보하였으며, 위나라의 유명한 관상가인 주건평(朱建平)과 관로(管輅)가 있었다. 『삼국지』 「위서·방기전」(「魏書·方技傳」)에 보면 주건평은 특히 사람의 수명을 잘 본 관상가로 유명하며,37) 관로 역시 당시 유명한 관상

---

37) 『三國志』 卷29 「魏書·方技傳」 第29, "朱建平, 沛國人也. 善相術, 於閭巷之間, 效驗非一. 太祖爲魏公, 聞之, 召爲郎. 文帝爲五官將, 坐上會客三十餘人, 文帝問己年壽, 又令遍相衆賓. 建平曰, '將軍當壽八十, 至四十時當有小厄, 願謹護之.' 謂夏侯威曰, '君四十九位爲州牧, 而當有厄, 厄若得過, 可年至七十, 致位公輔.' 謂應璩曰, '君六十二位爲常伯, 而當有厄, 先此一年, 當獨見一白狗, 而旁人不見也.' 謂曹彪曰, '君據藩國, 至五十七當厄於兵. 宜善防之.' ……文帝黃初七年, 年四十, 病困. 謂左右曰, '建平所言八十, 謂晝夜也, 吾其決矣.' 頃之, 果崩. 夏侯威爲兗州刺史, 年四十九, 十二月上旬得疾, 念建平之言, 自分必死, 豫作遺令及送喪之備, 鹹使素辦. 至下旬轉差, 垂以平復. 三十日夕, 請紀綱大吏設酒, 曰, '吾報苦漸平, 明日雞鳴, 年便五十, 建平之戒, 眞必過矣.' 威罷客之後, 合眼疾動, 夜闌遂卒. 璩六十一爲侍中, 直省內, 欻見白狗, 問之衆人, 悉無見者. 於是數聚會, 並急游觀田裡, 飲宴自娛, 過期一年, 六十三卒. 曹彪封楚王, 年五十七, 坐與王淩通謀, 賜死. 凡說此輩, 無不如言, 不能具詳, 故粗記數事.{朱建平은 沛國人이다. 관상을 잘 보았으며, 세속에서 그 적중한 일이 한둘이 아니었다. 태조가 魏公이었을 때 그의 소문을 듣고 불러 侍郎으로 삼았다. 文帝가 五官將이 되어 좌상에 빈객 30여 명과 모였을 때 문제는 자신의 수명을 물어보고 또한 여러 빈객들의 관상을 보도록 명하였다. 건평이 말하기를, '장군께서는 수명이 80인데, 40대 때 약간의 厄이 있을 것이니 조심하시기 바랍니다'고 하였다. 夏侯威에게는 '군께서는 49세에 州牧의 자리에 오르게 될 것입니다. 災厄을 당하겠지만 만약 그 재액을 넘긴다면 70세까지 갈 것이고 公輔에까지 오를 수 있습니다'라고 하였다. 應璩에게는 '군께서는 62세에 常伯의 자리에 오를 것입니다. 재액을 당할 것인데 이 일이 있기 1년 전에 혼자만 한 마리 흰 개를 보고 주변 사람들은 그것을 보지 못할 것입니다'고 하였다. 曹彪에게는 '군께서는 藩國에 근거를 두게 될 것입니다. 57세 때 병란의 재액이 있습니다. 잘 방비하십시오'라고 하였다.……文帝 黃初 七年, 그의 나이 49세 12월 上旬에 병이 생기자 건평의 말이 생각나 죽을지도 모른다고 생각하여 미리 令을 내려 喪을 치를 준비를 하게 하였다. 下旬이 막 들어서자 점차 평상시 건강을 회복하였다. (12월) 30일 하루가 저물어가는 시간에 紀綱大吏에게 술자리를 청하며 말하기를, '내 병이 점차 회복되고 있고, 내일 아침 닭이 울면 내 나이가 50이 되는데 건평이 경계하라는 시기를 과연 넘기게 된다'고 하였다. 夏侯威는 관직에서 물러나 심한 질병에 걸려 한밤중에 마침내 죽었다. 應璩는 61세에 侍中이 되어 省內에 진출하였다. 어느 날 갑자기 흰 개를 보았는데 사람들에게 그것을 보았는지 물었으나 아무도 본 사람이 없었다. 이에 자주 회합을 하며 급히 유람하였으며, 향연을 베풀어 즐겼다. 1년이 지난 63세에 죽었다. 曹彪는 楚王에 봉해졌는데 그의 나이 57세에 王淩과 공모하다가 賜死되었다. 이러한 사람들에게 한(주건평의) 말이 말과 같이 되지 않은 것이 없었으니 모두 자세히 나열할 수는 없다. 따라서 여러 일들을 간략하게 기록하였다.}"

가였다.

관로(管輅)의 자는 공명(公明), 평원인이다. 용모가 거칠고 해학적이며, 위엄이
없고 술을 좋아하였고, 음식을 먹을 때 웃기는 말을 잘하고, 사람을 가리지 않
고 두루 사귀었다. 따라서 사람들이 대부분 그를 좋아하였으나 존경하지는 않
았다. …… 관로의 족형 효국(孝國)은 척구에 살았는데 관로는 그를 따라가
두 명의 손님과 어울렸다. 손님이 떠나자 관로가 효국에게 말하기를, '저 두
사람은 천정(天庭 : 이마 윗부분)과 입과 귀 사이가 모두 흉한 기운이 있어 모
두 이변이 일어날 조짐이 있으며, 쌍혼(雙魂)이 머물 곳이 없고, 유혼(流魂)이
바다에 떠돌며, 뼈가 집으로 돌아오니 젊어서 죽을 것이다'라고 하였다. 수십
일이 지난 후 함께 수레를 타고 가다가 소가 놀라 길 아래 장하로 떨어져 모
두 익사하였다. …… 관로가 말하기를, '내 이마 위에는 뼈가 솟지 않았으며,
눈에는 정기(精氣)를 지키지 못하고, 코에는 양교(梁校)가 없으며, 다리에는 천
근(天根)이 없고, 등에는 삼갑(三甲)이 없으며, 배에는 삼임(三壬)이 없는데,
이 모두가 오래 살지 못할 조짐이다. 또한 나의 본명(本命)은 인(寅)에 있고,
더욱이 월식날 밤에 태어났다. 하늘에는 정해진 수(孝國)가 있고 피할 수 없
으니 다만 사람들이 알지 못할 뿐이다. 나의 전후 상과 같은 사람 중 죽은 자
가 100명을 넘으니 대체로 착오가 없었다'고 하였다. 이해 8월 소부승(少府
丞)이 되었고, 그 이듬해 2월 죽었으니 그의 나이 48세였다.[38]

관로는 족형인 효국의 두 손님의 관상을 보고서는 '저 두 사람
은 천정(天庭)과 입과 귀 사이가 모두 흉한 기운이 있어 모두 이변
이 일어날 조짐이 있다'고 판단하였는데, 눈썹과 입과 귀 사이에
나타난 기색을 통해 그들에게 일어날 재앙을 미리 예측하였다. 특
히 자신의 관상을 보고, '이마 위에는 뼈가 솟지 않았으며, 눈에는

---

38) 『三國志』 卷29 「魏書·方技傳」 第29, "管輅字公明, 平原人也. 容貌粗丑, 無威儀
而嗜酒, 飲食言戲, 不擇非類, 故人多愛之而不敬也.……輅族兄孝國, 居在斥丘, 輅
往從之, 與二客會. 客去後, 輅謂孝國曰, '此二人天庭及口耳之間同有兇氣, 異變俱
起, 雙魂無宅, 流魂於海, 骨歸於家, 少許時當並死也.' 複數十日, 二人飲酒醉, 夜共
載車, 牛驚下道入漳河中, 皆卽溺死也……輅曰, '吾額上無生骨, 眼中無守精, 鼻無
梁校, 脚無天根, 背無三甲, 腹無三壬, 此皆不壽之驗. 又吾本命在寅, 加月食夜生.
天有常數, 不可得諱, 但人不知耳. 吾前後相當死者過百人, 略無錯也.' 是歲八月,
爲少府丞. 明年二月卒, 年四十八."

정기(精氣)를 지키지 못하고, 코에는 양교(梁校)가 없으며, 다리에
는 천근(天根)이 없고, 등에는 삼갑(三甲)³⁹⁾이 없으며, 배에는 삼임
(三壬)⁴⁰⁾이 없기 때문에 자신이 오래 살지 못할 것이라 예견'하기
도 하였다. 얼굴의 기색과 이마의 뼈, 눈의 정기, 비량, 신체 전체
등을 종합적으로 살피는 일은 이미 앞서 언급한 문헌에 나타나 있
다. 그러나 특징적인 부분은 '다리의 천근(天根)', '등의 삼갑(三
甲)', '배의 삼임(三壬)' 등을 언급한 것이다. 이것은 신체 각 부위
의 특징 또한 관상을 보는 중요 항목이었다는 것을 보여준다. 따
라서 삼국시대에는 상학이론이 이전 시대보다 더욱 구체화되었고
정밀해졌음을 알 수 있다.

위진남북조시대의 유명한 관상가로는 진훈(陣訓)이라는 사람이
있었는데, 그는 어려서부터 신비한 학문을 좋아하였고, 천문·산력
(算曆)·음양·점후(占候)·풍각(風角)에 능통하였다.⁴¹⁾ 또한 진훈
외에도 사규(師圭)라 불리는 관상가가 있었는데, 그는 관상과 함께
수상을 잘 보았다고 한다.

> 관상을 잘 보는 사규(師圭)가 도간(陶侃)에게 말하기를, '군께서는 좌수 중지
> 에 수리(竪理 : 수직으로 난 문양)가 있어 공후(公侯)가 될 것입니다. 만약 그
> 문양이 위로 향한다면 매우 귀하게 될 것입니다'라고 하였다. 도간이 침으로
> 그것을 찔러 피를 내고는 벽에 뿌려 '공'(公) 자를 만들어 종이에 스며들게 하
> 자 '공'(公) 자가 더욱 분명해졌다. 마침내 팔주의 도독이 되었고, 높은 자리에
> 올라 병권을 장악하였다. 은밀하게 제위에 오르려는 야심을 감추고 있었으나

---

39) 陳希夷, 『神相全編』 「觀人八相法」, "三甲, 項後肉厚, 兩肩繃肉厚(三甲은 목덜미에
살이 많아야 하며, 두 어깨의 살은 두터워야 한다)."

40) 같은 책, 같은 곳, "腹如三壬, 臍下肉長(배는 三壬 같아야 하는데 배꼽 아래는 살이
많고 두 허벅다리의 살도 많아야 한다)."

41) 『晉書』 「列傳」 第65, "陳訓字道元, 歷陽人. 少好祕學, 天文·算曆·陰陽·占候無
不畢綜, 尤善風角."

날개가 꺾긴 조짐을 생각하고는 스스로 뜻을 꺾었다.42)

위의 기록으로 보아 수상은 넓은 의미에서 상학의 한 분야에 속했다. 양무제(梁武帝) 고조(高祖)는 태어날 때부터 특이한 관상을 지니고 있었는데, 특히 그의 수상에 '무'(武) 자 문양이 있었다고 한다.

고조는 태어날 때 기이했다. 두 사타구니에 병골(騈骨)이 있었는데 머리 쪽으로 융기하고 있었고, 우수에 '무'(武) 자 문양이 있었다.43)

따라서 다리에 나타난 특징과 손에 나타난 특별한 문양 역시 관상을 보는 중요한 요소였음을 알 수 있다. 이 또한 상학이론이 발전한 증거이다. 진훈과 사규 이외에도 이 시기에 유명한 관상가들이 많았는데, 당문(唐文)44)이라는 관상가가 있었으며, 목소리만으로 관상을 잘 보았던 맹인 오사(吾士)가 있었고, 황보옥(皇甫玉), 해법선(解法選) 등이 유명했다.45)

수 · 당 시기는 다양한 술수 분야가 체계를 갖춘 시기이다. 상학이론이 학문적 체계를 본격적으로 갖추게 된 것도 바로 이 시기라 할 수 있다. 이 시기의 관상가로는 수나라 개국 황제인 양견(楊堅)

---

42) 『晉書』「列傳」第36, "有善相者師圭謂侃曰, '君左手中指有竪理, 當爲公. 若徹於上, 貴不可言.' 侃以針決之見血, 灑壁而爲 「公」 字, 以紙裹, 「公」 字愈明. 及都督八州, 據上流, 握强兵, 潛有窺窬之志, 每思折翼之祥, 自抑而止."

43) 『梁書』卷1「本紀」第1<武帝上>, "高祖……生而有奇異, 兩胯騈骨, 頂上隆起, 有文在右手曰 「武」."

44) 『魏書』卷22, 「列傳」第30에 그의 행적이 기록되어 있다.

45) 吾士, 皇甫玉, 解法選의 행적에 대해서는 『北齊書』卷49「列傳」第41<方伎>편을 참조.

의 관상을 본 조소(趙昭)[46]와 위정(韋鼎),[47] 래화(來和)[48]가 있었으며, 당대의 유명한 술사인 원천강(袁天綱)[49]과 그와 동시대 관상가 장경장(張憬藏)[50]이 있었다. 당대 유명한 의가 손사막(孫思邈)은 의학 외에도 상학을 특별히 연구하기도 했다.[51] 이 당시에는 상학 관련 서적이 역사서에 대량 나타나는데, 이것은 이때 상학이론이 거의 확립되었음을 의미한다. 역사서에 기록된 목록을 보면 다음과 같다.

* 『隋書』卷34「志」第29〈經籍〉3에 수록된 相書:

『相書』46卷, 蕭吉 撰『相經要錄』2卷, 『相經』30卷, 鐘武隸 撰『相書』11卷, 樊·許·唐氏『武王相書』1卷, 『雜相書』九卷, 『相書圖』7卷, 『相手板經』6卷, 梁『相手板經』, 『受版圖』, 韋氏『相板印法指略抄』, 魏徵東將軍程申伯『相印法』各1卷.

* 『新唐書』卷59「志」第49에 수록된 相書: 袁天綱『相書』7卷.

당말 송초의 도사였던 진단(陳摶)은 도교 사상사에서 매우 중요한 인물이다. 그는 박학다재한 사람이었으며, 복장(卜葬)과 상술(相術)에 능했다.[52] 또한 마의도자(麻衣道者)라 불리는 사람 또한 유명했고, 약간의 승도자들이 관상을 잘 보았다. 그중 묘응(妙應)[53]이 유명했으며, 남송 말기의 세칭 포포도자(布袍道者)[54]라 불리는

---

46) 『隋書』卷1「帝紀」第1 참조.

47) 『隋書』卷78「列傳」第43 참조.

48) 『隋書』卷3「帝紀」第3, 卷78「列傳」第43 참조.

49) 『舊唐書』卷191「列傳」第141 참조.

50) 『舊唐書』卷57「列傳」第7과「列傳」第141 참조.

51) 『舊唐書』卷191「列傳」第141 참조.

52) 『宋史』卷457「列傳」第216과『宋史』卷279「列傳」第38 참조.

53) 『古今圖書集成』卷647「江寧府志」와「杭州府志」참조.

사람이 있었고, 북송의 대신이었던 소주능(蕭注能)[55]이 있었다. 한림학사 전약수(錢若水)는 진단과 마의도자의 영향을 받아 상술을 통달하기도 하였다.[56] 이처럼 상학에 능한 사람이 다양한 계층에 출현한 것은 당시 상학이 얼마나 폭넓게 유행하고 있었는지를 짐작하게 한다.

송원(宋元) 교체기의 유명한 관상가로는 유병충(劉秉忠)이 있었는데, 그는 읽지 않은 책이 없을 정도로 독서량이 많았다. 특히 천문, 지리, 율력, 삼식육임둔갑(三式六壬遁甲)에도 정통하였다고 한다.[57] 또한 명대(明代) 개국 황제 주원장(朱元璋)의 관상을 보았던 철관도인(鐵冠道人)이라 불리는 장경화(張景和)가 있었으며,[58] 연왕(燕王)과 교분이 깊었던 원공(袁珙)이 있었는데,[59] 그가 저술한 『유장신상전편』(柳庄神相全編)이 오늘날 전한다. 그의 아들 원충철(袁忠徹) 역시 상술에 능통하였는데,[60] 그의 저술 『원충철고금식감』(袁忠徹古今識鑑) 8권과 『원충철부대외집』(袁忠徹符臺外集) 5권이 『명사』(明史) 권98 「지」 제74와 제75에 보인다. 영락(永樂) 연간에 진사가 되었던 유감(劉鑒)이 상술에 능통했다.[61] 『송사』「지」와 『명사』「지」에 수록된 상서는 대략 다음과 같다.

---

54) 『古今圖書集成』 卷647 「浙江通志」 참조.
55) 『宋史』 卷334 「列傳」 第93 참조.
56) 『宋史』 卷266 「列傳」 第215 참조.
57) 『元史』 卷157 「列傳」 第44, "秉忠於書無所不讀, 尤邃於易及邵氏經世書, 至於天文, 地理, 律曆, 三式六壬遁甲之屬, 無不精通."
58) 『欽定四庫全書』 「徐氏筆精」 卷7<鐵冠道人>, 『御定淵鑑類函』 卷285 「人部」44, "後從郭子興請兵時, 有鐵冠道人精數學, 謁上日明公狀貌非凡, 貴不可言受命."
59) 『明史』 卷299 「列傳」 第187 참조.
60) 『明史』 卷163 「列傳」 第51 참조.
61) 『古今圖書集成』 卷648 「揚州府志」 참조.

* 『宋史』 卷206 「志」 第159〈藝文〉5에 수록된 相書:

『靈骨經』1卷, 『月波洞中龜鑑』1卷, 袁天綱 『相書』7卷, 『相氣色詩』1卷, 『察色相書』1卷, 『女仙相書』3卷, 『相氣色圖』5卷, 『十七家集相書』1卷, 『形神論氣色經』1卷, 『相書』2卷, 『相書』七卷, 『相氣色詩』1卷, 『始(姑)布子卿相法(書)』1卷, 『朱述相氣色面圖』1卷, 『玄靈子祕術骨法圖』1卷, 『相祿歌』2卷, 『察色相書』1卷, 『人鑑書』7卷, 『女仙相書』3卷, 『相氣色圖』5卷, 『雲蘿通真神相』, 『柳清風相歌』2卷, 『郭峴述顯光師相法』1卷, 『十七家集相書』1卷, 『占氣色要訣圖』1卷, 『柳陰(隨)風占氣色歌』1卷, 『形神論氣色經』1卷, 『元解訣』1卷, 『相書』2卷, 『六神相字法』1卷, 『相笏經』3卷, 『陳混掌相笏經』 등.

* 『明史』 卷98 「志」 第74〈藝文〉에 수록된 相書:

『袁忠徹古今識鑑』8卷, 『鮑栗之麻衣相法』7卷, 『李廷湘人相編』12卷 등.

청대는 술수 분야가 매우 흥성했던 시기이다. 이 시기의 대표적인 관상가로는 옹정(雍正) 연간에 이름을 알 수 없는 어떤 노승이 있었고, 건륭(乾隆) 연간에는 양백계(楊栢溪) 등이 유명했다.62) 『영락대전(永樂大典)』과 『흠정사고전서총목』 권111 「자부」 21<술수류>에 수록되어 있는 상서는 다음과 같다.

* 『永樂大典』에 수록된 相書:

『貴賤定格三世相書』一卷(永樂大典本), 『貴賤定格五行相書』一卷(永樂大典本)

* 『欽定四庫全書總目』 卷一百十一 「子部」 二十一〈術數類〉에 수록된 相書:

『月波洞中記』 二券, 一册, 不著撰人, 『玉管照神局』 三券, 三册, 舊題 南唐 宋齋丘 撰, 『太清神鑑』 六券, 三册, 舊題 後周 王朴 撰, 『人倫大統賦』 二券, 二册, 金, 張行簡 撰, 元 薛廷年注.

---

62) 『清稗類鈔』 「方伎類」 참조.

이상으로 상학이 성립, 발전한 과정을 개략적으로 살펴보았다. 상학은 역사적 과정을 거치면서 당시 지식들과 정치 관료들의 지속적인 관심 속에 끊임없이 발전해 왔음을 알 수 있으며, 관상이론 또한 사람의 용모, 목소리, 기색, 다른 신체 부위의 특징 등을 기본적인 틀로 하여 점차 정교한 이론으로 발전하였음을 알 수 있다.

2. 상학의 이론적 기반과 기본이론

상학(相學)이란 외부에 나타나는 형상을 통해 한 사람의 성격과 체질, 나아가 운명까지도 추론하는 학문이다. 서양에서의 관상학(physiognomy)이란 어원은 그리스어 자연(physis), 법칙(nomos), 그리고 판단 또는 해석(gnomon)의 조합에서 나온 것으로, 이에 따르면 서양에서의 관상학은 인간에게 주어진 자연성 또는 자연적 질서를 나타내는 것이라고 해석할 수 있을 것이다.[63]

동양에서의 상학은 사람의 상(相)을 천지의 형상 그대로 닮은 자연계의 일부로 생각하여 자연의 이치에 순응하는 상을 좋은 상으로 보고, 그에 따라 길흉·부귀·빈천·수요를 판단한다. 이는 서양의 관상학에서 말하는 '인간에게 주어진 자연성' 또는 '자연적 질서를 나타내는 것'이라고 해석하는 것과 기본적 의의를 같이한다고 볼 수 있다.

---

63) Melissa Percival, *The Appearance of Character: Physiognomy and Facial Expression in 18th Century France*, London, 1999, p.8.

상(相) 또는 관상(觀相)[64]의 용어를 살펴보면 다음과 같다.

'상'(相)은 목(目)과 목(木)을 합친 회의문자로서 눈으로 나무를 살펴보는 것을 의미한다. 허신(許愼)은 『설문해자』(說文解字)에서 "상(相), 성시야(省視也)"[65]라고 하여, 성(省)이란 '살펴보다, 자세하다'라는 뜻으로 막 돋아나는 풀과 같이 작은 것도 자세하게 살펴본다는 것으로 해석된다. 『모전』(毛傳)에서는 "「석고」(釋誥)에 '상(相), 시야(視也)',[66] '상(相), 질야(質也)'"[67]라고도 하였는데, 이는 외부로 나타나는 질(質), 즉 형질을 말하는 것으로 외형을 본다는 것을 의미한다. "역(易)에서 말하기를 땅을 관찰하려면 나무를 관찰하는 것만큼 좋은 것이 없다"[68]라고 하여 나무가 싹이 트기 시작해서 자랄 때까지의 나무를 보이지 않는 부분까지 자세히 살펴봄으로써 땅의 속성까지 관찰할 수 있다는 것이다. 『설문해자』를 주해한 단옥재(段玉裁)는 "눈이 사물을 접하는 것을 상(相)"[69]이라 하였는데, 이는 내 눈이 다른 것에 서로 접촉하여 사물을 보는 것이 모두 상이라는 것이다. 『모전』에서는 상은 사물을 살펴보는 것으로 외부로 나타나는 질(質: 외형)밖에 보지 못한다고 하였으며, 역에서는 보이지 않는 부분까지 자세히 살펴 그 속성까지 보는 것이라 하였다.

허신은 『설문해자』에서 관(觀)에 대하여 다음과 같이 설명하고

---

64) 觀相이란 현대적 용어이며 고전에서는 相이란 용어를 썼다. 현대에서는 觀의 의미와 相의 의미를 복합해서 사용하고 있다.

65) 許愼, 『說文解字』, "相, 省視也."

66) 『毛傳』, "「釋誥」, 毛傳皆云相視也."

67) 같은 책, 같은 곳.

68) 許愼, 『說文解字』, "易曰, 地可觀者. 莫可觀於木."

69) 같은 책, 같은 곳, "按目接物曰相."

있다. "관(觀), 체시야"(諦視也)[70]라고 하였는데 '체'(諦)란 '자세히 조사하다', '명백하게 알다'라는 것을 의미하는 것으로 그냥 보는 것이 아니라 자세하게 살펴보아 명료하게 아는 것으로 풀이된다.

'상'(相)은 '자세히 보다', '관찰하여 보다', '형질을 보다', '형질의 변화를 보다'라는 의미를 가지고 있으며, '관'(觀)은 '총체적으로 보다', '특별하게 주의하여 보다'라는 의미가 있다. 따라서 상 또는 관상이란 내면의 기운이 외부로 나타나서 구체적으로 만들어진 형상을 자세히 관찰하는 것을 뜻한다.

(1) 천지인(天地人) 상응관념(相應觀念)

상학이론은 천지인 상응관념과 음양오행설(陰陽五行說)의 토대 위에 형성되어 왔다. 천지인 상응관념은 천지와 인간이 서로 상응하고 있어 인체에 직접적인 영향을 미치고, 음양오행설 역시 자연의 질서가 사람에게 영향을 끼치므로 자연계의 모든 변화에 따라 인간도 그에 상응하는 변화가 발생한다는 것을 의미한다.

상학에서 '천지인 상응관념과 음양오행설이 어떻게 적용되어 활용하고 있는가?'에 대하여 구체적으로 살펴보고자 한다.

천지인상응에 대해 『황제내경』(黃帝內經)에서 '인여천지상응'(人與天地相應)이라고 하였는데, 이는 인간과 자연계가 서로 상응한다는 것으로, 자연계의 모든 변화는 직접적으로 인체에 영향을 미치고 이에 따라 상응하는 변화가 발생한다는 것을 의미한다. 이를

---

70) 같은 책, 八篇下, 見部.

구체적으로 살펴보면, 천지의 형상을 그대로 닮은 인간은 소우주로서 대우주의 축소판이라 할 수 있고, 또한 천지의 기운을 받고 태어난 인간은 자연계 속에서 생명을 영위하고 있으며, 천지의 변화는 인체의 생리·병리에 직접적인 영향을 주고 있기 때문에 천지의 변화와 인체의 건강은 밀접한 상관관계가 있다고 할 수 있다.

상학에서는 이러한 관점에 근거해서 천지인 상응관념을 폭넓게 수용하게 되었고, 이를 바탕으로 자연 속에 인간을 대비한 비유방법으로써 사람의 상(相)을 보았다.

『내경』(內經) 「영추·사객」(靈樞·邪客)에서는 천지와 인간의 상응관념에 대하여 다음과 같이 설명하고 있다.

> 황제가 백고(伯高 : 기백)에게 묻기를 "인체의 지절(肢節)이 천지에 상응함이 어떠한 것인지를 듣고 싶습니다" 백고가 말하기를, "하늘은 둥글고 땅은 방(方 : 네모)한데, 사람은 머리가 둥글고 발이 네모져 있음으로써 천지와 상응합니다. 하늘에는 해와 달이 있고 사람에게는 두 눈이 있으며, 땅에는 구주가 있고 사람에게는 구규(九竅)[71]가 있는 것이며, 하늘에는 바람과 비가 있고 사람에게는 기쁨과 노여움이 있으며, 하늘에는 우레와 번개가 있고 사람에게는 음성이 있으며, 하늘에는 사시가 있고 사람에게는 사지가 있으며, 하늘에는 오음이 있고 사람에게는 오장이 있으며, 하늘에는 육률(六律)[72]이 있고 사람에게는 육부가 있으며, …… 하늘에는 음양이 있고 사람에게는 부처(夫妻)가 있으며, 한 해에는 365일이 있고 사람에게는 365개 뼈마디가 있으며, 땅에는 높은 산이 있고 사람에게는 어깨와 무릎이 있으며, 땅에는 깊은 골짜기가 있고 사람에게는 겨드랑이와 오금이 있으며, 땅에는 십이경수(十二經水)가 있고 사람에게는 십이경맥(十二經脈)이 있으며, …… 하늘에는 줄지어 늘어선 별들이 있고 사람에게는 치아가 있으며,[73] 땅에는 자그마한 산들이 있고 사람에게는 작은 뼈마디들이 있으며, 땅에는 산석이 있고 사람에게는 높이 솟은 골이 있

---

71) 耳目口鼻의 上竅와 前後二陰의 下竅를 말함.
72) 十二律 가운데서 陽聲인 '太簇·姑洗·黃鐘·蕤賓·夷則·無射'의 여섯 음을 통틀어 이르는 말.
73) 人有牙齒 : 치아가 성기고 맑으므로 줄지어 늘어선 별과 같다.

으며, 땅에는 임목이 있고 사람에게는 모근(募根)74)이 있으며, 땅에는 취읍이 있고 사람에게는 군육(䐃肉)75)이 있으며, 하늘에는 열두 달이 있고 사람에게 는 열두 개 관절이 있으며, 땅에는 사계절 풀이 돋지 않는 것이 있고 사람에 게도 자식이 없는 경우가 있습니다. 이것이 사람과 천지가 서로 상응하는 것 입니다"라고 하였다.76)

위의 내용을 살펴보면 인간과 자연이 밀접하게 상응하는 이치를 강조하기 위하여 지나친 표현들이 있다는 것을 부정할 수는 없다. 하지만 이러한 사상은 자연계의 일부로서 천지와 인간이 서로 상 응하고 있다고 생각하는 고대인들의 보편적인 의식 중의 하나로, 우주관과 세계관 그리고 문화적 기초가 되어 삶의 태도를 결정하 기도 하였다. 『북계자의』(北溪字義)에서는 천지인 상응관념에 대하 여 다음과 같이 말하고 있다.

사람과 사물의 생겨남은 음양의 기를 벗어나지 않는다. 본래 하나의 기일 뿐 이던 것이 나뉘어 음양이 있게 되고 음양은 다시 나뉘어 오행이 된다. 음양 두 기와 오행은 다만 나뉘느냐 합치느냐에 따라 작용할 뿐인데, …… 예를 들 면 사람의 모양새는 천지와 서로 상응한다. 사람의 머리는 둥글고 신체의 위 에 있으니 하늘을 닮은 것이고, 발은 네모지고 신체의 아래에 있으니 땅을 닮 은 것이다. 북극성은 하늘의 중앙으로 북쪽에 있다. 그러기에 사람의 백회혈 (百會血)은 정수리의 한가운데 있으면서 뒤를 향하고 있다. 해와 달은 하늘의 남쪽에서만 오고 가므로 사람의 두 눈은 모두 앞쪽에 있다. 달의 짠 물이 흘

---

74) 募根: 募란 근맥이 모인 곳.

75) 䐃肉: 기육과 지방이 모인 곳.

76) 『黃帝內經』「靈樞·邪客」第71, "黃帝問於伯高曰, 願聞人之肢節以應天地奈何? 伯高答曰. 天圓地方, 人頭圓足方以應之. 天有日月, 人有兩目, 地有九州, 人有九 竅, 天有風雨, 人有喜怒, 天有雷電, 人有聲音, 天有四時, 人有四肢, 天有五音, 人 有五臟, 天有六律, 人有六腑, …… 天有陰陽, 人有夫妻, 歲有三百六十五日, 人有 三百六十五節, 地有高山, 人有肩膝, 地有深谷, 人有腋膕, 地有十二經水, 人有十二 經脈, …… 天有列星, 人有牙齒, 地有小山, 人有小節, 地有山石, 人有高骨, 地有 林木, 人有募筋, 地有聚邑, 人有䐃肉, 歲有十二月, 人有十二節, 地有四時不生草, 人有無子. 此人與天地相應者也."

러 돌아가는 곳은 남쪽 아래에 있으므로 사람의 소변도 역시 앞쪽 아래로 흘러내린다. 이런 것들은 氣 중에서 바른 것을 얻었기 때문이다.[77]

이상에서 보듯이 사람의 머리는 양(陽)의 상(象)으로 양은 둥근 형상이고 위에 위치하기 때문에 하늘에 응한 것이요, 사람의 발은 음(陰)의 상(象)으로 음은 모난 형상이고 아래에 위치하기 때문에 땅에 응한 것이다. 그러므로 사람의 머리는 하늘을 상징하고 발은 땅을 상징하니, 머리는 하늘처럼 높고 둥글어야 하며, 발은 땅처럼 모가 나고 두터워야 한다는 것이다. 이처럼 사람의 몸에서까지 자연의 형상을 찾아 부합시키려 했던 천지인 상응관념은 동양사상의 주된 흐름이었다. 이러한 관념은 상학에서도 그대로 적용되고 있다. 『태청신감』(太淸神鑑)에서는 천지와 인간과의 관계를 다음과 같이 설명하고 있다.

> 사람은 음양의 기를 받아 천지의 형상을 닮았으며 오행의 바탕을 받아 만물의 영장이 되었다. 머리는 하늘을 상징하니 둥글어야 하고, 발은 땅을 상징하니 모나야 한다. 눈은 태양과 달을 상징하고, 음성은 우레를 상징하며, 혈맥(血脈)은 강과 하천을 상징하고, 뼈는 금석(金石)을 상징하며, 코와 이마는 산악을 상징하고, 머리카락과 수염 등 인체의 모든 털은 나무와 풀을 상징한다.[78]

이와 같이 사람의 상에 있어 천지인상응에 대하여 설명한 내용

---

77) 北溪 陳享, 김영민 譯, 『北溪字義』, "人物之生, 不出乎陰陽之氣. 本只是一氣分來南陰陽, 陰陽又分來爲五行. 二與五只管分合運行去, …… 却與天地相應. 頭圓居上象天, 足方居下象地. 北極爲天中央却在北. 故人百會穴在頂心却向後. 日月往來只在天之商, 故人之兩眼皆在前. 海鹹水所歸在南之下, 故人之小便亦在前下, 此所以爲得氣之正." p.69.

78) 王朴 撰, 『太淸神鑑』 「論形」, "夫人之生也, 禀陰陽中和之氣, 肖天地之形, 受五行中正之資, 爲萬物之靈, 頭圓象天, 足方象地, 眼象日月, 聲音象雷霆, 血脈象象江河, 骨節象金石, 鼻額象山嶽, 毛髮象草木." p.98.

을 살펴보면, 양쪽 눈은 태양과 달에 해당하니 눈빛은 맑고 빛나야 하며, 음성은 우레를 상징하니 울려야 하고, 혈맥은 강과 하천을 상징하므로 윤택하여야 한다. 뼈는 금석이니 단단하여야 하고, 코와 관골(광대뼈)과 이마와 턱은 산악을 상징하므로 힘이 있으면서 풍륭하게 솟아야 하고, 머리카락과 수염 등 인체의 모든 털은 나무와 풀을 상징하므로 맑고 수려해야 천지인상응에 따른 자연의 이치에 부합되는 상이라 할 수 있다. 즉 자연의 순리에 따른 상이면 좋은 상으로 선상(善相)에 해당되고, 그렇지 못하면 나쁜 상으로 악상(惡相)에 해당된다고 할 수 있다. 또한『마의상법』「논형」편에 논술된 곽림종(郭林宗)[79]의 관인팔법(觀人八法)에도 천지인상응관념이 보인다.

> ……하늘(머리)은 높고 멀어야 하고, 땅(발)은 모지고 두터워야 하며, 일월(눈)은 밝게 빛나야 한다. 우레(목소리)는 울림이 퍼져야 하고, 강하(혈맥)는 윤택하여 하며, 금석(뼈)은 견고하여야 한다. 산악(코와 이마)은 높이 솟아야 하고, 초목(머리카락과 수염)은 수려하여야 하니, 이것이 곽림종의 관인팔법으로 사람을 보는 대략이다.[80]

위의 내용 역시 천지와 인간을 비유한 이론으로 사람을 관찰할 때에는 자연의 이치와 인체가 순응하고 있는지 아니면 역행하고 있는지를 잘 살피는 것이 사람의 상을 보는 방법이라고 강조하고

---

79)『郭泰別傳』, "泰別傳曰, 泰字林宗, 有人倫鑑識.(곽태의 자는 임종. 양한 시대에 인물평론가이다.)", 그를 중심으로 태학의 청담이 이루어졌으며,『신상전편』에「림종상오덕배오행 제삼」(林宗相五德配五行 第三; 郭泰 東漢人)이 실려 있으며, 저서로는『識人學』이 있다.

80) 金赫濟 校閱,『麻衣相法』「論形」, "…… 天欲高遠, 地欲方厚, 天日月欲光明, 雷霆欲震響, 江河欲潤, 金石欲堅, 山嶽欲峻, 草木欲秀, 此皆大槪也, 郭林宗, 有觀人八法是也." p.16.

있다. 즉 머리는 하늘에 비유되니 고상하면서도 높고 원대해야 하며, 발은 땅에 비유되니 모지고 두터워야 한다. 양 눈은 해와 달에 비유되니 샛별처럼 밝으면서 빛나야 하고, 음성은 천둥에 비유되니 진동하고 울려 퍼져야 한다. 혈맥은 강과 하천에 비유되니 물처럼 맑고 넉넉하여 윤택하게 흘러야 한다. 뼈대는 금속에 비유되니 견실하고 단단해야 하며, 코와 이마는 산악에 비유되니 산처럼 솟아 흙으로 잘 덮여 있어야 한다. 머리카락과 수염, 털 등은 초목에 비유되니 번성하여 빼어나야 한다.

　동양사상의 흐름의 한 줄기인 천지인 상응관념을 상학에서는 위와 같이 구체적으로 인체에 적용시켜 폭넓게 응용하고 있다. 이러한 천지인 상응관념은 지속적으로 전개되어 상학의 기본적인 이론 체계의 하나로 자리매김을 하게 되었다.

(2) 상학에서의 음양오행

　"음양오행설은 자연의 질서와 그 질서에 상응하는 인사(人事) 관계를 음양의 소식(消息)과 오행의 순차(順次)를 통하여 해명하려는 학설"[81]이다. 춘추시대의 원시 오행학설이 발전하여 진·한(秦漢) 시기에 음양오행설이 광범위하게 활용되었다. 이러한 음양오행설은 동양사상에 있어 세계관의 기초일 뿐 아니라 문화적 기초라고 볼 수 있다. 물론 음양오행설은 과학의 발달수준이 매우 저급한 단계에서 형성되었기 때문에 그 속에는 과학적 인식과 비과학적 인식

---

81) 박정윤, 「陰陽五行說의 성립과 그 理論的 배경」, p.94, 고려대, 2001.

이 혼재되어 있는 것이 사실이다. 하지만 고대인들은 '음양'과 '오행'을 통하여 자연의 질서를 통일적으로 설명하려 했다는 점에서 단순히 비과학적인 요소라고 단정하기는 어렵다. 또한 음양오행설은 그 세계관 속에서 살아갔던 사람들의 삶의 태도를 결정짓는 기초였다는 점에서 그 시대의 문화현상을 이해하는 데 중요한 요소로 간과되어서는 안 된다. 고대인들의 이러한 관념적인 틀 속에서 음양오행설은 점차 이론화되었으며 자연 현상과 인사의 관계를 설명하는 기본적인 관념으로 자리 잡았던 것이다. 한대에 성립한 음양오행설은 큰 저항 없이 유가, 도가, 불교, 의학, 천문학 등에 폭넓게 수용되어 각각의 사상적 틀을 형성하는 데 큰 영향을 미치게 된다.[82]

술수(術數)란 '자연의 현상에 근거하여 인간의 미래를 예측하는 것'[83]이다. 『한서』(漢書) 「예문지」(藝文志)에 따르면 술수 분야는 천문(天文), 역보(曆譜), 오행(五行), 시구(蓍龜), 잡점(雜占), 형법(形法) 등을 말한다. 이 가운데 형법은 오늘날 풍수와 상학을 다루는 분야인데, 형법 부분에는 『상인』(相人)24권의 상서의 명이 기록되어 있다. 상학은 천도, 즉 자연적 질서가 사람의 상에 영향을 미친다는 술수 분야의 하나이다. 따라서 다른 학문과 마찬가지로 상학 역시 음양오행설을 그 이론적 기반으로 삼고 있는 것은 당연하다고 생각된다.

음양의 경우, 송대의 주돈이(周敦頤)는 음양과 오행의 관계를 태극도설(太極圖說)을 통해서 간명하게 설명하고 있다.

---

82) 박정윤, 위의 책, pp.93 - 97.
83) 곽위, 「음양 오행가의 사상」(김홍경 편역, 『음양오행설의 연구』), p.163.

"······ 태극이 움직여서 양을 낳으며, 움직임이 지극하면 고요해진다. 고요함은 음을 낳으며, 고요함이 지극하면 다시 움직이게 된다. 한 번 움직이고 한 번 고요한 것이 뿌리가 되어 음으로 나뉘고 양으로 나뉘어 양의(兩儀)가 성립한다. 양은 변하고 음은 합하여 수·화·목·금·토를 낳아 오행의 기가 고르게 펴짐에 사시가 돌아간다. ······ 음양오행의 정기(精氣)가 융합되어 응결해서 건도(乾道)는 남을 이루고 곤도(坤道)는 여를 이루니, 음양의 두 기운이 교류, 감응하여 만물을 전화시켜 낳으니, 만물이 낳고 낳아서 변화가 다함이 없다."[84]

위의 내용은 움직임과 고요함이 음양 운동의 기본으로 그 특성을 드러내며, 양이 변하고 음이 합해서 변화를 추동함으로써 오행으로 나뉜다는 것이다. 또한 남성과 여성으로서 음양의 양극을 세워, 이 양극의 기운이 서로 교감함으로써 만물이 생겨나 삶을 영위한다고 하였다. 그러므로 오행은 음양의 두 기운이 서로 교감하는 과정에서 나타나는 음양의 변화이며, 음양은 이러한 운동의 결과를 나타내는 상태이다. 이러한 음양오행설이 상학에서는 어떻게 응용, 활용되고 있는지 살펴보기로 하자.

태극도설에 남성과 여성으로서 음양의 양극을 세운다는 말이 있듯이 『면상비급』(面上秘笈)에 "양은 남이요, 음은 여인데 이것이 남녀의 음양이다. 남녀의 음양은 고정되어 정해져 있다. 그러나 음양이라고 하는 것은 남녀의 상(相)을 논할 뿐 아니라 형상에 따른 음양이 따로 있는데, 성격·기색·성음·거동·사상·유형·무형에 이르기까지 어느 하나도 음양이 아닌 것이 없다"[85]라는 말이

---

84) 朴一峰 譯著, 『近思錄』, " ······ 太極動而生陽, 動極而靜. 靜而生陰, 靜極復動. 一動一靜, 互爲其根, 分陰分陽, 兩儀立焉. 陽變陰合, 而生水火木金土, 五氣順布, 四時行焉. ······ 二五之精, 妙合而凝. 乾道成男, 坤道成女, 二氣交惑, 化生萬物. 萬物生生, 而變化無窮焉." p.21.

85) 小通天, 『面相秘笈』, "陽爲男, 陰爲女, 此男女之陰陽也. 男女之陰陽, 固然有定. 然則所謂陰陽者. 不論男女相中, 亦有形相之陰陽, 及性格·氣色·聲音·擧動·思想·有形·無形, 無一不有陰陽." p.25.

있다. 이는 인간의 외부에서부터 내면에 이르기까지 그 성정에 따라 다양하게 음양으로 구분된다는 것이다. 그러므로 남자는 비록 양에 속하지만 반드시 음을 겸해서 조화와 균형을 이루어야 하고, 여자는 음이지만 또한 양이 있어 중화를 이루어야 음양 상제의 조화를 이룰 수 있는 상이 된다. 이는 『소문』(素問) 「금궤진언론」(金匱眞言論)에 "음 중에 음이 있고 양 중에 양이 있는데, 평단(平旦: 해 뜨는 시각)으로부터 일중(日中: 한낮)에 이르기까지는 하늘의 양인데 양 중의 양이고, 일중으로부터 황혼(黃昏: 저물녘)에 이르기까지도 하늘의 양이지만 양 중의 음이며, 합야(合夜: 황혼)로부터 계명(鷄鳴: 닭 우는 시간)에 이르기까지는 하늘의 음인데 음 중의 음이고, 계명으로부터 평단에 이르기까지는 하늘의 음이지만 음 중의 양입니다. 그러므로 사람도 역시 그에 응합니다"[86]라는 내용과 맥을 같이하고 있다.

『면상비급』에서는 상학적인 관점에서 음양을 다음과 같이 서술하고 있다.

> 사람에게 있어 음양이란 어느 한 부분만을 말하는 것이 아니다. …… 사람에게 있어 남녀가 다르다. 남자는 몸 전체는 음인데 생식기만 양(진양: 眞陽)이요, 여자는 모두 양인데 하부만 음(진음: 眞陰)이다. 또한 뼈는 양이고 살은 음이며, 얼굴 좌측은 양이요 우측은 음이다. 얼굴의 앞은 양이고 얼굴의 뒤는 음이며, 얼굴 위는 양이요 얼굴 아래는 음이다. 몸 앞은 양이요 몸 뒤는 음이다. 눈 위는 양이고 눈 아래는 음이며, 왼쪽 눈은 양이요 오른쪽 눈은 음이다. 면골(面骨)이 돌출되어 나타나면 양이요 면부가 함몰되면 음이다. 음자의 기는 함장되어 아래로 내려가고 양자의 기는 노출되어 위로 올라간다. 음의 성정은

---

86) 『黃帝內經』 「素問·金匱眞言論」 第4, " …… 陰中有陰, 陽中有陽, 平旦, 至日中, 天之陽, 陽中之陽也. 日中至黃昏, 天之陽, 陽中之陰也. 合夜至鷄鳴, 天之陰, 陰中之陰也. 鷄鳴至平旦, 天之陰, 陰中之陽也."

정(正)하고 양의 성정은 화(和)한다. 음의 근본은 부드러움을 따르고 양의 근본
은 강한 것을 따른다. 음양은 화하지 않거나 순하지 않으면 안 된다.[87]

위의 내용을 살펴보면 상학적으로 인체 내에서 구분되는 음양을
설명하면서 그 조화의 중요성을 강조하고 있다. '음양불가불화불
순'(陰陽不可不和不順)에서 '화'(和)란 기운이 편안하고 고요하면
서 안정된 상태로서 골격이 단정한 것을 말하고, '순'(順)이란 살이
고르게 있으면서 색이 윤택한 것을 말한다. 음양이 순하지 못하여
양이 성하고 음이 약하게 되면 살이 부족하여 골은 반드시 노출되
어 삐뚤어지거나 하며, 음이 성하고 양이 쇠하면 육부종이 되거나
뼈가 약하게 된다. '음양불가불화불순'(陰陽不可不和不順)이 되면
그 형상이 반듯하지 못하게 된다. 이는 음양의 기운이 조화와 균
형을 가져서 중화를 이루어야지, 어느 한쪽으로 치우쳐 양기만이
태성하거거나 음기만이 태성하는 상태가 되면 안 된다는 것을 의
미한다.

양인과 음인의 형상을 알아보면, 양의 기질을 타고난 양인은 활
동적이며 정신 면에서도 흥분하기를 잘함으로써 항상 그 에너지를
저장하기보다는 소모하는 면이 많기 때문에 자연히 수척해진다. 반
면 음의 기질을 타고난 음인은 활동을 싫어하고 안정적이며 정신
면에 있어서도 침체될 때가 많으므로 에너지를 소모하기보다는 저
장할 때가 많아 자연히 신체가 풍만해지게 된다. 『상학진전』(相學

---

87) 小通天, 『面相秘笈』, "人之陰陽者, 非指某一部份而言也, …… 入有男女之別, 男人
全體是陰, 生殖器爲陽. 女人周身純陽, 下部一點眞陰. 又曰, …… 骨爲陽, 肉爲陰,
面左爲陽, 面右爲陰, 面前爲陽, 面後爲陰, 面上爲陽, 面下爲陰, 體前爲陽, 體後爲
陰, 眼上爲陽, 眼下爲陰, 左眼爲陽, 右眼爲陰, 面骨凸顯處爲陽, 面部凹暗處爲陰,
陰者氣藏形而下, 陽者氣露形而上, 陰性宜正, 陽性宜和, 陰本趨柔, 陽本趨剛, 陰陽
不可不和不順, …… ", p.21.

眞傳)[88)]에서는 양인과 음인의 형상·성격·심리 등을 다음과 같이 구분하였다. (<표 2>).

<표 2> 음양 체질과 형상에 따른 성격, 심리

	양의 기질을 타고난 사람(양인)	음의 기질을 타고난 사람(음인)
형상	발산적이고 상부가 발달하였으며 수척하고 살보다 골이 많다.	저장적이고 하부가 발달하였으며 풍만하고 골보다 살이 많다.
	날카로우며 모난 각선을 의미한다.	부드러우며 둥근 곡선을 의미한다.
성격	밝고 개척적, 빠르다. 공격적, 개방적, 급진적, 활동적. 흥분하기를 잘한다.	어둡고 포용적, 느리다, 유도적, 보수적, 점진적, 안정적이며 정신적으로 침체하기를 잘한다. 지구력이 있다.
	질적인 면을 좋아한다.	양적인 면을 좋아한다.
심리	사교적이며 경쟁심과 승리욕이 강하다. 명예욕이 강하며 적극적이며 민감하다.	통솔력과 지배욕이 강하다. 가정적이며 소극적이며 둔하다.
생각	연역적이며 표면적이다.	귀납적이며 반성적이다.

오행이란 음양의 기운이 활동하는 가운데 생겨난 목·화·토·금·수를 말한다. 이 다섯 가지 기운은 우주공간에 충만하여 끊임없이 유동하며 순환한다. 오행의 기운에 따라 사시인 봄·여름·가을·겨울이 번갈아 바뀌며, 이 오행의 운행은 음양의 이치에 따라 이루어진다.

상학에서는 오행을 사람의 체상·면상 및 수상 등 전반에 걸쳐 결부시켜 해석한다. 예를 들면 면상에서 오악(五岳)을 논할 때에는 오방위에 의거하고 있으며, 오성(五星)은 목·화·토·금·수 오행의 별로 이름한다. 또한 면상에 나타나는 기색은 오행의 색을 적용하였으며 그 기색을 관찰하여 인체 내의 각 장부에서 발생하는 질병 판단에 활용한다. 사람을 보고 그 귀천(貴賤)·수요(壽夭)·빈부

---

88) 東原 李正來, 『相學眞傳』, pp.58 - 60.

(貧富)・길흉(吉凶)・화복(禍福) 등을 판단할 때에는 음양・오행에 대한 각각의 단식 판단도 있지만 종합적 판단으로 오행의 형상으로 사람을 구분 짓고 성격, 외모, 음성, 행동거지 등을 오행의 상생・상극이론을 바탕으로 가감승제를 해서 판단한다. 일반적으로 상학에서는 오행을 다음과 같이 활용하고 있다[89](<표 3>).

<표 3> 상학 오행 소속표

구분	木	火	土	金	水
계절	봄	여름	각 계절의 마지막 달	가을	겨울
방위	東	南	中央	西	北
색	靑	紅	黃	白	黑
숫자	3, 8	2, 7	5, 10	4, 9	1, 6
맛	신맛	쓴맛	단맛	매운맛	짠맛
五臟	肝	心	脾	肺	腎
五常	仁	禮	信	義	智
天干 陰陽	甲 乙	丙 丁	戊 己	庚 辛	壬 癸
地支 陰陽	寅 卯	巳 午	辰・戌 丑・未	申 酉	子 丑
月	1, 2, 3 (寅, 卯, 辰)	4, 5, 6 (巳, 午, 未)		7, 8, 9 (申, 酉, 戌)	10, 11, 12 (亥, 子, 丑)
五音	牙 角	舌 徵	喉 宮	齒 商	脣 羽
五行 相生	木生火	火生土	土生金	金生水	水生木
五行 相剋	木克土	火克金	土克水	金克木	水剋火
五嶽	左 顴骨; 東岳; 泰山 (여성은 右 顴骨)	이마(額); 南岳; 衡山	코; 中岳; 嵩山	右 顴骨; 西岳; 華山 (여성은 左 顴骨)	턱(頦) 北岳; 恒山
五星	우측 귀	이마(額)	코	좌측 귀	입
氣	溫 魂	火 神	濕 意	凉 魄	寒 精

89) 필자가 相書에 있는 내용을 포함하여 도표화한 것이다.

(3) 상학의 기본이론

사람의 상은 유형(有形)의 상과 무형(無形)의 상으로 구분할 수 있다. 유형의 상이란 전신에 드러나는 생김새(形)로 골상(骨相)·육상(骨相)·면상(面相)·체상(體相)·수상(手相) 등이 있으며 이를 더 세분화할 수 있다. 무형의 상은 그 실체를 볼 수 없다고 할지라도 그 사람을 나타내는 심상(心相)·성음상(聲音相)·정태상(情態相) 등으로 구분할 수 있으며 정·기·신(精氣神)과 함께 기색(氣色)까지 포함한다. 사람의 상을 보는 데 있어서는 보이는 유형의 상만을 보는 것이 아니라 보이지 않는 무형의 상과 함께 유·무형의 상에 대한 조화와 그 균형을 다양하게 관찰하는 것이 필요하다. 『신상전편』(神相全篇)에는 사람의 상을 보는 방법을 다음과 같이 설명하고 있다.

> 사람의 상을 보는 데는 일정한 법칙이 있다. 먼저 골격(骨格)의 형태를 관찰한 다음 오행(五行)의 형상을 보고, 삼정(三停)의 장단을 헤아리며, 면상(面相)의 차고 모자람을 살핀다. 미목(眉目)의 청수함을 관찰하고, 신기(神氣)의 영고를 보아야 하며, 수족(手足)의 두텁고 엷음, 수염과 모발의 성기고 빽빽함, 체구의 장단, 오관(五官)의 이룸, 육부(六府)의 유취, 오악의 귀조(歸朝), 창고(倉庫)의 풍만함, 음양의 성쇠, 위의(威儀)의 유무 등을 보아야 한다. 형용의 돈후를 판별하고, 기색의 희체(喜滯: 희색과 정체된 색)를 보며, 몸과 피부의 매끄러움을 본다. 머리의 방원(方圓), 정수리의 평탑(平塌), 골격의 귀천, 골육의 조소(粗疎), 기(氣)의 단촉, 성음(聲音)의 울림, 심전(心田)의 좋고 나쁨을 보는데, 모든 부위와 유년(流年)의 골격 형국을 미루어 보아 판정해야 한다. …… 사람의 상을 보는 데 있어서 하나의 실수도 있어서는 안 되며, 학자는 상세히 살펴야만 하고 심오하고 미묘한 부분까지 추구하여 모든 것을 소홀히 해서는 안 된다.90)

---

90) 希夷·陳搏 秘傳, 柳莊·袁忠撤訂正, 『神相全篇』「卷首」, "大凡觀人之相貌, 先觀

이와 같이 사람의 상을 관찰하는 데 있어서 골격과 오행의 형상을 먼저 살핀 후 전체적인 짜임새를 본다. 다음으로 구체적인 형상 하나하나를 관찰하면서 단식적으로 판단하지 말고 가감승제를 해서 파악해야 한다. 일반적으로 이목구비(耳目口鼻)가 '좋다', '나쁘다' 또는 어느 한 부분만을 가지고 판단하는 예들이 많이 있는데 이는 지양하여야 한다. 다시 말하면 구체적인 사안보다는 전체적인 조화를 우선으로 한 다음 세부적으로 파악해야만 정확한 상을 볼 수 있다는 것을 뜻한다. 먼저 오행의 형상에 따른 상을 살펴보고자 한다.

1) 오행형상론(五行形象論)

오행형상(五行形象)이란 사람을 목·화·토·금·수 오행의 기운에 따라 다섯 가지 체형으로 분류하는 방법으로, 전신의 골격과 함께 머리·얼굴·몸·손·다리 등 다섯 부위의 형태와 색을 바탕으로 음성·자세와 동작 등을 종합하여 판단한다.

오행형상법은 『황제내경』(黃帝內經)의 생리학과 병리학적 인식에 기반한 것으로, 사람의 외형을 보고서 건강상태 및 질병, 성품 등을 판단하는 근거가 되기도 한다. 『내경·영추』(內經·靈樞)의 「음양25인」(陰陽二十五人)이 그 기원으로, 역대의 상서들이 모두

骨格, 次看五行, 量三停之長短, 察面部之盈虧. 觀眉目之淸秀, 看神氣之榮枯, 取手足之厚薄, 觀鬚髮之疎濁, 量身材之長短, 取五官之有成, 看六府之有就, 取五岳之歸朝, 看倉庫之豐滿, 觀陰陽之盛衰, 看威儀之有無. 辨形容之敦厚, 觀氣色之喜怒, 看體膚之細膩. 觀頭之方圓, 頂之平塌, 骨之貴賤, 骨肉之粗疏, 氣之短促, 聲之響亮, 心田之好歹, 俱依部位流年而推. …… 所相於人. 萬無一失. 學者亦宜參詳. 推求眞妙. 不可忽諸." p.1.

이 설을 인용하면서 상학의 발전에 박차를 가했다. 그러나 오행의 형상을 파악하는 것이 용이하지만은 않다. 왜냐하면 오행의 형질이 순수한 사람이 있어 상을 판단하기가 쉽고, 길흉도 쉽게 밝힐 수 있는가 하면 여러 오행이 섞여 있는 사람도 있어 판단하기가 어려운 경우도 있기 때문이다.

상학에서는 오형인(五形人)[91]을 『영추』의 「음양25인」에 근거하여 설명하고 있다. 『영추』에서 설명하는 오형인과 상서인『중국상법정화』(中國相法精華), 『신상전편수경집합적』(神相全編水鏡集合摘)에서 설명하는 오형인을 알아보고자 한다.

『영추』의 「음양25인」에 기록된 목형인은 "목형의 사람은 상각(上角: 木의 기운을 완전하게 얻은 것을 말함)에 비유할 수 있고 창제(蒼帝)와 유사합니다. 그 사람됨을 보면 피부가 해맑은 푸른색이고 머리가 작으며, 얼굴이 길고 어깨와 등이 크며, 몸은 곧바르고 손발이 작으며, 재주가 있고 신경을 많이 쓰며, 힘이 약하고 일에 대하여 근심하고 애쓰기를 많이 합니다."[92] 『중국상법정화』「신상전편 수경집합적」의 기록에 의하면, "목형인은 마르고 곧으며, 눈은 수려하고 수염도 맑고, 입술은 붉으면서 주름은 세세하고, 키는 크고 꼿꼿하고 곧으며, 허리가 가늘고 둥글고 꽉 차 있으며, 손의 모양이 세세하고 윤기가 나고, 이것이 바야흐로 대들보나 기름이 되고, 머리나 얼굴의 골격이 말라 있고, 코는 길고 눈도 길며, 어깨나 등이 모두 꼿꼿하고 얼굴의 색이 푸른 것이 바른 것이

---

91) 五行의 形象에 따라 사람을 구분한 것. 木形人・火形人・土形人・金形人・水形人을 말한다.

92) 『黃帝內經』「靈樞・陰陽二十五人」第64, "木形之人, 比于上角, 似於蒼帝, 其爲人蒼色, 小頭, 長面, 大肩背, 直身, 小手足, 有才, 好勞心, 少力, 多憂勞於事."

다"93)고 하였다. 목기(木氣)는 태양을 향해서 뻗어 올라가는 성질이 있다. 그 형상은 성장력이 강한 나무의 특성을 닮아, 가슴을 앞으로 내밀고 시선을 멀리 두고 걷기 때문에 그 형상이 당당하고 늠름하다. 목형인은 양기가 위로 발산하면서 형성된 목기의 특성을 그대로 담고 있다.

『영추』의 「음양25인」에서 "화형의 사람은 상치(上徵: 화의 기운을 완전하게 얻은 것을 말함)에 비유할 수 있고 적제(赤帝)와 유사합니다. 그 사람됨을 보면 피부가 적색이고 잇몸이 넓으며, 얼굴이 뾰족하고 머리가 작으며, 어깨·등·넓적다리·복부의 발육이 좋고 손발이 작으며, 걸음걸이가 안정되고 마음이 급하고, 행동함에 있어 동요가 있으며, 어깨와 등의 살이 풍만합니다. 재산을 가볍게 여기는 기질이 있고, 믿음성 적으며 생각이 많고, 일을 보는 것이 밝으며 안색이 좋고, 마음이 조급하며, 오래 살지 못하고 갑자기 죽습니다."94) 『중국상법정화』「신상전편 수경집합적」에서는, "화형인은 위는 뾰족하고 아래는 넓으며, 행동이 조급하고, 비교적 얼굴은 붉고 수염도 비교적 적으며, 코·눈·입·치아가 모두 드러나 있으며, 귀가 높게 붙고, 뾰족하고 뒤집어져 있으며, 머리는 비교적 기다랗고 뾰족하며, 머리털이나 수염이 비교적 검은색이 아니고 붉은색이 나며 숱이 적고, 말소리는 타는 듯하고 세찬 소리를 내는 것이 바른 것이다"95)고 하였다. 화기(火氣)는 밝은 것을 주장한

---

93) 韋千里 編著, 『中國相法精華』「神相全編 水鏡集合摘」, "木形人必瘦直, 目秀, 鬚淸, 脣紅, 紋細, 體長挺直, 腰瘦圓滿, 手紋細潤, 方爲梁棟, 頭面骨瘦, 鼻直目長, 肩背挺直色靑者爲正." p.165.

94) 『黃帝內經』「靈樞·陰陽二十五人」第64, "火形之人, 比於上徵, 似於赤帝. 其爲人赤色, 廣䐃, 脫面小頭, 好肩背髀腹, 小手足, 行安地, 疾心, 行搖, 肩背肉滿. 有氣輕財, 少信, 多慮, 見事明, 好顏, 急心, 不壽暴死."

다. 화형인의 형상은 노출되는 기운을 얻었으며 그 형체가 날카로 우면서도 하부가 풍부하지만 전체적으로 날렵한 인상을 준다.

『영추』의 「음양25인」에서 "토형의 사람은 상궁(上宮: 토의 기운을 완전하게 얻은 것을 말함)에 비유하고 상고의 황제(黃帝)와 유사합니다. 그 사람됨을 보면 피부가 황색이고 둥근 얼굴이며, 머리가 크고 어깨와 등이 풍만하며, 배가 크고 넓적다리와 종아리가 아름다우며, 손발이 작고 살이 많으며, 위 부위와 아래 부위가 서로 어울리고, 걸음걸이가 듬직하며, 발을 들어 올림에 믿음이 있고, 마음이 안정되어 있으며, 남을 이롭게 하기를 좋아하고, 권세를 좋아하지 않으며, 다른 사람과 화합하기를 좋아합니다."96) 『중국상법정화』 「신상전편 수경집합적」의 기록에 의하면 "토형인은 반드시 두텁고 무거우며, 골은 무겁고 살은 가벼우며, 머리나 얼굴이 두텁고 크며, 코의 준두(준두)가 일어나 있고, 입은 윤택하고 입술이 두텁고, 허리나 등짝은 거북과 같고, 소리는 굵직하며, 손과 발이 두텁고, 행동은 둥글게 보이지만 목은 짧고, 기백은 넓고 크다. 토형의 색은 황색이면서 빛이 나는 것이 바른 것이다"97)고 하였다. 토기(土氣)는 비대함을 주장한다. 토형인의 형상은 돈독하고 비대함을 얻어 그 형모가 헌앙하다고 할 수 있다.

『영추』의 「음양25인」에서 "금형의 사람은 상상(上商: 금의 기운

---

95) 韋千里 編著, 『中國相法精華』「神相全編 水鏡集合摘」, "火形人上尖下濶, 行動躁急, 面紅鬚少, 鼻目口齒皆露, 耳高反, 頭長而尖, 髮鬚赤而少, 聲音焦烈者爲正."

96) 『黃帝內經』「靈樞·陰陽二十五人」第64, "形於之人(土形之人), 比於上宮, 似於上古黃帝, 其爲人黃色, 圓面, 大頭, 美肩背, 大腹, 美股脛, 小手足, 多肉, 上下相稱, 行安地, 擧足浮. 安心, 好利人, 不喜權勢, 善附人也."

97) 韋千里 編著, 『中國相法精華』「神相全編 水鏡集合摘」, "土形人必厚重, 骨重肉輕, 頭面厚大, 鼻準興隆, 口潤脣厚, 腰背如龜, 聲重, 手足皆厚, 動圓頸短, 氣魄廣大, 色黃明者爲正." p.166.

을 완전하게 얻은 것을 말함)에 비유하고 백제(白帝)와 유사합니다. 그 사람됨을 보면 얼굴이 모나고 피부가 백색이며, 머리가 작고 어깨와 등이 작으며 배가 작고 손발이 작으며, 마치 골이 발뒤꿈치 밖으로 돋은 것 같고 골이 가벼우며, 몸은 깨끗하고 마음이 급하며 안정하고 사나우며 일하는 것을 좋아합니다."[98] 『중국상법정화』「신상전편 수경집합적」의 기록에 의하면 "금형인은 반드시 얼굴 끝이 바르게 모가 나고, 눈썹이나 눈이 맑고 빼어나며, 귀가 바르고 얼굴이 비교적 모지게 보이고, 입술과 이가 서로 짝이 잘 맞고, 손은 끝이 몽땅하고 방정하며, 허리와 배가 둥글고 바르며, 색은 희고 기는 맑은 것이 바른 것이다"[99]고 하였다. 금기(金氣)는 방정하고 모난 것을 주장하며, 금형인의 형상은 방정하고 아주 깨끗하며 결백하고 마음이 강하며 부지런하다.

『영추』의 「음양25인」에서 "수형의 사람은 상우(上羽: 수의 기운을 완전하게 얻은 것을 말함)에 비유하고 흑제(黑帝)와 유사합니다. 그 사람됨을 보면 피부가 흑색이고 얼굴은 편평하지 않으며, 머리가 크고 턱이 넓으며, 어깨가 좁고 배가 크며, 손발을 잘 움직이고 걸을 때는 몸을 흔들며, 꽁무니가 아래로 처지고 길며 등이 길고 경외하지 않으며, 남을 잘 속이고 피살당합니다."[100] 『중국상법정화』「신상전편 수경집합적」의 기록에 의하면 "수형인은 반드시 둥

---

98) 『黃帝內經』「靈樞·陰陽二十五人」第64, "金形之人, 比於上商, 似於白帝, 其爲人 方面, 白色, 小頭, 小肩背, 小腹, 小手足, 如骨發踵外, 骨輕. 身淸廉, 急心, 靜悍, 善爲吏."

99) 韋千里 編著, 『中國相法精華』「神相全編 水鏡集合摘」, "金形人必端方, 眉目淸秀, 耳正面方, 脣齒得配, 手端小而方, 腰腹圓正, 色白氣淸者爲正." p.164.

100) 『黃帝內經』「靈樞·陰陽二十五人」第64, "水形之人, 比於上羽, 似於黑帝, 其爲人, 黑色, 面不平, 大頭, 廉(廣)頤, 小肩, 大腹, 動手足, 發行搖身, 下尻長, 背延延然. 不敬畏, 善欺紹人, 戮死."

글고 살이 찌며, 살이 무겁고 뼈는 가벼우며, 흑색이 나고 윤기가 있으며, 얼굴은 둥글고, 뒤에서 보면 엎드린 것 같아 기어가는 것 같으며, 또 앞에서 보면 올라간 것 같고, 배도 둥글고 엉덩이도 둥글며, 손바닥이 살찌고 둥글고, 이목구비가 다 살찌고 둥근 것이 바른 것이다"[101]고 하였다. 수기(水氣)의 형상은 원만함을 주장한다. 오행의 원만한 기색을 얻어 수형인의 형상은 둥글면서 진중하고 두툼해서 실하며, 걸음걸이는 물이 밑으로 흘러가는 것 같다.

위의 내용들을 살펴보면, 목형인은 나무가 위로 뻗어 올라가는 기운을 상징하기 때문에 체격은 곧고 훤칠하며 얼굴, 이목구비 등 전체의 모습이 길다. 또한 나무의 수려하고 맑은 기운을 타고나서 기상이 맑으며 재주가 많다. 심성은 어질고 인자하며 곧은 성격을 가졌다. 하지만 항상 신경이 예민하여 신경성 질환이 많이 올 수 있다. 화형인은 불꽃이 위로 뾰족하게 타오르듯 얼굴 모습과 이목구비의 형상이 뾰족하면서 날렵하고 기색이 붉으며, 성격은 마치 불꽃이 타오르듯이 조급하지만 뒤끝이 없고 밝고 명쾌하다. 양기가 위로 상승하면서 형성된 화의 기운이 성격에도 그대로 반영되어, 행동이 침착하거나 안정되지 못하며 솔직하고 즉흥적이다. 토형인은 흙의 중후하고 윤택한 기운을 타고나서 얼굴 모습과 이목구비의 형상이 두텁고 큰 편이다. 체형은 큼직한 산이 하나 앉아 있는 듯한 느낌을 주며, 얼굴이 원만하고 풍요로우면서 황색을 띠고 있다. 토기는 양의 기운이 다시 음으로 하강하려고 할 때 이를 중화하는 기운을 타고났기 때문에, 성품도 체형을 닮아서 그 속이 깊

---

101) 韋千里 編著, 『中國相法精華』「神相全編 水鏡集 合摘」, "水形人必圓肥, 肉重骨輕, 黑潤面圓, 後看如伏, 面觀如仰, 腹圓臀圓, 指掌肥圓, 耳目口鼻, 皆兼肥圓者爲正." p.165.

고 두터워 마음속으로 무엇을 생각하는지 겉으로 전혀 드러나지 않는다. 성품은 신의가 두터워 믿음이 있으며 다른 사람과 잘 화합한다. 금형인은 금석의 모나고 치밀한 성질을 닮아 얼굴이 사각형으로 단단해 보이며, 이목구비의 형상도 전체적으로 네모난 편이라 할 수 있다. 얼굴빛이 희며 기운이 맑고 강하며 금기를 이어받아 불의를 용납하지 아니하며, 움직이고 멈추고 하는 모든 규모가 무거우면서 진중하다. 수형인은 물의 윤택한 성질과 둥근 모양을 따라 얼굴과 몸집에 살이 많아서 항아리처럼 둥글며, 풍요롭고 여유가 있어 보인다. 영양형질로서, 살이 많아도 움직이는 모습은 가벼워 보이며 융통성이 있고 원만하다.

오형인을 설명하는 데 있어 『영추』「음양25人」과 『중국상법정화』「신상전편 수경집합적」에서 화형인과 수형인에 대해 의견을 달리하고 있다.

화형인의 경우, 「음양25人」에서는 '얼굴이 뾰족하고 머리가 작다. 걸음걸이가 안정되어 있고, 행동에 동요가 있다'(脫面小頭. 行安地, 行搖)라고 하였으나, 『중국상법정화』「신상전편 수경집합적」에서는 '위는 뾰족하고 아래는 넓다. 행동이 조급하다'(上尖下濶. 行動躁急)라고 하였다. 불의 형상을 생각해 볼 때 불이란 위로 타오르는 성질을 가졌기 때문에 위는 뾰족하면서 아래는 위보다 넓은 형상을 지녔고 또한 조급하며 어지러이 날리고 있기 때문에 걸음걸이가 안정되어 있기 보다는 흔들리는 편이 화형인의 형상에 가깝다고 볼 수 있다.

수형인의 경우, 「음양25人」에서는 얼굴은 편평하지 않으며, '머리가 크고 턱이 넓으며, 어깨가 좁고 배가 크다'(面不平, 大頭, 廉

(廣)頤, 小肩, 大腹)라고 하여 전반적으로 큰 것만을 주장하였으나, 『중국상법정화』「신상전편 수경집합적」에서는 '배도 둥글고 엉덩이도 둥글며, 손바닥이 살찌고 둥글고, 이목구비가 다 살찌고 둥글다'(腹圓臀圓, 指掌肥圓, 耳目口鼻 皆兼 肥圓)고 하여 큰 것보다는 둥글고 원만한 것을 주장하였다. 물의 융통성과 흐름을 보아서는 수형인의 얼굴 모습, 이목구비 등 체형이 크다기보다는 원만하고 둥글둥글한 형상이 수형인에 더 가깝다고 할 수 있다.

사람의 형체와 모양은 천지에서 받고 태어난 그대로 형상을 이루고 있으니 개개인 모두가 한결같을 수 없다. 따라서 위와 같은 오형인의 형상은 그 사람이 지닌 특성에서 대체적으로 두드러지는 것을 의미하는 것이지, 명확하게 오행의 기운대로 나누어지는 것은 아니다. 즉 같은 목형이라 하더라도 완전한 목형에 가까운 사람이 있는가 하면, 다른 네 가지 기운 중 어느 하나 둘과 혼합된 사람이 더욱 많다. 다만 이렇게 혼합된 형이라도 가장 많이 타고난 기운을 보아서 어느 형에 속하는지 분류할 수 있는 것이다. 하지만 기본적으로 다섯 가지 기운 중 어느 것이라도 하나의 기운을 뚜렷하게 타고날수록 좋다. 가령 토형이라면 다른 것과 섞이지 않은 순수한 토의 기운만을 강하게 타고나는 것이 좋다는 것이다. 이를 진체(眞體)라고 하는데 오행의 모양은 강도에 따라 판단이 달라질 수 있다. 그러므로 특정 오행 속에 포함되어 있는 다른 오행의 속성을 상생상극의 이치에 따라 응용하여 종합적인 판단을 필요로 한다.

이 외에도 「인상금수형」(人像禽獸形),[102] 「팔종형상론」(八種形

---

102) 人像禽獸形은 『神相全編』과 『相理衡眞』에 설명되어 있으며 사람의 형상을 50여

象論),103) 「관인팔법론」(觀人八法論),104) 「형분십상론」(形分十相
論)105) 등의 형상법(形象法)이 있다. 「오행형상론」과 「인상금수형」
을 제외한 형상법들은 약간의 차이가 있지만 거의 대동소이하다.
이는 상서를 편찬한 학자들이 시대의 흐름에 따라 조금씩 변형시
킨 것으로 사료된다.

2) 형상(形相)과 정·기·신(精氣神)

유형인 사람의 형상은 무형인 정·기·신(精氣神)을 바탕을 이
루어진다. 정·기·신은 그 형상을 볼 수는 없지만 정(精)이 있어
야 기(氣)를 기를 수 있고, 기(氣)가 있어야 신(神)이 존재하여 형
상으로 나타날 수 있기 때문이다.

사람의 형상은 마치 하나의 물건을 완성시키기 위하여, 구성과 설
계를 하고 재료를 선별하여 정제하고 조립하는 과정을 거쳐 완전한
형상을 갖춘 하나의 제품으로 만들어지는 것에 비유할 수도 있다.

'형'(形)106)이란 물건이나 사람의 생긴 모양, 즉 생김새로서 형상

종의 동물이나 새의 형상에 비유한 物形法이다.
103) 八種形象論은 『相理衡眞』에 설명되어 있으며, '淸·奇·古·怪·秀·異·嫩·
　　 重'의 여덟 가지 형체를 논하는 形象法이다.
104) 觀人八法論은 『麻衣相法』에 설명되어 있으며, 성품과 외형의 모습에 따라 사람의 相
　　 을 8가지로 분류하는데, 그 8가지는 '威猛之相', '厚重之相', '淸秀之相', '古怪之相',
　　 '孤寒之相', '薄弱之相', '惡頑之相', '俗濁之相'이라 한다.
105) 形分十相論은 『玉管照神局』 「四庫全書 術數類全編」에 설명되어 있으며, '鵬:孤壽
　　 相', '姸:福壽貴相', '古:孤壽相', '淸:淸貴相', '偏:孤善壽相', '粗:武相', '老:孤壽
　　 相', '少:武相', '奇:賢福壽相', '直:性善相', pp.30－32. 宋齋邱, 『玉管照神局(千古
　　 神相極秘傳書)』에는 '鵬:孤壽相', '粗:武相'이 빠지고 '醜:孤壽相', '鎰:武相'이 있다.
　　 pp.55－64.
106) 形이란 形相·形象·像의 준말이다. 形相은 눈에 보이는 형태나 모양을 뜻하는
　　 아리스토텔레스철학의 기본개념이다. 形相은 보이는 모양·모습을 의미하는 그리스
　　 어 eidos를 어원으로 옮긴 말로 어떤 사물을 다른 사물과 구별하는 본질적 특징을 뜻

(形相)·형상(形象)·형상(形像)의 준말이다. 상학에서의 형(形)은 실체(實體)·신체(身體)[107]를 말하는 것으로『여씨춘추』(呂氏春秋) 「선식람」(先識覽)에 의하면 "사람이 늙으면 형이 점점 쇠하여지고 형의 쇠함과 왕성함으로 (늙음을)알 수 있다"[108]고 하였다. 이는 사람의 형상을 보고서 그 상태를 파악할 수 있으며, 나이 들어 늙어 가는 것까지도 형상의 쇠함과 왕성함을 가지고서 판단할 수 있다는 것이다. 이러한 형상은 실체를 지닌 것으로 유형이지만, 그 실체를 이루는 정·기·신은 무형으로서 작용을 하기 때문에 유형과 무형은 서로 떨어질 수 없는 불가분의 관계라 할 수 있다.

먼저 형상의 바탕이 되는 정·기·신에 대하여 살펴보자.

'정'(精)은 인체를 이루는 근본물질[109]로 생명현상을 조절해 주는 생명의 근원 에너지[110]라고 할 수 있으며, '신'(神)은 온 몸을 주관하는 것[111]으로 상학과 동양의학에서 '神'은 사람의 形相을 이루어 내는 근본[112]이다. '기'(氣)[113]는 천지만물을 형성하는 것으

하며, 形象은 감각으로 포착한 것이나 심중의 관념 등을 예술가가 어떤 표현 수단에 의하여 具象化하는 일을 의미한다. 본서에서는 形(形相)은 사람의 모양, 생김새 등 실체를 표시하는 의미로 사용하며, 形象은 어떤 사물을 사람에게 이미지화한 의미로 사용한다.

107) 本辭典由敎育部國語推行委員會所編錄,『國語辭典』, "形 實體, 身體."

108)『呂氏春秋』「先識覽」, "人之老也. 形益衰, 而智益盛."

109)『黃帝內經』「素問·金匱眞言論」, "夫精者, 身之本也."

110)『東醫寶鑑』「精」, "『靈樞』曰, 兩神相搏, 合而成形, 常先身生, 是謂精. 精者, 身之本也. 又曰, 五穀之津液, 和合而爲膏, 內滲入于骨空, 補益髓腦而, ……"("「영추」에 말하기를 두 사람의 神이 서로 교합하여 형체가 생기는데 형체보다 먼저 생기는 것이 精이다. 精은 몸의 근본이 된다. 또한 五穀의 진액이 합쳐서 영양분이 되는데 속으로 뼛속에 스며들면 骨髓와 腦髓를 영양하고 ……") 精이란 부모로부터 받은 先天之精(先天之氣)과 살아가면서 쌓아 가는 호르몬 진액의 後天之精(後天之氣)을 말한다.

111) 같은 책,「神」, "神爲一身之主."

112)『黃帝內經』,「靈樞·決氣」, "兩神相搏, 合而成形."

로 기 역시 사람의 형상을 만드는 근원이 된다.

정·기·신 세 개념이 유기적 관계를 지니며 거론될 때 정(精)은 생명력의 근원을, 기(氣)는 생생 약동한 생명활동을, 신(神)은 생명력에서 나오는 정신적 활동을 의미한다고 할 수 있다.[114] 『신상전편』「당거상신기」(唐擧相神氣)에서는 정·기·신에 대하여 다음과 같이 언급한다.

> 기(氣)는 기름과 같고 신(神)은 등불과 같으며 형상은 기를 바탕으로 길러지는 것이다. …… 형으로써 혈(精: 정)[115]을 기르고, 혈(精: 정)로써 기를 기르고, 기로써 신을 기르니, 형이 온전하면 기 또한 온전하다. 기가 온전하면 신 또한 온전하다.[116]

---

113) 氣는 천지만물을 형성하며, 생명력·활동력의 근원으로서 사람의 신체적·정신적인 모든 기능도 모두 氣에서 생긴다고 생각하여 陰氣와 陽氣 또는 五行의 氣와 다양한 氣의 배합·순환으로 사물의 異同이나 생성·변화를 설명하였다. 氣는 천지 분화 상태의 기로 음양이 분화되기 이전의 혼돈되어 있는 상태의 근원적인 기, 즉 원기를 말한다. 『列子』에서는 "太素者 質之始也"라 하였고, 『漢書』「律曆志」에는 "太極元氣, 涵三爲一"이라 했으며, 『論衡』「談天」에서는 "元氣未分, 渾沌爲一"이라고 하였다. 元一과 같은 상태의 氣를 규정하는 용어로는 太極, 太素, 元氣 등이 있다. 殷周의 甲骨文, 金文의 자료나 『詩經』『書經』에는 보이지 않지만 『論語』를 비롯하여 전국시대 이후의 각 학파의 문헌에 많이 나타난다. 漢나라 이후 여러 사상에서 氣에 의한 生成論이 주장되었고, 宋나라 이후의 性理學에서는 氣는 물질의 근원을 나타내는 말로서 우주와 인간을 관통하는 理氣哲學체계에서 매우 중요한 역할을 하였다.

114) 精은 『管子』「內業」 등에서는 순일 무잡한 마음의 의미로 사용되었다. 『莊子』 등에서 주로 氣의 순수한 상태를 精으로 표현한 경우가 많음이 발견된다. 漢代에 이르면 房中家를 중심으로 精은 精液이라는 유형한 액체와 동일시되는 경향이 나타난다. 精氣神은 唐末~宋初에는 三奇라 부르고, 조선시대에는 남궁두에 이르러 精氣神을 필수적인 三寶로 보았다.(金洛必, 「權克中의 內丹思想」, 서울대 박사논문, 1990) pp.133~134.

115) 王充, 『論衡』「論死」, "精神本以血氣爲主, 血氣常附形體 ……血者 生時之精氣也 (정신의 근본은 혈기로서 주를 삼고, 혈기는 형체를 항상 따라다닌다. ……혈이란 태어날 때의 정기이다.)" ; 여기에서의 혈(血)은 정(精)을 의미한다.

116) 陳希夷, 『神相全編』「唐擧相神氣」, "氣似油兮神似燈. 形資氣以養之. ……形以養血. 血以養氣. 氣以養神, 故形全則氣全, 氣全則神全." 唐擧는 전국시대의 관상가이다.

위의 내용을 살펴보면 정·기·신은 무형으로서 그 형상을 볼 수는 없으나 정이 있어야 기를 기를 수 있고, 기가 있어야 신이 존재할 수 있어 그 빛을 발할 수가 있으니, 형상은 이러한 정·기·신을 바탕으로 이루어진다. 또한 이루어진 형상은 혈(정)을 기르고 그 혈(정)은 기를 기르고, 기는 신을 기르는 것이기 때문에 기가 온전하면 신이 온전하고, 신이 온전하면 형이 온전하다는 것이다. 다시 말하면 정·기·신이 온전하면 형상도 온전하며 무형인 정·기·신은 유형인 형상을 이루는 바탕으로 인체를 이루는 근본이 되며 서로 불가분의 관계에 있다는 것을 시사하고 있다.

형상과 정·기·신의 관계를 비유해 본다면, 형상은 물건의 내부와 외양의 디자인이 정교하고 우수하게 형성되었는가를 판단하는 것이라면, 정·기·신은 그 물건의 성능이 완벽하며 기능이 뛰어난지를 파악하는 것이라고 할 수 있다. 즉 형상은 인체의 골격과 인체 내의 오장육부에 대한 구체적인 표현이며, 정·기·신은 정신과 기질 및 오장육부에서 나타나는 기의 강약에 대한 구체적인 표현이라고 할 수 있다. 따라서 하나의 완전한 사람의 형상이 만들어지기 위해서는 인체의 근본물질인 정·기·신이 서로 조화가 이루어져야 한다.

상학에서는 '인체 내에서 형상을 이루는 근본물질인 정·기·신의 상태가 어떠한가'에 따라 부귀(富貴)·빈천(貧賤)·수요(壽夭)·현우(賢愚) 등을 판단한다. 특히 인간의 수요를 살피는 데 있어서는 정·기·신에 대한 관찰을 중요하게 생각한다. 이와 같이 형상과 정·기·신은 각각 독립적이면서도 상호 유기적 작용으로 하나의 인체를 형성해 가는 불가분의 관계를 가지고 있다고 볼 수 있다.

『마의상법』(麻衣相法)에 의하면 "사람은 음양의 기를 받아 천지의 형상을 이루었고, 오행의 도움을 받아 만물의 영장이 된다"[117]라고 하였으며, 곽림종(郭林宗)의 '관인팔법'(觀人八法)[118]에서는 사람이 천지의 형상을 닮고 태어났기 때문에 천지의 형상과 같은 상을 좋은 상이라 하였다.

형에 관하여 『한서』「예문지·형법」[119]에는 다음과 같이 기록하고 있다.

> 형법(形法)은 크게 구주의 형세를 들어 그로써 실사(室舍)를 세우고, 사람 및 육축은 골법의 도수, 기물의 형상으로써 그의 성기(聲氣)와 귀천의 길흉을 논한다. 마치 율(律)에 장단이 있어 각기 그 소리를 나타내는 것과 같다. 귀신의 것이 아니라 자연의 도수(度數 : 법칙)인 것이다. 그러므로 형과 기는 수미(首尾)를 함께하는데, 형이 없으면서도 기가 있는 것이 있고, 형이 있는데 기가 없는 것도 있으니 이렇듯 정묘함이 독특하고 특이하다.[120]

위에서 살펴본 것과 같이 각 기물에 있어서 귀천의 길흉은 각기 기물의 형상(생김새)과 그 속에 내재되어 있는 기운(음성)으로 구분한다. 이는 율(律)의 길고 짧음에 따라서 소리의 청탁이 나타나는

---

117) 金赫濟 校閱, 『麻衣相法』「論形」, "人禀陰陽之氣也, 小天地之形, 受五行之者, 爲萬物之靈者也." p.16.

118) Ⅱ. 2. (1) 천지인 상응관념 참조.

119) 形法에는 6家 122권이 있는데 『山海經』 13편, 『國朝』 7권, 『宮宅地形』 20권, 『相人』 24권, 『相寶劍刀』 20권, 『相六畜』 38권의 책이 있으나 현재는 전해지지 않는다. 이는 모두 地形이나 사람의 形, 도검의 形, 가축의 形을 보고서 그 吉·凶을 판단하는 책들이다. 『山海經』은 『四庫全書』에서 小說家類로 분류되어 있고, 『隋書經籍志』에서는 史部의 地理類에 분류되어 있다.

120) 李世烈 解譯, 『漢書』「藝文志」「數術略·形法」, "形法者, 大擧九州勢以立城郭室舍形, 人及畜骨法之度數, 器物之形容以求其聲氣貴賤吉凶. 猶律有長短, 而各徵其聲, 非有鬼神, 數自然也. 然形與氣相首尾, 亦有有其形而無其, 有其氣而無其形, 此精微之獨異也." p.301.

것과 같은 이치이다. 이와 같이 상을 보아서 길·흉을 구하는 것은 따로 귀신이 있어 길·흉을 나타내는 것이 아니고 자연의 도리인 것이다. 따라서 산천의 형세나 기물의 형과 기는 곧 겉과 안, 머리와 꼬리와 같은 관계에 있다. 하지만 그 형상은 부족한데도 기가 꽉 차 있는 것이 있고, 형상은 있는데 기가 부족한 것도 있으니, 이는 기의 정밀하고 미묘한 활동에 의해 나타나는 독특하고 특이한 현상이므로 잘 판단해야 한다고 할 수 있다.

『한서』「예문지」에서는 이와 같이 산의 형세와 기를 보는 풍수와, 각 기물의 형상과 기를 보는 것을 동일한 양상으로 보고「형법」에 분류한 것으로 생각된다. 따라서 풍수가 자연의 이치를 관찰하여 산에 접목시켜 바람과 물을 중심으로 그 형세와 기를 파악했다면, 상학은 자연의 이치를 인체에 접목시켜 사람의 형상과 정·기·신을 보고 판단하는 형기론(形氣論)이라고도 할 수 있다.

『상리대전』(相理大全)에도 위의 내용과 같이 풍수와 사람의 상을 보는 것이 동일하다는 내용이 기록되어 있으며 그에 따라 상을 판단해야 한다고 하였다.

> 관상을 보는 법은 풍수를 보는 법과 같다. 풍수란 용맥(龍脈)의 혈을 찾는 것이 중요하다. 사(沙)를 재단하고 물을 갈라서 진혈(眞穴)을 찾는 법인데, 상(相)도 이와 같다. 상(上)을 하늘이라 하고, 하(下)는 땅이며, 중(下)은 사람인데 이것이 상(相)의 3대 국법이다.[121] 상정(上停)의 혈(明堂)에서 중정(中正)[122]에 있고, 두정(頭頂)을 내룡(來龍)으로 삼아 일월(日月) 양각을 호위하면서 산림(山林)·가묘(家墓)·구릉(丘陵)[123] 등이 멀리서 감아 돈다. 뒤에서

---

121) 相은 三停(上·中·下停)으로 구분하고 上: 하늘, 이마, 中: 코, 사람, 下: 턱, 땅을 가리킨다.

122) 관상용어로서 이마 중앙에 있는 명칭.

123) 관상용어로서 이마의 양옆 부위에 있는 명칭.

받쳐 주는 힘이 옥침골(玉枕骨)124)이며 금·목 양 귀는 겹겹이 싸 주면서 멀리서 도와준다. 인당(印堂)으로써 안산을 삼고 준두(準頭)로써 멀리서 원조하게 하므로 상은 좋은 이마를 얻어야 한다. …… 125)

위의 내용을 살펴보면 '얼굴의 각 부위가 어떠한 형상으로 이루어져 있어야 기의 흐름이 좋은가', '어떠한 형상이 유기(有氣)되고 유결(有結)된 것이라 말할 수 있는가' 하는 것들은 형상과 기의 흐름을 관찰하는 풍수를 보는 법과 같이 관찰하여야만 상을 정확하게 판단할 수 있고, 이것이 바로 상을 보는 요점이라고 할 수 있다는 것이다.126) 풍수의 혈들이 용맥을 타고 내려와서 물을 만나

---

124) 風水에서 흘러 내려온 來龍의 기운이 뒤쪽으로 맺히는 뒷산이 鬼山이라면 인체에서는 後樂이 되는 곳이 玉枕骨이다.

125) 龔稚川, 『相理大全』「觀相法」, "觀相之法, 如觀風水, 風水要尋龍審血, 裁沙剪水之法, 相亦如之. 上爲天, 下爲地, 中爲人, 是三大國法, 上停之穴法居中正, 以頭頂爲來龍, 以日月兩角爲夾護, 山林家墓丘陵爲外纏, 以枕骨爲後樂, 以金木兩耳爲遠纏, 以印堂爲案, 以準頭爲遠朝, 故相得佳額者. …… ", p.1.

126) 같은 책, 같은 곳, "…… 中停以鼻梁爲穴, 山根爲來龍過脈, 以觀爲夾耳, 以準頭爲元脣, 以頭爲後樂, 以地閣爲朝, 故鼻梁宜豊隆色鮮, 觀宜正輔, 倘無觀則鼻爲孤奉, 山根低, 則來脈弱, 鼻梁短則氣質薄, 亦不大發也, 沖破淚堂, 爲砂飛水走, 井炷薄露, 爲元脣傾瀉, 亦不發也, 倘鼻小而幷顧佐得其情, 亦主小發, 下停以水星爲穴, 以鼻爲來龍, 以入中爲過峽, 以兩頤骨爲輔弼夾耳, 以地閣爲案, 以承漿爲天池, 故口角宜仰, 地閣宜朝, 地庫宜豊, 頤骨宜圓, 波池鵝鴨宜凹中見凸, 是爲有氣 有結, 倘口反地閣不朝, 鬚鎖口, 鬚鎖喉, 則不發也. 至如 看眼看耳, 宜其氣之包裹不洩爲佳, 倘眼露與眼探耳反耳黑, 俱爲失氣也.{…… 中停은 鼻梁을 穴로 삼고 山根을 來龍으로 삼아 脈이 지나게 하고, 顴骨은 두 귀가 호위하게 하고, 準頭는 아름다운 입술을 만들게 하고, 머리는 그 뒷부분이 좋아야 하며, 地閣은 朝應해야 한다. 그러므로 鼻梁은 풍륭하고, 색이 선명해야 하며, 顴骨은 바르게 보필해야 한다. 만약 顴骨이 부족해 코가 홀로 외로운 봉우리가 되고, 山根이 낮거나 來龍이 약하거나 鼻梁이 짧고 氣質이 薄하면 역시 크게 발하지 못한다. 淚堂이 충파되어 모래가 날리고 물이 달아나며, 井炷(蘭台·廷尉)가 薄하거나 노출되어 元脣이 비뚤면 역시 發하지 못한다. 만약 코가 작더라도 양 顴骨의 도움으로 그 情을 얻으면 작게 發한다. 下停은 水星(입)으로써 穴을 삼고 코로 來龍을 삼는다. (來龍은)양 뺨을 지나 가운데로 들어오며 양 頤骨은 귀가 협조하여 보필해 주어야 하며, 地閣으로 案山을 삼고 承漿은 天池가 된다. 그러므로 口角은 마땅히 올라가야 하고, 地閣은 朝應해야 하며, 頤骨은 원만해야 한다. 波池·鵝鴨(입 옆에 있는 부위의 명칭)은 들어간 가운데 나온 듯해야 有氣, 有結한 것이다. 만약 입술이 뒤집히고, 地閣이 朝應하지 않거나 입이 수염으로 困窮하고, 수염이 咽喉를 감싸고 있으면 역시 發하지 못한다. 눈과 귀를 관찰하는 데

유기하고 유결되어야 하듯이, 사람의 얼굴도 오악과 사독이 조화되고 인중과 법령의 물줄기가 잘 흘러야 그 기운들이 유기하고 유결될 수 있는 것이다. 이와 같이 얼굴 각 부위의 형상들은 기가 있어야 하고, 그 기의 흐름이 원활해야 하며 잘 맺혀 있어야 좋은 상이라 할 수 있다. 그렇지 않으면 형상은 있지만 실기되고 무력하여 좋은 상이라고 할 수 없는 것이다.

사람의 형상은 산의 형세처럼 복잡하고 다양할 수는 없다. 하지만 사람의 형상도 한결같지 않으므로 자연 그 형상을 넉넉하게 타고나는 사람(形之有餘)[127]과 부족하게 타고나는 사람이 있으며(形之不足),[128] 정·기·신이 여유로운 사람(神之有餘)[129]과 부족한

있어서는 마땅히 그 氣가 안에 쌓여 있어 새지 않아야 아름답다. 만약 눈이 露眼이 되어 깊지 못하거나 귀가 뒤집히고 검으면 모두 失氣한 것이다.}"

127) 希夷·陳搏 秘傳, 柳莊·袁忠撤訂正, 『神相全編』, "形之有餘者, 頭頂圓厚, 腹背豐隆, 額闊四方, 脣紅齒白, 耳圓成輪, 鼻直如膽, 眼分黑白, 眉秀疏長, 肩膊臍厚, 胸前平廣, 腹圓垂下, 行坐端正, 五岳朝起, 三停相稱, 肉膩骨細, 手長足方, 望之巍巍然而來, 視之怡怡而去, 此皆謂形有餘也. 形有餘者, 令人長壽無病, 富貴之榮矣(形이 有餘한 사람은 머리는 둥글고 두터우며, 배와 등은 豊隆하고, 이마는 사방이 넓으며, 입술은 붉고 이는 희며, 귀는 둥글게 귓바퀴를 이루며, 코는 곧고도 쓸개모양으로 생겼고, 눈은 흑백이 분명하고, 눈썹은 성기면서 길며, 어깨는 넓고 배꼽부위는 두터우며, 가슴이 평평하고 넓으며, 배는 둥그스름하게 아래로 늘어지고, 걸음과 앉음새는 단정하며, 五岳은 조응하여 일어났고, 살은 탄력이 있고 뼈는 가늘며, 손은 길고 발은 모진듯하며, 바라보면 외연한 모습이 눈에 들어오고 앉은 거동이 이연한 것 등이니 이는 모두 形이 有餘한 것이다. 形이 有餘한 사람은 그 사람됨이 귀하고 장수하게 되며 병이 없고 부귀영화가 있다)." p.80.

128) 같은 책, "形不足者, 頭頂尖薄, 肩膊狹斜, …… 鼻仰耳反, 腰低胸陷, …… 頭小而身大, 上短而下長, 此之謂形不足也. 形不足者, 多疾而短命, 福薄而貧賤矣(形이 부족한 사람은 머리와 정수리가 둥글지 않고 뾰족하거나 박약하고, 어깨 부위가 좁고 기울어지며 …… 코는 위로 들려 있고 귀는 뒤로 젖혀 있으며, 허리는 낮고 가슴은 들어갔으며, …… 머리는 작은데 몸집만 크고, 상체는 짧은데 하체만 기니 이것은 모두 形이 부족한 것이다. 形이 부족한 사람은 질병이 많거나 단명하고 박복하며 빈천하다)." p.81.

129) 같은 책, "神之有餘者, 眼光淸瑩, 顧盼不斜, 眉秀而長, …… 其坐也如界石不動, 其臥也如栖鴉不遙, …… 言不妄發, 性不妄躁, 喜怒不動其心, 榮辱不易其操, 万態紛錯于前, 而心常一, 則可謂神有餘也. 神有餘者, 皆爲上貴之人, 凶災難人其身, 天祿永其終矣(神이 有餘한 사람은 눈빛이 맑고 선명하며 돌아봄이 망령되지 않고

사람이 있다(神之不足).130)

　사람에게 있어 형상이란 이와 같이 중요하지만 형상을 이루는 근본인 정・기・신 또한 맑고 강해야 한다. 그렇지 않으면 길하다고 말하기 어렵다. 『달마조사상결비전』(達摩祖師相訣秘傳)에 "상주신(相主神)・신주안(神主眼)"이라고 하였는데, 상을 볼 때는 먼저 신을 보고 신을 보려면 눈을 보아야 한다는 것을 뜻한다. 신기는 눈과 아울러 모든 행동에 나타나지만 주로 눈에서 판단한다는 것으로, '신'이 지녀야 할 일곱 가지 덕목과 눈을 보고 신을 판단하는 일곱 가지의 법을 설명하였다.131) 눈은 일월과 같고 또한 부모의 정기를 의미하는데, 이는 선천의 정기인 동시에 후천의 신기

────────────

눈썹이 수려하고 길며 …… 그 앉음에 경계에 세워 놓은 돌과 같이 무거워 움직임이 없고, 누움에 마치 깃들인 큰 부리 까마귀 같아 흔들리지 않으며, …… 말하는데 망발을 하지 않고 성품은 망령되거나 조급하지 않으며, 喜怒의 감정에 마음을 동요하지 않으며, 영욕에 그 지조를 움직이지 않아서 만 가지 태도가 항상 차분하여 단정하며, 마음이 항상 한결같으면 神이 有餘한 사람이라 할 수 있다. 神이 有餘한 사람은 모두 상등의 귀한 사람으로 흉한 재앙이 그 몸에 침입하기 어렵고 천록이 길이 생을 다할 것이다." p.80.

130) 같은 책, "神不足者, …… 不愁似愁, …… 不睡似睡, …… 不畏似畏, 容止昏亂, 色濁似染 …… 色初鮮而后暗, 語初快而后吶, 此皆謂神不足也(神이 부족한 사람은 …… 근심하지 않는데도 근심하는 것 같고 졸리지 않는데도 조는 것 같으며 …… 두렵지 않아도 두려운 것 같고 기거동작이 혼란하며, 얼굴빛이 혼탁하여 물든 것 같으며 …… 얼굴빛은 처음에는 선명했다가 뒤에 어두워지고, 말은 처음은 쾌활했다가 뒤에는 기어 들어가는 것은, 모두 神이 부족한 것이다)." p.81.

131) 金赫濟 校閱, 『麻衣相法』「達摩祖師相訣秘傳」, "藏不晦藏者不露也, …… 安不愚, …… 發不露, …… 淸不枯, …… 和不弱, …… 怒不爭, …… 剛不孤, …… 秀而正, …… 細而長, …… 定而出, …… 出而入, …… 上下不白, …… 視久不脫, …… 遇變不眊(神은 깊이 감추어져 드러나지 않아야 하지만 어두워서는 안 되고, …… 안정되어 어리석지 말아야 하며, …… 활발하고 경쾌해야 하나 밖으로 노출되면 안 된다. …… 맑지만 메마르지 말아야 하고, …… 친근하지만 약하면 안되며, …… 강해야 하지만 다투지 말아야 한다. …… 강해야 하지만 외롭지 않아야 한다. …… (눈은)수려하고 모양이 바르게 생겨야 한다. …… (눈은)가늘고 길어야 한다. …… (눈은)안정되어 神이 드러나지 않으며, …… 神이 나타났다 바로 들어가야 하며 …… 눈 위아래 흰자위가 보이지 말아야 하며 …… 오래 보아도 神이 흩어지지 않는 것은 神이 풍족한 것이요, 눈을 움직여도 흐려지지 않으면 神을 잘 기르는 것이다)." p.54.

라 할 수 있으므로 얼굴에서는 모든 신기는 눈을 주로 살핀다. 그러므로 눈빛이 맑고 밝으면 신이 맑다고 볼 수 있으며, 눈빛이 혼미하면 신이 탁하다고 말할 수 있다. 사람의 형상과 자태가 맑고 수려하면 마음과 신이 밝은 것이고, 기와 혈이 조화를 이루고 있는 것이다.

형상과 정·기·신의 관계를 보면 대체적으로 형상에는 일생의 명리와 부귀·빈천·영고를 볼 수 있다면, 정·기·신에서는 그 사람의 수요와 지혜·성품·재주 등을 볼 수 있으며, 기색에는 그 시점에서의 변화의 조짐에 따른 길흉화복을 관찰할 수 있다. 형은 풍족한데 신이 부족한 사람, 신은 풍족한데 형이 부족한 사람, 신은 풍족한데 기가 부족한 사람, 기는 풍족한데 형이 부족한 사람 등등 여러 유형이 있는데, 이에 대하여 『마의상법』에서는 다음과 같이 설명하고 있다.

> 신이 여유가 있고 형이 부족한 것은 괜찮지만, 형이 여유가 있고 신이 부족하면 안 된다. 신이 여유가 있으면 귀하게 되고, 형이 여유가 있으면 부유하다. 신은 놀라지 말아야 하는데, 신이 놀라면 수명이 감소한다. 또한 신은 급하지 않아야 한다. 신이 급하면 잘못을 저지른다.[132]

위의 내용은 형상과 정·기·신이 모두 중요하지만 형상의 근본이 되는 정·기·신이 더 중요하다는 것을 강조하고 있다. 형지유여(形之有餘)·신지유여(神之有餘)인 사람은 건강과 지혜·성격이 우수하며, 사업상의 성취도 다른 사람보다 높다. 형지부족(形之不

---

132) 같은 책, "凡相, 寧可神有餘而形足, 不可形有餘而神不足也. 神有餘者貴, 形有餘者富, 神不欲驚, 驚則損壽, 神不欲急, 急則多誤." p.16.

足)・신지부족(神之不足)인 사람은 건강과 지혜・성격이 부족하고, 사업상의 성취 또한 약하다고 할 수 있다. 형상과 정・기・신 모두 유여해야 부귀・빈천・수요・현우가 온전하다고 볼 수 있다.

이와 같이 상은 유형의 상과 무형의 상으로 구분할 수 있는데 유형의 상은 골상・육상・면상・체상・수상 등이 있으며 더 세분화할 수 있다. 무형의 상은 정・기・신, 심상・성음상・정태상 등으로 구분할 수 있으며 기색까지 포함한다.

① 유형의 상

유형의 상에는 골상・육상・면상・체상・수상 등이 속하는데 이 중 골상・육상・면상을 중점적으로 살펴보고자 한다.

㉠ 골육의 상

『옥관조신국』(玉管照神局)에 "골격은 인체의 근본으로 수려하고 또한 맑아야 한다"[133]라고 하였고, 『신상전편』(神相全編)에서는 "사람의 몸을 볼 때는 골을 위주로 하고 살을 보좌로 한다. 뼈로써 형(形)이 되고, 살로써 용(容)이 된다. 뼈로써 임금을 삼고, 살로써 신하로 삼는다"[134]라고 하였으며, 『인륜대통부』(人倫大統賦)[135]에서는 "귀천은 골법(骨法)에서 생기고 기쁨과 근심은 형용(形容)에서 나타난다. 현우(賢愚)・귀천(貴賤)・수단(修短: 수명의 장

---

133) 宋齋邱, 『玉管照神局』(『四庫全書 術數類全編』), "骨乃人根本, 須還秀更淸." p.55.

134) 希夷・陳搏 秘傳, 柳莊・袁忠撤訂正, 『神相全編』, "相人之身, 以骨爲主, 以肉爲佐. 以骨爲形, 以肉爲容. 以骨爲君, 以肉爲臣." p.82.

135) 張行簡 等이 편찬한 宋・金 시대의 相書로 중국 고대에서는 貴賤을 "貴尊也, 有爵位也. 賤卑也, 无爵位也(貴는 높은 것이고 작위가 있는 것이다. 賤은 낮은 것이고 작위가 없는 것이다)." p.121. 이를 보면 이 시대의 '貴하고 賤함은 벼슬을 가지느냐 못 가지느냐'로 판단한 것으로 보인다.

단)·길흉(吉凶)은 모두 골법에서 결정된다"[136]고 하였으니, 먼저 골의 형태를 보고서 상의 기본을 판단하고 있음을 알 수 있다. 또한 골절이란 천지의 금석을 상징하고, 살은 혈액과 영양을 생성하여 순환시키며 뼈를 보호하고 있으니 만물을 생성하고 자양하는 흙을 의미한다. 금석이란 단단한 것으로 이에 비유되는 사람의 뼈 역시 단단하여야 하고 살은 생혈(生血)을 하므로 뼈를 싸 주기 때문에 후중한 흙이어야 만물을 생하고 완성시킬 수 있는 것이다. 현우·귀천·수단·길흉은 모두 골법에서 결정된다고 하여 골법을 강조한『인륜대통부』에서는 골육에 대하여 다음과 같이 설명하고 있다.

> 골절은 몸에 있어서 金石이 마치 준열하게 솟아오르고, 옆으로 뻗지 않아야 하며, 둥글어야 하고 거칠지 않아야 한다. 살찐 사람은 노육(露肉)[137]되지 않아야 하고, 여윈 사람은 노골(露骨)[138]되지 않아야 한다. 뼈와 살이 어울리고 기와 혈(색)이 조화가 된 것이 복 있는 상이다. 뼈가 앙상하고 쪼그라든 사람은 빈한하지 않으면 요절한다.[139]

위의 내용은 산은 산맥과 바위 등으로 금석이 웅장하면서 흙이 풍부한 토산이 되어야 좋은 산이라고 할 수 있듯이, 인체를 자연에 비교하면 산천과 같으므로 인체의 형상도 웅장하고 수려한 산천과 같이 생긴 것이 으뜸이다. 뼈는 웅장하여야 하지만 너무 강

---

136) 張行簡 等撰,『人倫大統賦』(『四庫全書 術數類全編』), "定于骨法, 凡人之禀气結胎, 賢愚·貴賤·修短·吉凶, 皆定于骨法." p.124.

137) 露肉이란 살이 지나치게 많이 노출된 것을 말한다.

138) 露骨이란 뼈가 드러날 정도로 살이 없는 것을 말한다.

139) 張行簡 等撰, 앞의 책,『人倫大統賦』(『四庫全書 術數類全編』), " …… 骨節象全石, 欲峻不欲橫, 欲圓不欲粗, 肥者不欲露肉, 瘦者不欲露骨. 骨與肉相称, 氣與色相和者, 福相也. 骨寒而不夭則貧." p.124.

하면 오히려 그 형세가 수려하고 준엄한 것이 아니라 거칠고 사나워져 버린다. 또한 살이 너무 지나치게 쪄서 뼈가 파묻힐 정도가 되면 습탁이 되어 기혈의 소통이 안 된다. 그러므로 살이란 어느 정도 실하게 뼈를 잘 감싸주는 것이 좋다. 『태청신감』(太淸神鑑) 「논골육」(論骨肉)에 의하면

> (살은) 풍만하되 지나치지 않아야 하고, 말랐다 해도 뼈가 튀어나오면 안 된다. 살이 너무 찌면 음이 양을 이기는 것이고, 너무 마르면 양이 음을 이기는 형국이 된다. 음이 양을 이기거나 양이 음을 이기는 것을 한쪽으로 치우친 상이라 한다.[140)

이와 같이 살은 혈을 만들고 뼈를 감추어 주니 마치 토가 만물을 낳아 육성하는 것을 본받은 것과 같다. 살은 음이고 뼈는 양을 의미하는데 골육은 모두 풍족해야 하지만 유여하거나 부족해서는 안 된다. 유여하면 음이 양을 이긴 것이고 부족하면 양이 음을 이긴 것이 되므로 음과 양이 어느 한쪽으로 치우치는 상이 되기 때문이다. 그러므로 뼈와 살이 50 대 50으로 서로 충분히 감싸주어 양자가 평화롭고, 기와 혈이 응하여 서로 조화가 되어야 건강하고 귀한 상이라 할 수 있다.

ⓛ 면상

"얼굴은 신령스럽다고 할 만한 백 가지 부위가 있고, 오장과 기맥이 통하며, 삼재(三才)를 이룬 모습으로 한 몸의 득실을 정하는

---

140) 王朴 撰, 『太淸神鑑』 「論骨肉」, "人之有骨肉者, 亦若是矣. 故肉丰而不欲有余, 骨少而不欲不足. 有余則陰胜于陽, 不足則陽胜于陽, 陽陰相反, 謂之一偏之相." p.106.

곳이다"[141]라고 하였듯이 얼굴은 오악(五岳)[142]과 사독(四瀆)[143]이 서로 마주 보며 응하고, 삼정(三停)의 여러 부위가 풍만하여야 한다. 즉 용모가 단정하고 신(神)이 고요하며, 기(氣)가 조화로우면 부귀의 바탕이 되며, 비뚤거나 부족하고 부위가 꺼져 있으며 색이 어두우면 빈천한 상이다. 일신의 득실을 정하는 얼굴에 대한 상을 좀 더 구체적으로 살펴보기로 하자.

육부(六府)[144] · 삼정[145] · 삼재[146]는 얼굴의 전체적인 틀과 조화를 보는 것이다. 상에서 무엇보다 먼저 갖추어야 할 것은 얼굴의 성곽이라 할 수 있는 육부가 결함이 없고 모두 충실해야 하며,[147]

---

141) 希夷 · 陳搏 秘傳, 柳莊 · 袁忠撤訂正, 『神相全編』 「論面」, "列百部之靈居, 通五臟之神路, 推三才之成象, 定一身之得失者." p.131.

142) 王朴 撰, 『太淸神鑑』, "五岳者, 上座天之五星, 下鎭地之五方 …… 額爲衡山, 頦爲恒山, 左觀爲泰山, 右觀爲華山, 鼻爲嵩山(五岳이란 위로는 하늘에 있는 五星이며, 아래로는 땅에 위치하는 五方이다. …… 이마는 衡山, 턱은 恒山, 좌 관골은 泰山, 우 관골은 華山, 코는 嵩山이 된다)." p.82. 다른 문헌들과 비교해 볼 때 『麻衣相法』에는 左觀爲華山, 右觀爲泰山 되어 있다. 『麻衣相法』에만 좌우가 바뀐 것으로 볼 때 이 기록은 잘못된 것으로 보인다.

143) 張行簡 等撰, 『人倫大統賦』, "四瀆者, 耳爲江, 口爲河, 眼爲准, 鼻爲濟(四瀆이란 귀를 江瀆, 입을 河瀆, 눈을 准瀆, 코를 濟瀆이라 한다)." p.130.

144) 希夷 · 陳搏 秘傳, 柳莊 · 袁忠撤訂正, 『神相全編』 「論面」, "六府者, 兩輔骨, 兩顴骨, 兩頤骨, 欲其充實相補, 欲支離底露. 靈台秘訣云. 上二府, 自輔角至天倉, 中二府, 自命門至虎耳, 下二府, 自肩骨至地閣(六府란 양 輔骨, 양 顴骨, 양 頤骨(턱뼈)인데, 충실하고 서로 보완되어야 하며, 외롭게 노출되거나 흩어지는 것을 바라지 않는다. 靈臺秘訣에서 말하기를 上二府는 補角에서부터 天倉에 이르는 곳이고, 中二府는 命門에서부터 虎耳에 이르는 곳이며, 下二府 頤骨에서부터 地閣에 이르는 곳이다)." p.107.

145) 같은 책, "三停者, 額門準頭地閣, 此面部三停也. 又爲三才, 又爲三主, 又名三表, 具要平等(三停이란 이마 · 코 · 턱으로 이것이 面部三停이다. 또한 三才라고 하고, 또한 三主라고도 하며, 三表라고도 하는데 모두 평등하게 조화를 이루어야 한다)." p.27.

146) 같은 책, "三才者, 額爲天, 欲濶而圓, 名曰, 有天者貴, 鼻爲人, 欲正而齊, 名曰, 有人者壽, 頦爲地, 欲方而濶, 名曰, 有地者富{三才란(天地人을 말한다) 이마는 하늘이니 넓고 둥글어야 하므로 그러한 이마(天)를 지닌 사람은 귀하다고 한다. 코는 사람이니 바르고 가지런해야 해야 한다. 그러한 코(人)를 지닌 사람은 壽하다고 한다. 턱은 땅이니 네모지고 넓어야 한다. 그러한 턱(地)을 지닌 사람은 富하다고 한다.}" p.107.

삼정이 평등하게 조화를 이루어야 한다. 이목구비가 잘 생기는 것은 그 다음의 문제이다. 삼정이란 얼굴을 상정(上停)·중정(中停)·하정(下停)을 말하며, 삼정은 얼굴의 조화를 보는 것으로 삼정이 고르게 잘 발달하면 일생을 순조롭게 살아갈 수 있는 첫째 조건이 된다. 아무리 이목구비가 잘 생겨도 삼정이 제각각으로 조화를 이루지 못한다면 모래 위에 집을 짓는 것과 같으므로 의미가 없다. 즉 이마는 무척 긴데 코가 너무 짧다든지, 코만 길고 이마와 턱이 너무 짧은 등으로 전체적인 조화가 깨지면 안 된다. 상정·중정·하정은 각각 천·인·지의 삼재를 나타낸다. 얼굴의 가장 위쪽에 있는 이마는 하늘을 상징하고, 아래쪽에 있는 턱은 땅을 상징하며, 그 중간에 있는 코는 나 자신을 나타내는 것이다. 따라서 넓고 둥근 하늘의 이치를 따라 이마는 높고 널찍하고 둥그스름해야 하며, 두텁고 네모진 땅처럼 턱은 풍요롭고 둥글면서도 약간 네모진 듯한 맛이 있어야 한다. 코는 단아하게 서 있는 사람의 축소판처럼, 단정하고 활기차게 다소 긴 듯이 곧게 뻗어 내려야 한다. (부록 <그림 1> 육부·삼정·삼재지도 참조).

오악(五岳)이란 글자 그대로 다섯 개의 산악이란 뜻으로, 얼굴에서 산처럼 솟은 코, 이마, 턱, 양 관골(광대뼈)의 다섯 부위를 말한다. 오악은 얼굴에서 중요한 바탕이 되는 것으로, 산악이기 때문에 모두가 높게 솟고 풍요로운 기상이 있어야 한다. 기세가 있으면 골격이 고르게 발달되었음을 나타내며, 건강과 성공의 상징이라 할 수 있다. 만약 오악에 중후하거나 높은 기상이 없으면 비록 다른

---

147) 金赫濟 校閱, 『麻衣相法』, "六府忠直, 無缺陷瘢痕者, 主財旺(육부가 충실하고, 곧으며 결함이 없고, 흉터가 없으면 재물이 왕성하다)." p.13.

부위가 아무리 귀하고 부한 조건을 갖추고 있다 하더라도 크게 귀하거나 부할 수 없으며 골격의 상태가 나빠 건강하지 못하다.[148] "코는 중악(中岳)으로 얼굴에 두드러지게 표출된 것이므로 높고 풍륭해야 하며 뾰족하거나 작아서는 안 된다."[149][150] 오악 중에서는 중악인 코가 주된 봉우리로서, 코는 얼굴의 주인노릇을 제대로 하기 위해 우뚝하게 솟아서 웅장한 위세가 있어야 한다. 또한 나머지 사악(四岳)은 모두 중악을 향하여 조공을 바치듯이 응하고 있어야 하며 동서남북의 사악 역시 풍요로운 세력과 위세가 있어야 좋은 상이라 할 수 있다

얼굴에는 내부와 통하는 4가지 물길이 있는데 이를 사독(四瀆)이라 한다.[151] 독(瀆)은 물 기운이 흐르는 구멍이나 굴을 의미하는

---

148) 希夷·陳搏 秘傳, 柳莊·袁忠撒訂正, 『神相全編』, "中岳要得高隆, …… 而朝應不隆不峻, 剩無勢, 爲小人, 亦無高壽, 中岳薄面無勢, 則四岳無主, 縱別有好處, 不至太貴, 無威嚴重權, 壽不甚遠(中岳은 마땅히 높이 솟아 있어야 하고, …… 솟지 않고 험하지 않으면 기세가 없어서 소인으로 되고 또한 장수할 수도 없다. 中岳이 엷으면서 기세가 없으면 四岳에 주인이 없는 격이어서 비록 다른 좋은 곳이 있더라도 대귀에 이르지 못한다. 위엄이 없고 큰 권위가 없으며 수명이 별로 길지 못하다)." p.100.

149) 張行簡 等撰, 『人倫大統賦』(『四庫全書 術數類全編』), "鼻象中岳, 一面之表, 欲高而隆, 不要尖小, …… ", p.134.

150) 같은 책, "五岳者, 額爲南岳衡山, 鼻爲左岳嵩山, 頦爲北岳恒山, 左觀爲東岳泰山, 右觀爲西岳華山." p.131에는 "中嵩, 鼻爲左岳嵩山"이라 기재되어 있다. p.130에는 "東泰, 南衡, 西華, 北恒, 中嵩也."라고 되어 있으며 p.134에는 "鼻象中岳, 一面之表 欲高而隆 不要尖小."로 기재되어 있는 것을 보면 '鼻爲左岳嵩山'의 '左'는 '中'이 잘못 기재된 것으로 보인다.

151) 張行簡 等撰, 『人倫大統賦』, "四瀆最宜深且闊. 四瀆者, 耳爲江, 口爲河, 眼爲淮, 鼻爲濟. 四瀆須宜深闊, ……(四瀆은 깊고 넓어야 한다. 四瀆이란 귀를 江瀆, 입을 河瀆, 눈을 淮瀆, 코를 濟瀆이라 한다. 四瀆은 반드시 깊고 넓어야하며 ……)", p.130. 귀를 江瀆, 눈을 河瀆, 입을 海口, 코를 濟瀆이라 하여 하천·강·바다 등의 물길에 비유하였다. 『太淸神鑑』, 『人倫大統賦』, 『月波洞中記』에는 口爲河, 眼爲淮.으로, 『神相全篇』, 『麻衣相法』에는 眼爲河, 口爲淮로 되어 있다. 『相學辯蒙』의 「四瀆之辨」에서는 眼河瀆, 人中濟瀆, 口淮瀆, 耳江瀆라 하였다. '코' 대신 '人中'을 四瀆으로 보았으며 眼과 口는 『麻衣相法』과 같다. p.26. 이는 상학이론이 성립해 가는 과도기적 현상으로 보인다.

것으로, 얼굴의 귀·눈·입·코가 각기 몸의 내부와 연결된 통로이기 때문에 붙여진 이름이다. 사독에서는 우리 몸의 각종 진액이 흘러나오는데, 진액이란 호르몬·피 등과 같이 몸속의 각종 영양액들을 말하며, 이로써 오장육부의 내분비 계통이 좋은지 나쁜지를 알 수 있다. 사독은 물이 흐르는 곳이기 때문에 항상 윤택해야 하며, 물이 잘 흐를 수 있도록 길고 적당히 깊어야 한다.[152] 사독도 물길의 원리와 다르지 않아, 윤기가 없고 얕고 짧으면 흉상이 된다. 오악은 산의 형상이고 사독은 물의 형상이니, 산 좋고 물 맑은 것이야말로 완전한 구조를 갖춘 상이다. (부록 <그림 2> 오성·육요·오악·사독지도 참조).

오관(五官)은 귀·눈·입·코·눈썹으로, "귀를 채청관(採聽官), 눈썹을 보수관(保壽官), 눈을 감찰관(監察官), 코를 심변관(審辨官), 입을 출납관(出納官)[153]"이라 한다. 오관은 밝고 단정해야 하며 조화를 이루지 못하고 노출되거나 기울어서는 안 된다. (부록 <그림 3> 오관지도 참조).

---

152) 希夷·陳搏 秘傳, 柳莊·袁忠撤訂正,『神相全編』, "四瀆要深遠成就, 而涯岸不走, 劇財谷有成, …… 耳爲江瀆, 竅要聞而深, …… 目爲河瀆, 深爲壽, 小長則貴, 光則聰明, …… 口爲淮瀆, 要方闊而脣吻相履載, …… 鼻爲濟瀆, 要丰隆光圓, …… (四瀆이 깊숙하고 멀게 이루어지며 강 언덕이 급하지 않으면 재물과 오곡이 풍성하고, …… 귀는 江瀆으로서 구멍은 넓고 깊어야 하며, …… 눈은 河瀆으로 깊으면 장수하고, 가늘고 길면 귀하게 되며, 빛이 있으면 총명하고, …… 입은 淮瀆으로서 모나고 넓으며 입술은 서로 履載해야 하고, …… 코는 濟瀆으로서 풍륭하고 윤기가 있으며 둥글어야 한다)." p.100.

153) 같은 책, "一曰耳爲採聽官, 二曰眉爲保壽官, 三曰眼爲監察官, 四曰鼻爲審辨官, 五曰口爲出納官." p.84.『人倫大統賦』, "欲其明而正, 五官者, 一口, 二鼻, 三耳, 四目, 五人中. 眼爲監察官, 耳爲審听官, 鼻爲喚臭官, 口爲出納官, 人中爲保壽官."이라 하여 人中을 五官에 포함시킨 것이 특이하며 귀와 코의 五官 이름을 審听官·喚臭官이라 한 것이 다른 문헌과 특이한 점이다.『麻衣相法』에서는『神相全編』과 같이 사용하였으며 現相學에서 사용하고 있는 術語들이다. 필자는 현재 가장 많이 사용되고 있는『神相全編』의 五官에 대해 논하였다.

귀는 소리를 들어 채취하는 채청관154)으로 오관의 근본이 되며, 생명력의 뿌리를 나타내는 신장에 속한다. 귀는 심성과 음덕을 이루는 바탕이 되며, 덕성과 정감을 주관하므로 귀를 통해 사람의 품성과 덕망을 살필 수 있다.

눈썹은 보수관155)으로 정신력과 생명력을 상징하는 눈을 보호하고 수명을 보존하는 존재이다. 따라서 눈썹이 수려·왕성하며, 윤택한 사람은 신장의 기운이 좋아서 정기가 충만하고 장수를 누릴수 있다. 오래 사는 노인들의 눈썹이 특이한 것은 이 때문으로서, 특히 60세 이후의 나이에 눈썹에서 긴 털이 나오면 신기가 왕성함이니 백수를 기약할 수 있다.

눈은 모든 것을 거울같이 살피는 감찰관156)으로 일월과 같은 존재이다. 눈동자는 해와 달을 상징하는 것이기 때문에 밝고 빛나야하지만, 눈의 모양은 길게 흐르는 강이기도 하므로 길면서 항상윤택해야 한다. 눈동자의 흑백은 분명해야 하는데, 검은 것은 음의정기를 뜻하며 눈에서 빛이 나는 것은 바로 양의 신기를 말하는것이다. 인간이 지닌 핵심적인 '정신의 기'(精神의 氣)가 눈에 깃들어 있기 때문에 눈은 정신과 에너지 척도라고도 할 수 있다. 검은 동자의 정과 밝게 빛나는 신이 같이 존재하면서 수화상제가 이

---

154) 같은 책, "耳須要色鮮, 高聳于眉, 輪廓完成, 貼肉敦厚, 風門寬大, 謂之采听官成 (귀는 반드시 색이 선명해야 하고, 눈썹보다 높이 솟아 있어야 한다. 윤곽은 뚜렷해야 하고, 살이 있어 두툼해야 하며, 風門은 넓고도 커야 한다. 이와 같은 것을 采听官이 이루어졌다고 한다)." p.85.

155) 같은 책, 같은 곳, "眉須要寬廣淸長, …… 魚尾丰盈高居額中, ……(눈썹은 반드시 넓고 길어야 하며, …… 魚尾는 풍만하고 가득 차고 (눈썹은)이마 높이 있어야 한다)."

156) 같은 책, 같은 곳, "眼須要含藏不露, 黑白分明, 瞳子端定, 光彩射人, ……(눈은 반드시 含藏되어 노출되지 말아야 하고, 黑白이 분명해야 하며, 눈동자가 단정해야 하고, 광채가 사람을 쏘아보는 듯해야 한다. ……)."

루어져야 귀하고 좋은 상이 된다.

코는 냄새를 살피고 분별하는 심변관[157]으로서 코는 얼굴의 주인이며 자신을 상징한다. 또한 중악이면서 사독의 물줄기이고 중앙의 방위인 토에 해당하는 부위로서, 만물이 의지하고 살아가는 터전이 되므로 비뚤어지지 않고 널찍하고 웅장해야 한다. 옛 선인들이 '눈은 마음의 창이요, 코는 마음의 표상'(眼爲心之窓, 鼻爲心之表)란 말을 하였듯이 마음에는 그 형상이 없으니 코의 생김을 보고 마음의 근본을 알 수 있다는 것이다. 따라서 코의 모양이 원만하고 풍만해야 그 마음 또한 자비롭고 덕이 많은 상이다.

입은 여러 가지가 들어오고 나가는 출납관[158]으로서 언어의 문이며, 음식을 먹는 도구이기도 하며 공기를 들이쉬고 내뱉는 호흡기관이기도 하다. 예로부터 입이나 혀를 '심장의 끝(心端: 심단)' 또는 '마음의 문호(門戶)'라 하여, 입의 작용을 통해 사람의 됨됨이를 알 수 있는 지표로 삼아 왔다. 입은 그 사람의 심량과 심도를 나타내므로 단정하면서 넓고 두터워야 한다.

오성(五星)[159] · 육요(五星)[160]는 하늘에 빛나는 별이므로 사람에

---

157) 같은 책, 같은 곳, "鼻須要梁柱端直, 印堂平闊, 山根連印, 年壽高隆, 難圓庫起, …… (코는 반드시 콧마루가 단정하고 곧아야 하며, 印堂이 평평하고 넓어야 하며, 山根이 印堂에 이어지고 年壽가 높게 솟아 있어야 하며, ……)"

158) 같은 책 같은 곳, "口須要方大, 脣紅端厚, ……(입은 반드시 커야 하고, 입술은 붉고 단정하고 두터워야 하며, ……)"

159) 같은 책, "五星 金 · 木 · 水 · 火 · 土也. 火星須得方(額也), …… 土星須要厚(鼻也), …… 木星須要朝(右耳), …… 金星須要白(左耳), …… 水星須要紅(口也) …… ((五星은 金 · 木 · 水 · 火 · 土이다. 火星(이마)은 반듯해야 하고 …… 土星(코)은 후덕해야 하며 …… 木星(오른쪽 귀)은 중앙을 향해 조응해야 한다. 金星(왼쪽 귀)은 흰빛을 띠며 맑아야 하고 …… 水星(입)은 붉어야 한다. ……)." p.101 – 102.

160) 같은 책, 같은 곳, "六耀者, 太陽 · 太陰 · 月孛 · 羅睺 · 計都 · 紫气, …… 紫气須得圓(印堂), …… 羅睺須要長(左眉), …… 計都須要齊(右眉), …… 月孛須要直(山根), …… 太陰須要黑(右眼), …… 太陽須要光(左眼){六耀란 太陽 · 太陰 · 月孛 ·

게 있어서도 맑고 밝게 항상 빛나야 한다.

십이궁(十二宮)이란 얼굴에 있는 12부위를 보고 자신을 포함하여 육친 및 사회생활에서의 인간관계, 주변 환경의 길흉을 판단하는데 십이궁명과 부위는 책에 따라서 다음과 같은 차이가 있다.

『신상전편』과 『마의상법』에는 12궁중에 상모궁(相貌宮)이 포함되어 있으나 다른 상서에는 상모궁 대신 부모궁으로 대체되어 있다.[161] 다음 표에서 상모궁과 부모궁을 모두 포함하여 표시하였다[162](<표 4>).

〈표 4〉 십이궁과 그 부위

	命宮	財帛宮	兄弟宮	男女宮	奴僕宮	妻妾宮	疾厄宮	遷移宮	官祿宮	福德宮	相貌宮	田宅宮	父母宮
太淸神鑑部位	印堂	天倉地庫	龍虎角頭	三陰三陽	懸壁	魚尾	神光年壽	山林邊地	兩眼神光	地閣福堂	總和而言	不祥	不祥
明淸時代部位	兩眉之間	鼻	兩眉	三陰三陽	地閣	魚尾奸門	印堂下山根	眉角天倉	正面	天倉地庫	骨法三停	土星	不祥
麻衣相法 및 神相全篇	兩眉之間	鼻天倉地庫	兩眉	兩眼下(淚當)三陰三陽	地閣	魚尾	印堂下山根	眉角天倉	中正	天倉	骨法三停	兩眼	不祥
相理衡眞	印堂	鼻	兩眉	淚當	地閣	奸門	印堂下山根	天倉	中正	天倉地庫	不祥	兩眼	日·月角

羅喉·計都·紫气이다. …… 紫氣(印堂)는 둥글어야 하고…… 羅候(왼쪽 눈썹)는 길어야 하며 …… 月字(山根)는 곧아야 하며, …… 太陰(오른쪽 눈)은 검어야 하며, …… 太陽(왼쪽 눈)은 …… 빛나야 한다.}"

161) 『麻衣相法』, 『神相全篇』, 『水鏡集』에는 一十二宮을 命宮·財帛宮·兄弟宮·田宅宮·男女宮·奴僕宮·妻妾宮·疾厄宮·遷移宮·官祿宮·福德宮·相貌宮으로 되어 있으며, 『相理衡眞』에서는 '十二번째의 宮'을 相貌宮이 아닌 父母宮으로 하고 있다.

162) 『相學辭淵』에 나타난 十二宮의 명칭과 부위를 근거로 필자가 작성한 표이다.

② 무형의 상

무형의 상에는 정·기·신과 함께 심상, 음성과 언어의 상, 정태 상 등 기색까지 포함되는데, 심상, 음성과 언어의 상, 기색을 중심 으로 살펴보겠다.

심상에 대해 『신상전편』에 말하기를, "상모를 보기 전에 먼저 심전을 보라"163)고 하였다. 마음은 곧 그 사람 외모의 근본이 되고 행동이란 곧 마음의 표현이라 할 수 있으므로, 마음 쓰는 모습을 살펴보고 그 행동을 관찰하면 화와 복의 결과를 알 수 있다는 것 이다. 또한 "마음속의 일을 알려거든 눈의 정기가 맑은가를 살펴야 한다. 눈은 마음의 문호이므로 눈의 선악을 살피면 심사의 좋고 나쁨을 알 수 있다. 마음이 바르면 눈동자가 명료하고 마음이 바 르지 못하면 눈동자가 어둡다"164)라고 하였다. 마음의 상을 보는 데에는 여러 종류가 있지만 그중에서도 눈을 가장 중요하게 생각 하고 있다. 또한 "만약 마음의 덕을 닦아서 마음을 기른다면 吉凶 을 능히 바꿀 수 있다"165)고 하였다. 다시 말하면 상에는 마음이 그대로 나타나기 때문에 마음의 쓰임에 따라 상이 변화한다는 말 이다. 마음의 상을 보는 것에는 오행과 오덕(인의예지신)을 보는 방법과 덕기(德器)를 가르는 방법이 상서에 자세히 설명되어 있으 니 여기서는 생략하기로 한다.

음성과 언어의 상을 살펴보면, 언어는 마음의 표현이며 마음의 활동인 동시에 화복이 출입하는 문호와 같은 것이다. 「풍감」(風鑑)

---

163) 希夷·陳搏 秘傳, 柳莊·袁忠撤訂正, 『神相全編』, "麻衣云. 未觀形貌相心田." p.56.
164) 같은 책, "要知心裏事, 但看眼神淸, 眼乃心之門戶, 觀其眼之善惡, 必知心事之好 歹. 其心正, 則眸子瞭焉. 心不正則眸子眊焉." pp.30 - 31.
165) 같은 책, "人倫賦云, 借使修德於心. 吉凶可易." p.56.

에 말하기를 "상등의 관상법은 소리만 듣고도 알 수 있고, 중등의 관상법은 정신을 잘 살펴보며, 하등의 관상법은 형체를 살펴보는 것이다. …… "166)라고 하면서 음성의 중요성을 강조하였다. 음성에 대하여 『인물지』(人物志)에 다음과 같이 말하고 있다.

> 용모(容貌)의 움직임은 심기(心氣)에서 나오는데, 심기의 징험은 말소리의 변화에서 볼 수 있다. 기(氣)가 모여 소리를 이루고 소리는 音律(음률)에 상응하게 된다. 이에 따라 화락하고 평온한 소리, 맑고 화창한 소리, 여운이 길게 늘어지는 소리가 있게 된다. 말소리와 심기가 맞아떨어진다면 속마음이 용모에 드러나기 마련이다.167)

위에서 보듯 음성이란 사람의 몸에서 발하는 내기(內氣)의 발출로서 사람의 심기를 드러내는 것과 마찬가지이기 때문에, 사람의 기를 직접적으로 판단할 수 있는 중요한 기준이 된다고 할 수 있다.

사람에게는 오행의 형상을 닮은 오형인이 있는가 하면, 소리 또한 오행의 상(象)168)이 있다. 『빙감』(冰鑑)169)에서는 오행의 형상에

---

166) 陳淡埜, 『相理衡眞』, "風鑑云, …… 上相聽聲, 中相祭神, 下相觀形. …… ", p.251.

167) 劉劭, 王玫 評注, 『人物志』, "夫容之動作發乎心氣, 心氣之徵, 則聲變是也. 夫氣合成聲, 聲應律呂. 有和平之聲, 有淸暢之聲, 有回衍之聲. 夫聲暢於氣. 則實存貌色." pp.22 - 23.

168) 金赫濟 校閱, 『麻衣相法』「論聲」, "人稟五行之形則聲氣, 亦有五行之象也. 故土聲深厚, 木聲高唱, 火聲焦烈, 水聲圓急, 金聲和潤, …… 聲大無形 托氣而發 …… (사람이 五行의 形象을 품부받았다면 소리의 기운 역시 五行의 象이 있다. 土氣의 소리는 낮고 깊으며, 木氣의 소리는 큰 소리로 노래하듯 하며, 火氣의 소리는 급하고 세차며, 水氣의 소리는 둥글고 급하며, 金氣의 소리는 조화로우면서 맑다. …… 소리의 크기는 형태가 없지만 氣에 의지하여 발하는데 ……)", p.20. 여기서 '人稟五行之形則聲氣, 亦有五行之象也.'은 '人稟五行之形, 則聲氣亦有五行之象也.'이 되어야 한다. 則聲氣亦有五行之象也의 聲氣가 亦有五行之象也의 주어이기 때문에 뒷문장과 이어져야 한다. 따라서 원문에 방점이 잘못된 것이다.

169) 『冰鑑』「聲音章」 第六, "人之聲音, 猶天地之氣, 輕淸上浮, 重濁下墜, 始於丹田, 發於喉. ……(사람의 音聲은 天地의 氣이다. 가볍고 맑은 것은 위로 뜨게 되고, 무겁고 탁한 것은 아래로 떨어진다. 丹田에서 시작하여 咽喉에서 발하고, ……)"

맞는 오행의 음성을 지니면 천지의 기를 제대로 타고난 좋은 상이라고 한다.

이 외에도 그 사람의 언행이나 태도 등을 판단하는 행주좌와(行住坐臥: 걷고 머물고 앉고 눕는 동작과 태도)도 중요한 판단 기준이 된다. 『빙감』의 「정태장」(情態章), 『포박자』(抱朴子)의 「행품장」(行品章), 유소(劉劭)의 『인물지』(人物志) 등에 자세히 나와 있다.

기색의 경우, 골격은 한번 형성되면 평생 변화가 극히 적어 선천적으로 타고난 것을 뜻한다면, 기색[170]은 수시로 변화하기 때문에 현재의 모습을 파악하는 데 있어 가장 중요한 핵심이 된다고 할 수 있다. "얼굴 전체의 기색은 오장육부를 맡고 있는 징후이다."[171] 오장의 기운은 얼굴의 피부와 전신의 피부에서 볼 수 있는데, 피부 안에 있는 것을 기(氣)라 하고, 피부의 바깥으로 나타나는 것을 색(色)이라 한다. 기색과 오장에 대하여 『백호통의』(白虎通義) 「정성편」(情性篇)에서는 다음과 같이 말하고 있다.

> 사람은 본래 오행의 기를 …… 함유하고 태어나며, 따라서 안으로 오장이 있다. …… 오장이란 무엇인가? 간장, 심장, 폐장, 신장, 비장을 말한다. …… 간장은 목을 상징하며 색은 파랗고 가지와 잎이 있다. …… 폐장은 금을 상징하며 색은 백색이다. …… 심장은 화를 상징하고 색은 적색이고 예리하다. …… 신장은 수를 상징하며 흑색이다. …… 비장은 토를 상징하며 황색이다.[172]

---

170) 氣에는 靑龍之氣 勾陳之氣 玄武之氣 朱雀之氣 螣蛇之氣 白虎之氣의 六氣가 있고, 色에는 黃·赤·靑·黑·白의 五色이 있다. 氣色은 길흉을 보기 위해 動色·守色·散色·聚色 등으로 분류하기도 하고, 어떤 영향이 있는지에 따라 利便色, 害色, 蹇滯色 등으로 분류도 한다. 색이 나타나는 상태에 따라 滑艷色, 光浮色으로 나누기도 한다.

171) 陳淡埜, 『相理衡眞』, "夫氣色者. 五臟六腑之司候也." p.424.

172) 『白虎通義』「情性篇」, "人本含 …… 五行之氣而生, 故內有五藏. …… 五藏者何也? 謂肝心肺腎脾也. …… 故肝象木, 色靑而有枝葉, …… 故肺象金色, 白也.

위의 내용은 오행과 오장 그리고 기색과의 관계를 말하고 있다. 기와 색은 오장의 혈기성쇠의 구체적 표현이이라 할 수 있으며, 건강인은 기혈과 오장의 기운이 치우침이 없이 모두 조화로우며, 정신은 건전하고 왕성해서 기색은 밝고 윤기가 있다. 형체가 쇠약하면 기가 약해지고 사라져 얼굴에 나타나는 기색 또한 윤기가 없어지게 된다. 기는 생명의 근본이요, 형체는 기운의 주머니라 할 수 있는 것으로, 기색은 동양의학 분야에서 질병과 관련하여 많이 활용하고 있으며, 상학에서는 건강상태와 함께 길흉화복을 같이 보고 있다. 기색이 온화하고 순수하고 밝으며 윤기가 있으면 정기(正氣)가 되어 매사 일이 순조롭다. 하지만 기색이 메마르고 어둡고 혼탁하면 발전이 어렵고, 질병과 수재·소송의 액을 당하게 된다. 기는 오장과 통하므로 기의 상태를 살펴 오장의 상태를 알게 되는데, 희로애구(喜怒哀懼)의 감정의 변화가 마음에 이르면 기가 변하게 된다. 그러므로 질병과 생사의 구별은 현재 나타나 있는 기색을 살핌으로써 알 수 있다.

3. 상학의 장수이론(長壽理論)

사람의 생명에는 한계가 있기 때문에 예로부터 불로장생할 수 있는 방법을 찾아 수많은 시도를 해 왔다. 오늘날 학자들 역시 수

―――

…… 故心象火, 色赤而銳也. …… 故腎象水,色黑, …… 故脾象土黃也. …… "

명에 대한 한계를 극복하기 위하여 꾸준히 연구를 하고 있지만 아직까지 명확한 해답을 찾지 못하고 있다. 과연 사람의 생로병사의 과정과 수명은 무엇에 의해 지배를 받고 있는 것일까? 여러 가지 요인이 있겠지만 본서에서는 고전 상학에 나타나는 장수이론을 근거로 그 장수의 요인을 살펴보고자 한다.

(1) 장수(長壽)의 정의

허신(許愼)은 『설문해자』(說文解字)에서 "수(壽), 구야(久也)"[173] 라고 했다. '구'(久)는 사람이 걸으려는 것을 뒤에서 잡아당기고 있는 모양으로 '머무름', '시간이 경과하여 오래됨'을 뜻한다. 『대한화사전』(大漢和事典)에 의하면 수(壽)란 '명(命)이 긴 것', 또는 '목숨·나이·생명'을 의미한다.[174] 상학적 의미에서의 장수는 형상과 함께 정·기·신(精氣神)이 빠져 나가지 않은 상태에서 오래 사는 것을 의미한다.

이처럼 장수란 '오래 사는 것'을 의미한다. 나이든 사람을 일컬어 노인이라 부르는데 '노'(老)에 대하여 허신은 『설문해자』에서 "노(老), 고야(考也)"[175]라 하였다. 여기에서 '고'(考)는 '오래 살다, 장수한다'의 뜻을 의미하며 '노'(老)란 인(人)과 모(毛)와 비(匕)를 따르니 수염과 머리카락이 변하여 백발이 되는 것을 말한다. 『예기』(禮記) 「곡례」(曲禮)에서는 70세를 '노'(老)라 하였다.[176] 나이

---

173) 許愼 撰, 段玉裁 注, 『說文解字主』, 八篇上, 老部, p.398.

174) 諸橋轍次, 『大漢和事典』, 士部, p.295.

175) 許愼 撰, 段玉裁 注, 『說文解字主』, 八篇上 老部, p.398.

에 따른 명칭을 알아보면 다음과 같다. 환갑(還甲) 61세를 화갑(華甲)이라고도 하고, 70세를 고희(古稀), 77세를 희수(喜壽), 80세를 산수(傘壽), 88세를 미수(米壽), 90세를 졸수(卒壽), 91세를 망백(望百), 99세를 백수(白壽), 100세 이상을 상수(上壽)라 한다.

필자는 '장수란 85세 이상으로 생명을 유지하고 있는 상태'라고 정의하고자 한다. WHO에서는 뇌 세포의 감소과정을 기준으로 65세부터를 노인이라고 규정하고 있으며, "건강이란 육체적으로 완전한 상태와 정신적·사회적으로 만족한 상태로서 질병과 노환이 있는 상태가 아니다"[177]라고 하였다. 다시 말하면 건강이란 신체적·정신적·사회적으로 편안함을 유지할 수 있는 상태이다. 하지만 장수하는 노인에게 신체적·정신적·사회적으로 건강을 유지할 수 없다고 해서 장수가 아니라고 말할 수는 없다. 인간의 성장과 노화의 과정을 보면, 대략 20세 전후에 모든 성장은 완료되고 이후 노화의 과정이 진행되기 때문에 시간이 흐름에 따라 노화현상은 불가피하다. 질병률 곡선(morbidity curve)[178]에 관한 연구에 의하면, 의학적으로 85세가 넘으면 그 이전의 연령보다도 상대적으로 사망률이 떨어진다고 한다.[179] 따라서 85세 이상의 노인을 장수인이라고 할 수 있다.

---

176) 『禮記』「曲禮」, "七十曰老, 而傳. 八十, 九十曰耄, …… 百年曰期."(70세를 老라 하고, 80·90세를 耄라 하며, 백세를 期라 한다.)

177) 예방의학과 공중보건, *Health is a complete state of physical, mental and social well being and not merely the absence of disease or infirmity.* p.4.

178) 질병률 곡선(morbidity curve)에 관한 연구를 기초로 파악된 바에 의하면 85세를 정점으로 그 이후 질병률 곡선이 급격히 하강하는 면을 보인다는 결론이 도출되었다 (Fries, 1980).

179) 전경수, 「한국백세인의 문화적 특성」(박상철 편, 『한국의 백세인』), p.113.

현대적 의미에서 장수라는 용어를 단순히 나이가 많다는 시간적 개념에서 나온 용어만이 아닌, 사회적 측면으로도 자신의 삶을 유지해 나갈 수 있는 특정한 개념으로 보는 견해도 있다. 모든 사람들이 건강하게 장수하는 것을 바라는 것은 당연한 것이지만 장수라는 차원에서 생각해 본다면 '건강과 건강하지 못하다는 것', '자신의 삶을 유지해 나갈 수 있는 것' 등은 생명이 있어 살아 있음을 전제한 후에 생각해야 할 문제라고 본다. 그러므로 사람 살아 있는 한은 장수라는 용어를 사용할 수가 있으며 건강하게 장수하기를 희망하며 노력해야 하는 것이다. 따라서 필자는 장수란 '85세 이상으로 생명을 유지하고 있는 상태'라고 정의하였다.

(2) 현대의 장수요인

인간의 장수는 여러 가지 환경인자와 유전적 요인이 복잡하게 상호 작용한 결과로 나타나는 다인자적 현상이다. 국내외 장수학자들의 연구발표에 의하면 장수학에서 인간의 건강이나 수명을 결정짓는 요인은 크게 3가지인데, 첫째는 유전적 요인, 둘째는 환경적 요인, 셋째는 생활 습관적 요인들이 복합적으로 작용하여 결정된다고 보고 있다.[180]

첫째, 유전적 요인으로 국립 과학원 회보에 발표한 연구보고서에 의하면 "제4번 염색체에 있는 유전자들이 100세까지 장수하는 데 도움을 주는 것으로 추정된다. …… 유전적 영향 없이 장수할

---

180) 한경혜, 「한국 백세인의 가족관계와 삶의 질」(박상철 편, 『한국의 백세인』), p.69.

수 있는 예외적인 가능성을 가진 경우는 20명 중 한 명꼴에 불과하다"[181]고 하였다. 또한 "100세 이상 장수하는 사람들은 보통 사람들에 비해 세포에 에너지를 공급하는 내부 '발전소'인 사립체(絲立體) DNA가 변이되어 있을 가능성이 5배나 높다"[182]고 하였다. 아직은 어느 특정유전자가 어떻게 인간의 장수에 기여하는지 원인을 밝혀내는 연구가 계속 중이지만 유전자가 장수에 미치는 영향은 간과할 수 없는 사실이라 할 수 있다.

둘째, 환경적 요인으로는 장수인들이 살고 있는 지역을 들 수 있다. 장수인들 대부분은 오염이 가득한 도시보다는 전원적인 자연환경에서 생활을 하고 있다. 장수지역은 국가경제가 발전함에 따라 특정지역에 국한되지 않고 전국적으로 평준화하는 경향을 보이고 있다. 소백산맥·노령산맥 주변의 중산간 지역과 전남 및 제주의 해변지역이 전반적인 장수 지역을 형성하고 있는 것으로 나타났다.[183]

셋째, 생활 습관적 요인으로는 사회적·심리적 특성, 적절한 양의 규칙적인 식사, 충분한 수면과 일상생활에서의 끊임없는 활동 등을 꼽을 수 있다.

동양의학적인 면에서는 선천적 요인과 후천적 요인 두 가지로 부모로부터 물려받은 개개인의 독특한 선천적 요인이 후천적 요인과 관계를 이루며 인간의 수명에 영향을 미치게 되는 것으로 본다. 『동의보감』(東醫寶鑑)에서는 선천적 요인에 대해 다음과 같이 말한다.

---

181) 워싱턴Ap.연합통신, CNN, 미국 보스턴대학 의과대학의 토머스 펄스 박사의 국립 과학원 회보에 발표한 연구보고서. <http://health.daum.net/today/older/>.

182) 서울=연합뉴스, 2003. 2. 14, 미국 캘리포니아 공과대학 분자생물학 교수 쥬세페 아타르디 박사의 국립 과학원 회보에 발표한 연구보고서. <http://search.daum.net/>.

183) 이정재, 「지리 정보 시스템을 이용한 장수지역의 공간적 분석」(박상철 편, 『한국의 백세인』), p.12, 24.

······ 사람의 수요(壽夭)에는 각각 천명이 존재한다. 천명이란 천지와 부모에게서 타고난 원기를 말한다. 부(父)는 천(天)이 되고 모(母)는 지(地)가 되며, 부정(父精)·모혈(母血)의 성쇠가 같지 않으므로 사람의 수요 또한 차이가 있는 것이다. 처음 태어날 때 두 가지의 기를 왕성하게 받은 사람은 마땅히 상·중의 수(壽)를 얻고, 한쪽으로 치우친 기를 왕성하게 받은 사람은 중·하의 수(壽)를 얻고, 두 가지 기를 약하게 받은 사람은 보양을 할 수는 있지만 하수(下壽)밖에 얻지 못하거나 그렇지 않으면 대부분 요절이 많다. ······ 184)

위의 인용문은 선천적으로 타고난 요인에 따라 수명이 개개인마다 차이가 있음을 나타내고 있다. 또한 『동의보감』에서는 후천적 요인인 음식(飮食)·거처(居處)·음양(陰陽)·희로(喜怒)·풍(風)·우(雨)·한(寒)·서(暑) 등의 중요성을 언급함으로써 부모로부터 물려받은 선천적인 요인과 함께 후천적 요인도 수명에 큰 영향을 끼친다 하여 중시하고 있다. 이 점은 현대에서의 장수의 요인으로 규정하고 있는 유전적 요인·환경적 요인·생활 습관적 요인과도 무관하지 않음을 보여준다.

상학에서는 장수의 요인을 어떻게 보고 있는가. 상학 문헌에 나타나 있는 장수이론을 근거로 장수의 요인을 살펴보고자 한다.

(3) 상학의 장수요인

상학적 의미에서의 '장수는 형상과 함께 정·기·신(精氣神)185)

---

184) 『東醫寶鑑』 「內經篇·神形門」 「壽夭之異」, "人之壽夭, 各有天命存焉. 夫所謂天命者, 天地父母之元氣也. 父爲天, 母爲地, 父精母血盛衰不同, 故人之壽夭亦異. 其有生之初, 受氣之兩盛者, 當得上中之壽, 受氣之偏盛者, 當得中下之壽, 受氣之兩衰者, 能保養, 僅得下壽, 不然多夭折. ······ "

185) Ⅱ. 2. (3) 相學의 기본이론 중 '형상과 정·기·신 이론' 참조.

이 빠져나가지 않은 상태에서의 오래 사는 것'을 의미한다. "형체와 기는 오래 살고 일찍 죽는 것을 정한다"[186]라는 말이 있듯이 상학에서는 인체 내에서 형상을 이루는 근본물질인 정·기·신의 상태가 어떠한가에 따라 부귀·빈천·수요·현우 등을 판단하는데, 특히 수요에 관한 것은 형상과 함께 정·기·신을 보는 것이 중요하다. 『황제내경』(黃帝內經) 「영추·수요강유」(靈樞·壽夭剛柔)에서는 형상(형체)과 정·기·신에 의해서 사람의 수요가 결정된다고 하면서 다음과 같이 설명하고 있다.

> (황제가 묻기를) 사람의 형체에는 완급이 있고, 기에는 성쇠가 있으며, 골에는 대소가 있고, 기육에는 견고함과 견고하지 않은 것이 있으며, 피부에는 후박이 있는데 장수와 요절은 어떻게 정해지는 것인가?(기백이 대답하기를) 형체와 기가 서로 맞으면[187] 장수하고 서로 맞지 않으면 요절합니다. 피부와 기육이 서로 감싸고 있으면 장수하고, 서로 감싸고 있지 못하면 夭折하며, 혈기와 경락이 형체를 이겨내면 장수하고, 형체를 이겨내지 못하면 夭折합니다.[188][189]

위의 인용문은 상학에서 말하는 '음양은 불화·불순할 수 없다'(陰陽不可不和不順)[190]와 일치하고 있다. 기는 양이고 형상(외모)은 음인데, 형상이 있어서 기를 인체 내에 머물게 하기 때문에 음

---

186) 『東醫寶鑑』「內經篇·神形」, "形氣定壽夭."
187) 形이 氣를 잡아 주고 氣는 形을 채워 주면서 서로의 균형관계를 유지해 주는 것을 말함.
188) '血氣經絡, 勝形則壽, 不勝形則夭.'에 대해 張介賓은 『類經』에서 "血氣經絡은 내부에 있는 根本이고 形體는 외부에 있는 枝葉이다. 根本이 枝葉을 이기면 長壽하고 枝葉이 根本을 이기면 일찍 죽는다"는 것을 의미한다고 하였다.
189) 『黃帝內經』「靈樞·壽夭剛柔」第6, " …… 形有緩急, 氣有盛衰, 骨有大小, 肉有堅脆, 皮有厚薄, 其以立壽夭奈何? …… 形與氣相任則壽, 不相任則夭. 皮與肉相果則壽, 不相果則夭. 血氣經絡, 勝形則壽, 不勝形則夭."
190) Ⅱ. 2. (2) 상학에서의 음양오행 참조.

인 형상이 쇠약해지면 양인 기는 의지할 곳이 없게 된다. 따라서 형상이 쇠약해지면 기는 홀로 남아 있을 수가 없기 때문에 장수할 수가 없다. 또한 형상이 아직 여위지 않았는데 원기가 떨어진 자는 형상이 비록 기를 이긴다 하더라도 음이 양보다 많은 것에 지나지 않은 것이므로 죽지는 않는다 하더라도 병이 반드시 위중하게 되고 역시 장수하기 힘들다. 즉 외모는 비록 충실해 보이더라도 기가 부족한자는 결코 장수할 수가 없다는 것이다.[191]

정·기·신이 사람의 형상을 이루는 근본이지만 정·기·신은 형체가 없기 때문에 이를 관찰한다는 것이 쉬운 일만은 아니다. 하지만 정·기·신이 반영되는 곳이 사람의 외모이기 때문에 바로 사람의 형상을 보고서 정·기·신을 파악할 수가 있다. 정·기·신이 반영된 사람의 형상을 보고서 『신상전편』「수상격」(壽相格)에는 장수하는 사람의 상에 대해 다음과 같이 기록하고 있다.

> 관골(광대뼈)이 귀에까지 관통하면 장수하고, 명문(命門)[192]에 광택이 있으면 장수하며, 목 뒷덜미 아래 피부에 주름이 있으면 장수할 상이다. 주름이 두 가닥이라면 처와 함께 해로하지만 하나일 때는 외롭다. 인중이 분명하게 드러나고 치아가 가지런한 자는 수복이 겸전한다. 후음(喉音)이 큰 자는 누워서도 호흡이 안정되는데 이를 구식(龜息)[193]이라고 하여 역시 장수한다. 관골이 서로 이어져 귀에까지 들어가 귀 뒤의 뼈가 높고 연·수상(年·壽上)[194]이 함몰되지 않은 자는 장수한다. 귀는 목성이고 또한 수성이라 한다. 산근(山根) 위가 바르고 곧으면 복과 수가 있다. 귀 뒤에 있는 뼈를 '수성골'(壽星骨)이라고 하며 뼈가 풍만하게 일어난 사람은 장수한다. 뇌 뒤의 삼옥침(三玉枕)[195]이 밤

---

191) Ⅱ. 2. (3) 상학의 기본이론 중 '형상과 정·기·신 이론' 참조.
192) 귀의 앞부분을 말함.
193) 거북이의 숨 쉬는 것처럼 기운이 안정되어 숨소리가 조용한 것을 의미한다.
194) 山根에서 準頭 사이에 있는 콧대의 명칭.
195) 뇌 뒤에 있는 뼈로서 玉枕骨이 융기해야 한다.

(栗) 같으면 복이 있고 장수하며 콧마루가 솟아오르면 장수할 상이다. 음식은 제시간에 먹고 화장실에 천천히 가는 사람은 장수한다.[196) 오악이 풍륭하고 법령(法令)이 분명하며, 눈썹에 길고 가는 털이 있고, 뒷덜미의 피부가 여유가 있으며, 이마에 횡골(橫骨)이 있고 얼굴의 피부가 여유가 있고 두터우며, 소리가 맑고 울림이 있고, 등의 살이 짐을 진 것처럼 두텁고, 앞가슴이 평평하고 넓으며, 치아가 가지런하면서 단단하고 빽빽하고, 앉으나 서나 단정하고 장중하며 두 눈에 신이 있고, 귀에 길고 가는 털이 있으며 콧마루가 높이 솟아야 한다. 이상은 모두 장수할 상인데 각각의 격과 함께 보아야 한다.[197)

위의 내용을 살펴보면 일반적으로 장수의 상은 얼굴과 신체에 있어 짜임새 있고 단단하게 생겼고, 근골이 단단하면서도 기육과 조화를 이루어 탄력이 있어야 하며, 특히 두뇌의 골격은 이지러진 곳 없이 잘 솟아 있어야 한다. 오악이 풍륭하며 관골이 귀에까지 이어지고 명문에 광택이 있는 사람, 이마에 횡골(橫骨)이 있고 연·수상(年·壽上)이 함몰되지 않고 콧마루가 높이 솟아올랐으며 산근(山根) 위가 바르고 곧은 사람, 귀 뒤의 뼈가 풍만하게 일어난 사람, 뇌 뒤의 옥침골(玉枕骨)이 솟은 사람, 턱 밑의 목 피부가 두

---

196) '食物急, 登溷緩者, 壽.' 음식을 제시간에 먹는다는 것은 신진대사가 잘 이루어져 식욕이 왕성하기 때문이고, 화장실에 천천히 가는 사람이란 것은 충분히 소화시킨 후에 화장실에 간다라는 의미로 해석할 수 있으며, 배설이 완전하게 이루어져 장부의 독소를 모두 제거하는 것을 뜻하기도 한다. 이에 대하여 '음식을 처음에 먹을 때는 급하게 먹고 나중에는 천천히 먹는다'·'음식을 급하게 먹고 화장실에는 오래 있는다' 등으로 번역하여 그 의미가 애매하게 전달되어 해설들이 분분하다. 하지만 장수와 관련된 「壽相格」에 나오는 의미로서는 마땅치가 않다고 생각한다. 그러므로 필자는 '食物急'을 '음식을 제시간에 먹다'로 번역하였다.

197) 希夷·陳搏 秘傳, 柳莊·袁忠撤訂正, 『神相全編』「壽相格」, "顴骨重貫耳者壽. 命門光澤者壽. 項下有皮如條者, 長壽之相也. 雙條妻皆老, 一條則孤. 人中著齒而齊者福壽. 喉音高者, 臥而不喘, 謂之龜息, 乃壽相. 顴骨相連人耳后骨高, 起年壽上不陷者, 主壽. 耳是木星, 又爲壽星, 山根上正直者, 主福壽. 耳后有骨, 名·壽星骨.' 生豊起者, 長年. 腦后三玉枕如菓栗者, 福壽. 鼻梁隆起者, 壽相. 食物急, 登溷緩者, 壽. 五岳豊隆, 法令分明, 眉有長毫, 項有余皮, 額有橫骨, 面皮寬厚, 聲音淸響, 背肉負厚, 胸前平闊, 齒齊堅密, 行坐端莊, 兩目有神, 耳有長毫, 鼻梁高聳, 以上皆壽相, 與各格同看也." p.118.

터워 늘어진 듯 여유 있어 주름이 있는 사람, 두 눈은 초롱초롱하여 정·기·신이 함장되어 있는 사람, 인중과 법령이 분명하게 드러나며 치아가 가지런하면서 치밀하고 견고한 사람, 나이 들어 눈썹과 귀에 길고 가는 털이 생기는 사람, 얼굴의 피부가 두텁고 여유가 있는 사람, 음성이 맑고 울림이 있는 사람, 음식은 제시간에 먹고 화장실에는 급히 가지 않는 사람, 등에 살이 두텁고 앞가슴이 평평하고 넓은 사람, 걸어가는 것과 앉은 것이 단정하고 장중한 사람, 호흡이 안정되어 숨소리가 거칠지 않고 잠자는 모습이 조용하고 평안해 보이나 양의 기가 충만하여 심신의 여유가 많은 사람에게 장수의 복이 주어진다고 할 수 있다. 그렇다면 '왜 이러한 형상에서 장수를 알아볼 수 있는가' 구체적으로 살펴보자.

장수의 상을 보려면 먼저 골격의 형태를 보는 것이 중요한데 그 중에서도 두부의 골격이 견고하면서도 맑게 잘 이루어져 있어야 한다. '두상이 왕하다'는 것은 하늘의 양 기운, 즉 천양지기를 많이 타고난 것이며 그만큼 정신력이 강한 것을 나타낸다.

머리란 천으로서 양의 기운으로 이루어져 있으며 오장의 주인으로 백체의 근원이 되기 때문에 사람의 상을 보려 하면 먼저 머리를 보아야 한다. 『월파동중기』(月被洞中記)에서는 '머리'를 입체적인 둥그런 구의 형태로 보고 그 기운이 몸 전체로 퍼져 나간다고 하였다.[198] 그 가운데 '수당'(壽堂)이라 부르는 부분은 뇌에서부터

---

198) 『月波洞中記』「九天玄徵」, "凡欲相人, 先視其首. 頭者, 五臟之主, 百体之宗. 四維八方并須停正, 左耳爲東方, 右耳爲西方, 鼻爲南方, 玉枕爲北方, 左頬爲東南角, 右頬爲西南角, 左壽堂爲東北角, 右壽堂爲西北角(사람의 相을 보려 하면 먼저 머리를 보아야 한다. 머리란 五臟의 주인으로 百体의 根源이다. 四維八方에 반드시 바르게 있어야 한다. 左側 귀는 東方이고, 右側 귀는 西方이며, 코는 南方, 玉枕은 北方, 左頬(빰)은 東南角, 右頬은 西南角, 左壽堂은 東北角, 右壽堂은 西北角이라

두 귀의 중간에 있는데, 오늘날 '수골'(壽骨)이라 하는 귀 뒤에 있는 뼈를 말한다. '수당', '수골'은 장수를 볼 수 있는 골 중의 하나로 이것은 '수당'으로부터 흘러내려 귀 뒤 침골[199]의 일부분까지를 말하는데, 이, 부위의 골이 함몰되거나 뾰족하게 돌출되지 않고 둥글면서 살이 잘 덮어줘야 한다.

또한 구양기(九陽氣)[200]로 이루어진 머리의 뼈가 둥글게 솟고 모난 곳이 없으며 노골(露骨)되지 않고 살로 잘 감싸주어야 밝은 양의 기운, 즉 하늘의 기운을 받아 장수할 수 있다.[201] 형상이 중후하고 골이 강해야 하며 특히 관골이 귀의 가장자리로 들어가는 뼈는 옥량골로서 장수를 살필 때 이를 중요시[202]하는데, 이는 대뇌소뇌의 기운이 뻗은 것으로 뇌의 힘이 좋다고 할 수 있다. 그러므로 귀 앞의 옥량골(玉梁骨)이 잘 일어나 있어야 하며 그 부위가 밝고 깨끗해야 한다.

관골은 골의 근본이기 때문에 형체가 충실하면서 관골이 두드러

한다)." p.6.

199) 張行簡 等撰, 『人倫大統賦』, "凡人玉枕, 但稍有骨微起者, 皆主祿壽(玉枕骨이 조금만 일어나도 대개 복록과 수를 누린다)." p.124. 陳淡埜, 『相理衡眞』, "腦後枕骨起者福壽(뇌 뒤의 枕骨이 일어난 자는 福壽한다)." p.308. 枕骨은 頭蓋의 뒤쪽 下部를 이루는 뼈로서 玉枕骨이라고도 한다.

200) 九陽이란 9가지 陽의 기운으로 頭相에 六陽, 面相에 三陽이 있다. 天陽, 景陽, 太陽, 華陽, 九陽 龍陽, 後陽, 靈陽, 柱陽을 말한다.

201) 小通天, 『面相秘笈』, "其骨必圓必秀, 肉自勻稱, 色亦明潤, 乃富貴之格也. 夫頭爲六陽魁首, 九陽氣勢, 注射於百部靈臺, 透運於周身, 而內固於體也. 故諸陽氣足, 而骨豊陸者, 自然神淸氣爽, 則體健身安, 爲壽爲福也(뼈는 반드시 둥글고 수려해야 하며 (뼈와)살이 고르게, 조화되고, 색이 밝고 윤택해야 富貴의 格이다. 머리는 六陽의 으뜸이고, 九陽의 기운이 百部 靈臺(정신이 머무는 신령스러운 곳)에 머물러 쏘아 주면 그 기운이 전신을 두루 섭렵하고, 안으로 견고하게 體를 이룬다. 모든 陽의 기운이 충족하면 骨이 모두 豊隆하고, 자연히 神이 맑고 氣가 상쾌하여 신체가 건강하고 편안해지므로 壽福이 있다)." p.15.

202) 張行簡 等撰, 『人倫大統賦』, "顴骨上達入耳, 名玉梁骨, 主壽考(관골의 상부가 발달하여 귀로 들어가는 것을 玉梁骨이라 하는데 주로 壽를 살핀다)." p.124.

지지 않은 자는 전체적으로 골이 작다고 할 수 있다. 골이 작고 살이 넘치게 실한 것은 신(臣)이 군(君)을 이긴 것이며 음양이 부조화를 이루기 때문에 장수하기가 어렵다. 또한 관골은 신장의 기운을 나타내므로 골이 작으면 선천원기의 부족으로 건강하지 못하다. 관골은 얼굴에 드러난 것으로 쉽게 볼 수 있으니 관골을 보면 전신의 골격 상태를 유추할 수 있다.

'이마에 횡골이 있고, 뇌 뒤의 뼈도 옆으로 생겨야 한다(額有橫骨, 腦骨橫生)'고 하여 이마에 옆으로 가로지른 뼈가 살아 있는 듯해서 꽉 차 보여야 한다. 뼈는 상하좌우로 연결되어 있어 서로가 기를 교류하기 때문에 오악이 충분하게 발달되어 있으면 중앙과 동서남북의 사이에 기가 원활히 소통되는 것이라 할 수 있다.

이와 같이 두부의 골격은, 얼굴의 사유팔방의 골이 잘 고르게 일어나야 한다. 관골의 옆으로는 앞쪽의 코와 귀 옆의 옥량골, 귀 뒤의 수골 등으로 연결되어 있으며 위로는 이마의 옆쪽을 통하고 아래로는 어금니, 턱뼈와 통하고 있으므로 어느 한 곳만 돌출되는 것이 아니라 두부 전체의 골격이 사유팔방으로 고르게 일어나야 하면서도 서로 조화를 이루는 것이 중요하다.

눈[203]은 가늘고 길면서 진기(眞氣)가 숨어 있는 점칠(点漆)[204]로

---

203) 宋齋邱, 『玉管照神局』, "眼乃一身之日月也, 眼長而探者, 主壽, 浮而露, 大而突, 圓而努者, 促天凶暴. …… 眼下有臥蠶紋者, 主有壽{눈은 一身의 日月이다. 눈이 길면서 깊은 사람은 주로 長壽하고, (눈의 기운이)노출되어 뜨거나, (눈이)크면서 돌출되어 있거나, 둥글면서 노기를 띤 사람은 단명하고 凶暴하다. …… 눈 아래 와잠에 주름이 있는 사람은 주로 長壽한다.}" p.33. 『神相全編』「相壽」, "目有守睛神隱藏 …… 神淸眼更深, 自然期上壽(눈은 눈동자를 지키고 있는 神이 은밀하게 감추어져 있어야 한다. …… 神이 맑은데 눈까지 깊다면 자연히 수명이 길어진다)." p.197. 梁湘潤 編著, 『相學辭淵』, "眼細長而深者, 主長壽(눈이 가늘고 길면서 깊은 사람은 주로 장수한다)." p.411.
204) 옻칠을 하여 점을 찍어 놓은 듯 동자가 작고 精이 강하게 맺혀 있는 눈동자.

서 흑백이 분명하고 신(神)을 은장(隱藏)[205]하고 있어야 한다. 생동감이 넘치고 초롱초롱 빛나면 정(精: 水)·신(神: 火)이 뚜렷하여 장수할 수 있으며 눈 아래 와잠(臥蠶)과 음즐(陰騭)에 주름이 있는 자는 장수한다.

상학문헌에는 보수관인 눈썹과 수명과의 관계가 다양하게 설명되어 있다. "수명을 보존하는 것은 눈썹에 있는 것이고, 수명이 얼마쯤 되겠는가를 알려면 귀를 봐야 할 것이다. 수명을 구하는 것은 신(神)에 있는 것이고(수명이 길고 짧은 것은 눈에 달려있다는 뜻), 수명을 주장할 수 있는 것은 음성에 있다."[206] 눈썹이 높이 떠서 두 눈을 잘 보호해 주고 흰색의 가늘고 긴 털이 나면 장수하는데 그 털이 밑으로 드리우면 더욱 수명이 길어진다.[207] 호모(豪毛)로써 사람의 기혈이 이루어지고 나타나는 것을 알 수 있는데 긴 흰 털이 생기는 것은 그만큼 기혈이 왕성하다는 것을 의미하므로 주로 수를 주장한다.[208]

---

205) 눈동자가 돌출되지 않고 神이 떠서 노출되지 않으며 隱藏되어 있고 精이 맺혀 있어야 한다.

206) 陳淡埜, 『相理衡眞』「壽相捷徑」, "保壽在眉, 問壽在耳, 求壽在神, 主壽在聲." p.309.

207) 希夷·陳搏 秘傳, 柳莊·袁忠撤訂正, 『神相全編』「相壽」, "眉高毫出白, 宜入老人鄕. 眉耳毫長白. 閑居百歲長{눈썹이 높고 (이마 부위로)가는 털이 길게 나서 백색을 띠면 당연히 장수할 수 있다. 눈썹과 귀의 가는 털이 길고 희다면 편안하게 백 살을 살게 된다.}" p.197. 梁湘潤 編著, 『相學辭淵』「人倫大統賦」, "眉毛長過一寸者 爲壽毫, 主長壽(눈썹에 긴 털이 일 촌이 넘게 있는 것을 壽毫라 하는데 주로 장수를 주관한다)." p.151. 『相理衡眞』「壽相捷徑」, "眉毛長垂, 高壽無疑 …… 眉毛長寸, 享龜鶴之面齡, 耳毛長旋, 實龍鐘之壽考{눈썹의 (긴)털이 드리우면 高壽(장수하는 사람)가 분명하고, …… 눈썹의 털이 한 치만큼 길면 거북과 학과 같이 오랫동안 수명을 향유하며, 귀의 털이 길게 선모처럼 되어 있으면 참으로 龍鐘(대나무의 별칭, 대나무처럼 사철 푸르게 된다는 뜻)과 같이 수명을 누릴 수 있다.}" pp.309-310.

208) 『月波洞中記』「幽隱」, "凡人氣血之成出于毛髮. 毫白者主壽, …… 眉耳生長毫者至壽(사람의 氣血의 이루어짐은 털로써 나타난다. 길고 가느다란 흰 털은 長壽를 주관하고 …… 눈썹이나 귀에 긴 털이 생기면 오래 산다.)" p.7.

(귀는) "뇌를 관통하여 신장과 통하는데, 좌측 귀를 금 우측 귀를 목이라 한다. 귓바퀴가 단단하고 두터운 사람은 주로 장수하고, 귀가 눈썹보다 높은 사람은 주로 장수하며, 호이(毫耳)[209]가 나오면 오래 산다."[210] 귓속에 난 호이가 수주(垂珠)까지 드리우고, 귀가 눈썹과 가지런할 정도로 높이 솟아 있으면서 수주가 두텁고 길어 입을 향해 있는 사람은 수명을 누린다.[211] 귀가 단단하고 귓바퀴인 성곽이 분명 뚜렷하며 귀가 홍조를 띠며 밝고 호이가 생기면 역시 장수하는데 이는 선천지기인 신기가 왕성하기 때문이다. 호이는 눈썹에 나는 털보다 더 장수하는 상으로 본다.

코는 삼재(三才) 중 사람에 해당되며[212] 나 자신에 비유되고, 연상(年上) · 수상(壽上)이라는 이름을 가진 부위가 모두 코에 있기 때문에 수명의 장단을 코에서 주관한다.[213] 코는 후덕하고[214] 풍륭

---

209) 귓속에 나는 털로서 나이 들어서 나는 毫耳가 귀 밖으로까지 나오면 장수한다.

210) 宋齋邱, 『玉管照神局』「耳」, "貫腦而通腎, 左耳爲'金', 右耳爲'木', 耳輪堅厚者, 主有壽. 耳高於眉者, 主有壽. 耳內生毫, 主有壽." p.33.

211) 『月波洞中記』, "耳有垂珠度百春{귀에 있는 垂珠(귓방울)로 百春(장수)을 판단한다.}" p.7. 『麻衣相法』, "厚而堅. 聳而長. 皆壽相也. ······ 垂珠朝口者, 主財壽 ······ 耳薄如紙, 夭死無疑, 耳有生毫, 長壽富貴{(귀가)두텁고 견고하며, 솟아 있고 긴 것은 모두 오래 사는 相이다. 垂珠가 입에 조응하는 자는 財物과 壽命을 주관하며 ······ 귀가 종이처럼 얇은 자는 夭死하는 것이 분명하며 귀에 털이 생기면 長壽富貴한다.}" p.50.

212) 王朴 撰, 『太淸神鑑』「論面部」, "鼻爲人, 欲正而齊, 名曰有人者壽(코는(天地人 중에) 人으로 바르고 가지런해야 하니 이러한 코를 지닌 사람은 장수한다고 한다)." p.108.

213) 希夷 · 陳搏 秘傳, 柳莊 · 袁忠撤訂正, 『神相全編』「相鼻」, "年上壽上二部 皆主於鼻 故主壽之長短也. 光潤豊起者, 不貴則壽富也. ······ 隆高有梁者, 主壽, ······ 堅有骨者, 壽相, ······ 鼻長有壽百年過(年上과 壽上 두 부위가 모두 코를 주관하므로 코는 수명의 장단을 주관한다. 빛이 있고 윤기가 돌며 풍만하고 일어섰다면 귀하지 않으면 장수하고 부유하다. ······ 비량이 높게 일어난 자는 주로 장수하고 ······ (코의)뼈가 단단한 자는 장수하는 相이며. ······ 코가 길면 장수하여 능히 백 년을 넘긴다)." pp.150 - 151.

214) 같은 책, "土星須要厚, 厚者得長壽(土星(코)은 반드시 후덕해야 하며, 후덕한 사람은 長壽를 할 수 있다)." p.102.

하여 윤기가 돌며, 질액궁이면서 수명의 뿌리가 되는 산근(山根)[215]이 끊어지지 않고[216] 이마와 준두(準頭)를 향해 상하로 힘차게 올라가고 내려오며 콧대가 바르고 단단한 자는 장수한다.[217] 코가 풍륭해야 오래 산다는 것은 비위경이 좋아야 한다는 것으로 건강의 근본인 신진대사가 제대로 이루어질 수 있다는 것이다.

얼굴의 피부는 두텁고 너그러우며 여유로운 것이 좋다. 『유장상법』(柳莊相法)에는 "나이가 들어 수반(壽斑)이 생기면 장수를 주장한다"[218]라고 하면서 수요득실[219]에 대해 설명하고 있다. 나이가들어 검은 색의 반점이 생긴다는 것은 그만큼 신의 정기가 뭉쳐서나타나는 것을 뜻하므로 장수하는 것이라 볼 수 있으며 반(班)에는큰 것도 있고 작은 것도 있는데 큰 것은 반이라 하고 작은 것은점이라 한다.

목은 머리의 육양(六陽)과 전신의 통로로서 살이 없어 뼈마디가불거지면 기를 잘 소통시키지 못하게 된다. 목의 피부가 두껍고느슨하게 여유가 있으면 나이가 들면서 두 줄기의 주름이 생기게

---

215) 같은 책, 「相山根」, "鼻梁上也. 宜高不宜低折, …… 山根不陷 主壽((山根은)鼻梁의 위에 있으며 마땅히 높아야 되고 낮거나 끊어지면 안 된다. …… 山根이 함몰되지 않으면 주로 장수한다)." p.149.

216) 같은 책, 「相壽」, "伏犀三路貫天梁(伏犀(코 이름 중의 하나)의 三路(산근 인당으로 올라가는 크고 넓은 길)는 天梁(이마)을 꿰뚫어야 한다)." p.197.

217) 陳淡埜, 『相理衡眞』 「壽相捷徑」, "鼻高有梁者壽, …… 鼻骨長正而堅者壽, …… 山根上下直者主福壽(코가 높고 콧대가 있는 사람은 장수하고 …… 코의 뼈대가 길고 바르면서 견고한 사람은 장수하며, …… 山根이 위아래로 곧은 사람은 福壽를 누린다)." p.309.

218) 柳莊·袁忠撤, 『柳莊相法』, "老來生斑主壽." p.33.

219) 같은 책, "壽夭得失 解曰. 此四者. 各有一說. 夫壽者. 骨正堅實. 肉血自潤. 凡老來最宜眉毫耳毫壽斑. …… 面上六十外生斑. 宜黑亮. 方有大福大壽(壽夭得失 이 네 가지는 각각의 설명이 있다. 壽는 뼈가 바르고 견실해야 하며, 살의 혈색이 윤기가 있어야 한다. 일반적으로 나이가 들어서 눈썹과 귀에 털이 나고 壽斑이 있어야 하고 …… 얼굴에 육십 넘어 반점이 생기면 大福大壽가 있다)." p.11.

되는데, 이를 '항하유피조'(項下有皮條)[220]라 하며 장수할 상[221]으로 본다. 이러한 '항하유피조'가 나타나는 것은 수기(腎: 신)가 왕성하면 그만큼 진액이 충만해지기 때문에 법령처럼 골이 패이면서 주름이 잡히는 것이다.

인중은 남녀의 수명을 보는 궁[222]으로서 사수(四水)가 흘러드는 중심이고 물길의 도랑이기 때문에 깊고 길어야 잘 흐를 수 있다.[223] 또한 인중에는 수염이 있어야 하는데[224] 수염이 없으면 물이 메말라 있다는 것과 같아 신·방광의 수기가 부족해 건강하지 못하다. 법령(法令)은 수대(壽帶)라고도 하는데 물길로서 깊고 길게 되어 있어야 장수하며,[225] 법령이 양 지각(地閣)까지 넓게 퍼지면서 선명하고 긴 금루(金縷)[226]가 잘되어 있으면 더욱 수를 누릴 수 있다.

---

220) 목 아래에 실로 땋은 것 같은 피부주름이 두 줄기 있는 것을 말함.

221) 陳淡埜, 『相理衡眞』 「壽相捷徑」, "項下有皮, 如條者壽相(목 밑의 피부에 주름살이 있어서 축 늘어지면 壽命을 누리는 相이다)." p.308. "項條明而彭祖再生於中國(턱 밑의 목에 실로 땋은 것과 같은 피부주름이 밝게 나타나 있으면 彭祖(8백 세를 살았다는 신선의 이름. 長壽를 상징)가 다시 태어났다고 할 수 있는 것이다)." p.311. 梁湘潤 編著, 『相學辭淵』 「人倫大統賦」 "項下條條雙垂者, 主有壽(목 아래가 느슨하여 두 개의 주름이 늘어지면 주로 장수한다)." p.153. 宋齋邱, 『玉管照神局』, "壽, 項下有一條紋, 或有餘皮(목 아래 하나의 주름이 있고 피부가 여유로우면 오래 산다)." p.177.

222) 梁湘潤 編著, 『相學辭淵』, "人中爲男女壽命之宮位", p.564.

223) 希夷·陳搏 秘傳, 柳莊·袁忠撤訂正, 『神相全編』 「相人中」, "入中者, 一身溝洫之象也, 如溝洫疏通, …… 人中之長短, 可定壽命之長短, …… 人中所以爲壽命, …… 深而長者, 長壽, 淺而短者, 夭亡, …… 人中平長, 至老吉昌兼有年壽(人中은 일신의 溝洫(水門)의 形象이다. 溝洫은 흐르고 통해야 하며, …… 人中의 장단으로 壽命의 장단을 정할 수 있고, …… (人中이) 깊고 긴 사람은 오래 살고, 얕고 짧은 사람은 夭亡하며, …… 人中이 평탄하고 길면 나이 들어서까지 길함이 창성하고 겸하여 壽命이 길다)." p.154.

224) 같은 책, 「相壽」, "人中髭滿手如綿((장수하는 사람은) 人中에 수염이 면사처럼 가득하다)." p.197.

225) 같은 책, 같은 곳, "笏紋隱隱朝書上, 法令相侵地閣貫((장수하는 사람은) 笏紋(법령)이 은은히 書上부위를 향해 내려가 조응하고 法令이 地閣까지 통해야 한다)."

226) 法令 아래에 있는 小紋으로 금실로 꼬아내려 선을 늘어뜨린 것 같다고 하여 金縷

치아는 백골의 정기가 모여 이루어진 것으로 예리하기가 칼날과 같으면 골정(骨精)이 충실한 사람으로 장수한다.[227] 또한 36개의 치아가 있고 혹 백색을 띤 사람은 주로 장수한다.[228]

입은 모가 나고 넓어서 구각이 서슬이 있는 사람은 수명을 누릴 수 있으며, 지각이 하늘 쪽으로 향하면 복록을 누리면서 수명이 길다. 음성은 내기의 발현으로 체질 그 자체에서 흘러나오는 것이다. 음성이 낭랑하여 골짜기에서 울리는 듯[229]한 사람은 양청(陽淸)의 체질로서 겉보기에는 약하더라도 근기가 강한 사람이고, 음성이 우렁우렁 울려 퍼지는 것은 단전(丹田)에 진기가 꽉 차 있다는 표시로 장수할 수 있는 것이다. 호흡을 할 때는 구식(龜息)으로 잠자면서도 거칠고 숨찬 소리가 들리지 않고 고요해야 하는데 마치 거북이가 숨 쉬는 것처럼 조용하고 편안한 사람은 긴 수명을 누린다.[230]

등과 어깨는 거북이[231] 같고 걸음걸이가 완만하고 앉은 자세가 산과 같으면 수명을 누린다. 삼갑(三甲)과 삼임(三壬)[232]이 잘되어

라 부른다. 코의 옆 부분에서부터 시작되는 法令의 기운을 받은 것으로 土氣에 속하며 코의 기운과 함께 법령의 기운을 본다.

227) 希夷・陳搏 秘傳, 柳莊・袁忠撤訂正, 『神相全編』 「齒牙論」, "搆百骨之精華. 作一口之鋒刃, …… 牢密固者長壽, …… 如劍鋒者壽, 如粳米者, 高壽, …… ", p.165. ((치아)는 百骨의 精華가 뭉쳐 이루어진 것으로 하나의 예리한 칼날을 이루고 …… 빽빽하고 견고하면 장수하고 …… 예리한 검과 같으면 장수하며, 粳米(멥쌀)와 같이 생긴 사람은 高壽를 누린다).

228) 梁湘潤 編著, 『相學辭淵』 「人倫大統賦」, "三十六齒, 或色白者 主有壽((장수하는 사람은) 낭랑한 음성이 계곡에 울려 퍼지네)." p.153.

229) 希夷・陳搏 秘傳, 柳莊・袁忠撤訂正, 『神相全編』 「相壽」, "朗朗聲韻谷中." p.197.

230) 梁湘潤 編著, 『相學辭淵』 「人倫大統賦」, "氣如 '龜息,'者, 主長壽(氣가 거북이 호흡과 같은 사람은 주로 장수한다)." p.156.

231) 같은 책, "背如出海之龜者, 主有壽(등이 바다에 있는 거북이 같은 사람은 주로 장수한다)." p.153.

있으면 수명이 장구하며 진액이 꽉 찬 모양으로 배가 아래로 드리워 있고, 가슴이 넓으면 심폐가 왕성하며, 오장의 기운이 좋고 강하면 배꼽이 탄력이 있어 깊어 움푹하게 들어가며,[233] 허리는 둥글면서 단단해야 한다. 양인은 지나치게 마르지 않아야 하고 음인은 너무 살찌지 않아야 하며, 정기는 안정되고 신기는 맑아야 하며 잠이 적어야 한다.[234]

『황제내경』「영추·천년」(靈樞·天年) 제54편에 보면 수명에 대하여 다음과 같은 기록이 있다.

> 황제께서 묻기를, "사람이 백 세까지 살다가 죽는 것은 어떻게 해서 그러한가?" 기백이 대답하기를, "사도(使道)[235]가 깊고도 길며, 아래턱과 면부의 사방이 높고 방정하며, 영기(營氣)와 위기(衛氣)가 두루 통하고 조화로우며 면부의 상중하 삼부가 우뚝하게 솟아 있고, 골격이 크고 기육이 풍만하면 이에 백 세까지 살다가 죽습니다. …… 오장이 견고하고 혈맥이 조화로우며 기육이 매끄럽고 피부가 치밀하며 영위(營衛)의 운행이 정상을 벗어나지 않고 호흡이 거칠거나 빠르지 않으며 기가 절도 있게 흐르고, 육부가 수곡을 소화하여 진액(津液)을 고루 보내 주어 각각 그것이 정상적으로 되기 때문에 오래 살 수

---

232) 등은 三甲의 모양으로 목덜미에서 등으로 살이 많아야 하며 두 어깨의 살은 두터워야 한다. 배는 三壬 같아야 하며 배꼽 아래는 살이 많고 두 허벅다리의 살도 많아야 한다. 즉 三甲은 등을 말하며 三壬은 복부를 말한다. 나이 들어서까지 三甲, 三壬이 잘 이루어져 있으면 장수한다.

233) 陳淡埜, 『相理衡眞』「壽相捷徑」, "腹垂胸闊臍深, 人間多數多才(배는 드리우고 가슴은 넓으며 배꼽은 깊으면, 사람이 수명이 길고 재능이 많다)." p.310.

234) 希夷·陳搏 秘傳, 柳莊·袁忠撤訂正, 『神相全編』「相壽」, "陽不輕浮陰不膩, 精實神靈及省睡." p.197.

235) 使道隧以長에서의 '使道'에는 해석이 분분한데 네 가지 뜻이 있다. ① 鼻孔을 가리킨다. 楊上善의 『太素』「壽限」에서 "使道는 鼻孔으로 氣가 드나드는 길이다"라고 하였다. ② 人中溝를 가리킨다. 馬蒔는 "使道란 水溝이다"라고 하였다. ③ 七竅를 가리킨다. 張介賓은 "使道란 七竅를 놓고 말한 것으로 五臟의 氣가 통하는 길이다. …… "라고 하였다. ④ 血脈의 도로를 가리킨다. 張志聰은 "使道란 혈맥의 도로로서 「本輪篇」에서 '間使之道'라 하였는데 이는 혈기가 충족하여 질서에 따라 흐른다는 것이다." 隧以長는 깊고 길다는 것이다. p.14. 필자는 여러 설 중에서 ① 설의 의미를 따른다.

있습니다." 황제께서 물어보기를, "천수를 마치지 못하고 죽는 것은 무엇 때문인가?" 기백이 대답하기를, "그들은 오장이 모두 튼튼하지 않고 사도가 길지 않으며 공규(空竅)가 밖으로 벌어져 있고 숨이 차고 가빠서 갑자기 앓습니다. 또 아래턱과 면부의 사방이 낮고 맥의 운행이 약하여 맥 속에 혈이 적고 그 기육은 탄탄하지 못하며 여러 번 풍한을 감수하여 혈기가 허해지고 경맥이 통하지 않으며 진기와 사기가 서로 싸우고 혼란해져 서로 끌어당기므로 중수(中壽)를 살고 죽습니다"라고 하였다.236)

위의 내용을 살펴보면 호흡이 안정되고 오악이 솟고 방정하여 일신에 영기(營氣)와 위기(衛氣)가 두루 통하고 조화로우면 오장·육부가 튼튼하다고 하였다. 오장·육부가 튼튼하면 형상과 정·기·신이 제대로 이루어지기 때문에 근육이 윤택하고 매끄러우며 피부는 너그럽고 강한 골격을 가질 수 있으며, 성품은 온화하고 정신이 안정되어 상쾌하고 맑으면 오랜 수명을 누릴 수 있다는 것이다.

현재의 상태를 보기 위해선 얼굴의 기색을 보는 것이 중요하지만 본 연구에서는 사진을 가지고 분석하는 한계성이 있기 때문에 기색과 질병·수명에 관한 것은 생략한다.

상학이론에 나오는 장수의 상에 대하여 구체적인 장수요인을 살펴보았다. 하지만 이와 같은 장수의 요인이 있다고 모두 장수하는 것이 아니라 각 요인에 따라 가감승제를 하여 조화로운 형상과 정·기·신이 이루어졌을 때 장수한다고 할 수 있다.

---

236) 『黃帝內經』「靈樞·天年」第54, "黃帝曰, '人之壽百歲而死, 何以致之?' 岐伯曰, '使道隧以長, 基牆高以方, 通調營衛, 三部三里起, 骨高肉滿, 百歲乃得終. …… 五臟堅固, 血脈和調, 肌肉解利, 皮膚致密, 營衛之行, 不失其常, 呼吸微徐, 氣以度行, 六腑化穀, 津液布揚, 各如其常, 故能長久.' 黃帝曰, '其不能終壽而死者, 何如?' 岐伯曰, '其五臟皆不堅, 使道不長, 空外以張, 喘息暴疾, 又卑基牆薄, 脈少血, 其肉不石, 數中風寒, 血氣虛, 脈不通, 眞邪相攻, 亂而相引, 故中壽而盡也.'"

Ⅲ. 장수인(長壽人)의 실례 및 분석

1. 조사 및 실례 분석방법

고전 상학에서 나타나는 장수이론과 현재 장수하고 있는 노인 (이하 현존 장수인이라 표기)들의 상과의 상관관계를 살펴보기 위해서, 현재 장수하고 있는 85세 이상의 노인 50명과 100세인 10명을 선정하여, 상학에서 나타나는 장수이론이 현존 장수인들의 상과 부합하는지 상학의 장수이론을 통해 비교·분석하였다. 본 연구는 장수인의 지역적 분포, 생활환경 등에 관한 것이 아니고, 장수인의 상에 관한 것이기 때문에 선정기준에서 장수인이 많이 살고 있는 특정지역을 선택하지 않았다.

(1) 실례조사 및 방법

장수인의 상을 분석하기 위해 실례 조사 대상의 선정 기준은 다음과 같이 하였다. 첫째, 활동을 하는 데 무리가 없는 85세 이상의 노인으로 특별한 지역을 선택하지 않고 불특정 다수인을 대상으로 50명을 선정하였다. 85세를 기준으로 한 것은 의학적으로 85세가 넘으면 그 이하의 연령보다도 상대적으로 사망률이 떨어진다는 보고에 근거한 것이다.[237] 인간의 성장과 노화의 과정을 보면 대략 20세 전후에 모든 성장은 완료되고 이후 노화의 과정이 진행된다. 사회학적으로는 미성년을 17·18세로 하고 20세를 성년이라고 규정하듯이, WHO는 인간의 뇌 세포의 감소과정을 기준으로 65세부터를 노인이라고 규정하고 있다. 하지만 지난 20세기 후반부터 생활수준의 향상, 의료기술의 발전, 위생조건의 개선 등으로 급속한 인구의 고령화 현상이 나타났고, 2000년에는 남녀 평균 74세에 이르고 있는 현시점에서 65세의 노인을 장수인이라고 단언하기는 어렵다. 질병률 곡선(mordibity curve)에 관한 연구를 기초로 하여 파악된 연구발표에 의하면 85세를 정점으로 그 이후 질병률 곡선이 급격히 하강하는 면을 보인다는 결론이 도출되었다(Fries, 1980). 따라서 의학적으로 85세가 넘으면 그 이전의 연령보다도 상대적으로 사망률이 떨어진다는 결론이 이르렀다.[238] 때문에 85세 이상을 장수인[239]의 대상으로 선정하였다.

둘째, 100세인[240] 10명을 선정하였다. '한국의 백세인'을 연구 발표한 서울대 박상철 교수팀이 2002년 7~9월에 장수지역 현장을 조사하면서 찍은 100세인의 사진이다.[241] 100세인 30명의 사진 중 선명도의 부족으로 파악 가능한 10명의 사진만 선정했다.

---

237) 전경수, 한국백세인의 문화적 특성(박상철 편, 『한국의 백세인』), p.113.

238) 같은 책, 같은 곳.

239) 통계청 보고서에 의하면 85세인 초고령자인의 숫자가 몇 년간 크게 증가되어 있음을 나타내고 있는데, 2000년 총인구 45,985,289명 중 85세 이상의 인구수는 전국에 173,206명이다. 그중 남자는 39,715명 여자는 133,491명으로 전국에서의 85세 이상 인구는 1만 명당 37.6명이다. 서론에 있는 표 참조.

240) 100세인은 전국에 934명으로 그중 남자는 82명, 여자는 852명이다. 전국에서의 100세 이상의 인구는 1만 명당 0.2명이다. 서론에 있는 표 참조.

241) 박상철 편, 『한국의 백세인』, pp.303 - 304.

본 연구의 조사방법으로는 2003년 5월부터 2004년 5월까지 불특정 다수인을 대상으로 직접 면담과 함께 설문조사를 하고 사진을 찍었다.

첫째, 각 지역에서 85세 이상 노인을 대상으로 그들을 모시고 있는 사람들을 통해 그들에 대한 직접적인 면담과 함께 설문조사를 하고 사진을 찍었다. 둘째, 파고다 공원과 종묘에 나와 있는 85세 이상의 장수인을 조사하였다. 셋째, 전북 전주에 있는 양로원에서 85세 이상의 장수인을 조사하였다. 넷째, 경기도 일산에 있는 노인복지회관의 85세 이상의 장수인을 조사하였다.

85세 이상 장수인 실례를 조사한 대상은 모두 50명으로 성별은 남자가 15명, 여자가 35명이었고, 나이는 85～89세가 35명, 90～99세가 14명, 102세가 1명 있었다. 지역은 서울·경기에서 24명, 그 외 지역에서 26명이었다.

본 연구를 위한 설문지 조사방법으로는 객관성을 유지, 신뢰성의 문제 등을 고려하여 다음과 같은 방법으로 설문지 조사를 실시하였다.

첫째, 질문과 답변에 어려움이 있는 노인의 경우 가장 가까운 사람을 통해 대리 응답을 받아 설문지를 작성하고 본인과 가족, 주위 사람들을 통해 확인하였다.

둘째, 연령 확인방법으로는 주민등록증과 대조한 다음, 주민등록증과 틀렸을 경우에는 그들이 알고 있는 나이를 기준하기보다는 출생연도의 간지를 확인하고 가족이나 주위 사람들을 통하여 다시 확인하는 방법을 사용하였다. 그들이 태어난 시기는 간지가 삶의 큰 주춧돌이었기 때문에 출생연

도는 잘 몰라도 간지는 대부분 명확하게 기억하고 있음을
알 수 있었다.

100세인에 대해서는 '한국의 백세인'을 연구 발표한 서울대 박
상철 연구팀이 2002년 7～9월에 장수지역 현장에서 조사한, 100세
인의 실례 사진과 설문조사를 참조하였다.

이 두 종류의 장수인의 상을 가지고 장수의 현상을 분석하려고
한다. 장수인의 상을 연구하기 위해서는 사진이 꼭 필요하였는데,
실례를 조사할 때 사진을 공개하기를 꺼리는 노인들이 있었기 때
문에 설문조사를 하고서도 사진이 없어 조사 대상에서 제외한 노
인들이 많아 아쉬움을 남겼다.

1) 실례분석방법과 분석틀

현존 장수인에 대한 탐색적 시도로서 한국에서 85세 이상 장수
하고 있는 노인들의 상을 관상학적으로 분석하는 데 있어, 앞 장
에서 다루었던 고전 상학에서 나타난 장수이론을 항목별로 요약하
여, 장수할 수 있는 사람의 형상을 두상·골상·면상·체상으로
다음과 같이 분류하였다.

♣ 두상(頭相) · 골상(骨相)

1. 두원(頭圓): 두뇌의 골격은 이지러진 곳 없이 둥글게 솟고 살로 잘 덮인 사람.
2. 액유횡골(額有橫骨): 이마에 횡골이 있는 사람.
3. 근골(筋骨)이 단단하면서도 기육과 조화를 이루어 탄력이 있는 사람.
4. 관골이입자(顴骨耳入者): 관골이 귀에까지 이어진 사람.
5. 수골견기자(壽骨堅起者): 귀 뒤의 뼈(수골)가 작아도 단단하게 일어난 사람.
6. 뇌후옥침기자(腦后玉枕起者): 뇌 뒤의 옥침골(玉枕骨)이 솟은 사람.

♣ 면상(面相)

7. 얼굴의 삼정(三停)이 전체적으로 조화를 이룬 사람.
8. 오악(五岳)이 풍륭한 사람.
9. 명문광택자(命門光澤者): 명문에 광택이 있는 사람.
10. 안세장이심자(眼細長而深者): 눈이 가늘고 길면서 깊은 사람.
11. 양목유신은장(兩目有神隱藏): 눈에 신(神)이 은장되어 있는 사람.
12. 미고장(眉高長): 눈썹이 이마 위로 높게 나 있으며 눈썹이 긴 사람.
13. 미유장호(眉有長毫): 눈썹에 가늘고 긴 털(호미: 毫眉)이 난

사람.

14. 이후대견(耳厚大堅): 귀가 두텁고 크고 견고한 사람.

15. 수주조구자(垂珠朝口者): 수주가 제대로 이루어져 입으로 조응하는 사람.

16. 이홍명자윤(耳洪明慈潤): 귀가 홍조를 띠며 밝고 윤기가 있는 사람.

17. 이유장호(耳有長毫): 귀에 길고 가는 털(호이: 毫耳)이 있는 사람.

18. 비량정세(鼻梁正勢): 콧대가 바르고 힘이 있는 사람.

19. 산근부절이상하정직(山根不折而上下正直): 산근이 끊어지지 않고 위·아래가 바르고 곧은 사람.

20. 연수상불함(年壽上不陷): 연상·수상이 함몰되지 않은 사람.

21. 인중심이장윤(人中深而長潤): 인중이 깊고 길어 윤기가 있는 사람.

22. 인중평장(人中平長): 인중이 평탄하고 느슨하게 길게 되어 있는 사람.

23. 법령심장이명윤(法令深長而明潤): 법령이 깊고 길면서 밝고 윤기가 있는 사람.

24. 치제견밀(齒齊堅密): 치아가 가지런하면서 견고하고 치밀한 사람.

25. 구방활이유릉자(口方闊而有凌者): 입이 모가 나고 넓으며 능선에 힘이 있는 사람.

26. 지각방원(地閣方圓): 지각이 둥글고 네모진 사람.

27. 항하유피여조자(項下有皮如條者): 턱 밑의 목 피부가 두터

워 늘어진 듯 여유 있어 주름이 있는 사람.

28. 면피관후(面皮寬厚) · 수반(壽斑): 피부가 여유 있고 두터운 사람 · 수반이 있는 사람.

♣ 체상(體相)

29. 배후(背厚): 등이 두툼한 사람.

30. 복수흉활제심(腹垂胸闊臍深): 배는 드리우고 가슴은 넓으며 배꼽은 깊은 사람.

31. 요원경(腰圓硬): 허리는 둥글면서 단단한 사람.

32. 행좌단장(行坐端莊): 걸어가는 것과 앉은 것이 단정하고 장중한 사람.

다음으로 장수하는 사람의 정 · 기 · 신(精氣神)의 상태를 파악하는 데 있어 형이 온전하면 기가 온전하고, 기가 온전하면 정 · 신 또한 온전하기 때문에 정 · 기 · 신의 상태는 신을 위주로 판단한다.

♣ 정 · 기 · 신(精氣神)의 상태

1. 신정(神定), 2. 신전(神全), 3. 신족(神足)을 들 수가 있는데 이는 모두 신이 유여한 것이다.

4. 성음청향(聲音淸響): 음성이 맑고 울림이 있는 사람.

5. 어홍(語洪):242) 말소리가 넓게 퍼지는 사람.

---

242) 말소리가 단전에서부터 나와 웅장함이 있으며 넓고 퍼지는 현상을 나타낸다.

6. 기여 '구식'자(氣如 '龜息'者): 호흡이 거북이처럼 안정되어 있는 사람.

7. 식물급 등혼완자(食物急 登溷緩者): 음식은 제시간에 먹고 화장실에는 천천히 가는 사람.

이상과 같이 상학의 장수이론을 중심으로 장수요인들을 정리하였고, 분석기준을 다음 몇 가지로 분류하여 사진을 통해 분석하려고 한다. 단 현존 장수인의 상을 분석하고자 하는데 사진을 가지고 분석할 수밖에 없는 한계성 때문에 두상·골상·면상을 중점적으로 판단하려고 한다. 정·기·신의 상태는 형상처럼 뚜렷하게 보이는 것이 아니고 추상적으로 생각되지만, 형의 유여부족과 눈에서 나타나는 정과 신의 유여부족으로 정·기·신을 파악할 수 있으므로 분석틀에 포함시키도록 하겠다. 기색은 사진이라 정확하게 보기는 어렵지만 혈색이 있고 윤기의 상태를 파악하였다. 특히 나이 들어 80 이상이 되면 기혈의 상태가 어떠한가에 따라 몸의 건강상태가 판별될 수 있기 때문에 파악 가능한 기혈의 상태만을 관찰하여 정·기·신의 분석에 포함시키도록 한다. 이상과 같이 앞서 서술한 분석기준을 근거로 분석틀을 작성하여 두상·골상·면상을 중심으로 한정해서 분석하고자 한다.

분석하는 방법은 크게 세 가지 형태로 구분할 수 있다. 첫째, 장수인의 형상에 나타나는 정·기·신의 상태를 살펴보았다. 둘째, 두상과 두골의 상태를 보고서 골의 강약과 청탁, 골육의 조화, 근골의 상태를 관찰하였다. 셋째, 면상에 나타나는 삼정의 조화와 오악의 상태, 이목구비에 숨어 있는 장수의 특성, 인중과 법령 등의 상태를 살펴보았다. 살펴본 후 장수인 한 사람마다 장수이론과 비교하여 그 형상에서 나타나는 장수할 수 있는 요인과 비요인을 구분하여 종합 정리하였다. 현존 장수인의 관상에 대한 분석틀은 다음과 같다.

〈현존 장수인의 관상 분석틀〉

* 정·기·신(精氣神)

* 두상(頭相)·골상(骨相)
  1. 두원(頭圓) 2. 액유횡골(額有橫骨) 3. 근골(筋骨)의 상태
  4. 관골이입(顴骨耳入) 5. 수골풍기(壽骨豊起)
  6. 뇌후옥침골기(腦后玉枕骨起)

* 면상(面相)
  7. 삼정(三停)의 조화 8. 오악풍륭(五岳豊隆)
  9. 면피관후(面皮寬厚)·壽斑(壽斑) 10. 명문광택(命門光澤)
  11. 안세장이심자(眼細長而深者)
  12. 양목유신은장(兩目有神隱藏)
  13. 미고장(眉高長) 14. 미유장호(眉有長毫)
  15. 이후대견(耳厚大堅) 16. 수주조구자(垂珠朝口者)
  17. 이홍명자윤(耳洪明慈潤) 18. 이유장호(耳有長毫)
  19. 비량정세(鼻粱正勢)
  20. 산근부절이상하정직(山根不折而上下正直)

21. 연수상불함(年壽上不陷)

22. 인중심이장윤(人中深而長潤)   23. 인중평장(人中平長)

24. 법령심장이명윤(法令深長而明潤)

25. 치제견밀(齒齊堅密)   26. 구방활이유릉자(口方闊而有凌者)

27. 지각방원(地閣方圓)

28. 항하유피여조자(項下有皮如條者)

2. 장수인의 실례 분석

(1) 85세 이상의 장수인

1) 성별: 여, 85세(원숭이띠), 음력 1920년 10월 18일,
   지역: 전북 전주

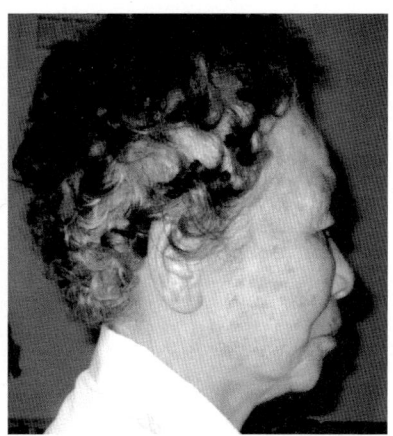

① 두상(頭相)·골상(骨相): 두상은 둥글면서 약간 첨(尖)한 형이
며, 이마의 횡골(橫骨)이 가로질러 있기보다는 앞으로 돌출되
어 양기가 강한 형상이다. 근골의 상태는 양호한 편으로 골을
잘 감싸주었다. 관골은 힘 있게 뻗어 귀로 들어가고 있으며(관
골이입: 顴骨耳入) 골의 형상으로 보면 수골(壽骨)과 옥량골
(玉梁骨: 귀 앞의 골) 역시 양호한 상태라고 판단할 수 있다.

② 면상은 삼정(三停)의 조화가 잘 이루어져 있고 오악(五岳)은

잘 솟아 풍륭한 상태이다.

③ 얼굴의 피부는 너그럽고 두터우며 수반(壽斑)이 많이 나타나
보인다.

④ 명문(命門)의 색은 그다지 좋은 기색을 보이지는 않지만 윤
기가 있다.

⑤ 안형(眼形)은 가늘고 긴 편에 속하며 신(神)·정(精)의 상태
는 양호한 편이다.

⑥ 눈썹은 나름대로 기세를 갖추고 이마 높이 떠 있다.

⑦ 귀는 크고 단단하며 두텁다. 수주(垂珠)는 두툼하니 좋으며
입을 향해 조응하고 있다.

⑧ 코의 산근(山根)은 낮은 편이지만 넓고 광활하여 유연하게
흘러 내려왔고, 비량(鼻梁)의 기세 역시 넓게 퍼져 그 세력
을 나타내고 있지만, 코가 짧은 듯한 것이 기세를 반감시키
고 있다. 연수상(年壽上)이 튼튼하다.

⑨ 인중(人中)의 길이는 긴 편으로 깊이는 보통이며 평탄하게
잘 흘러 내려왔다. 법령(法令)은 양호한 편으로 길고 깊게
흐르고 있지만 양 지각(地閣)에 미치지를 못했다.

⑩ 입은 하순(下脣)의 능선은 좋으나 상순(上脣)의 능선이 약간
부족하며, 구각(口角)은 유기(有氣)하다.

⑪ 지각은 방원형(方圓形)을 이루고 있으나, 이마와 조응을 못
하고 있다.

⑫ 턱 아래는 약하게 항하쌍조(項下双條)를 이루고 있는데 여유
로움이 부족한 편이다.

☞ 정·신보다는 아직은 형이 유여한 장수인으로서 삼정의 조화, 코의 산근과 비량, 특히 귀의 상태가 아주 좋아 선천적 원기가 튼튼하며, 오악(좌우 관골과 코)의 형태가 양호한 만큼 오장의 상태도 양호하여 건강한 장수인이라고 할 수 있다. 치아는 원래 단단하였으나 81세부터 틀니를 사용하였고, 형은 기세가 강한 편이지만 두상과 두골의 부족함이 흠이 될 수 있다.

2) 성별: 여, 87세(말띠), 음력 1918년 2월 5일, 새벽,
   지역: 전북 전주

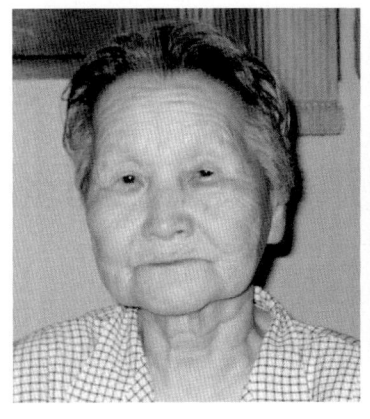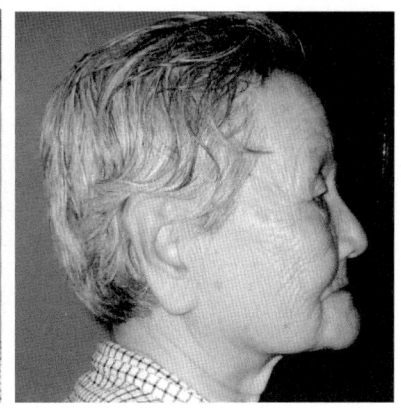

① 두상·골상: 두상은 원만하고 두각이 뚜렷하다. 이마의 횡골은 옆으로 가로질러 골의 풍만함을 보이고 있으며 전체적인 골의 양상도 양호하다. 관골이입은 잘되어 있고 수골과 옥량골의 단단함이 보인다.
② 면상은 삼정의 조화가 잘 이루어져 있으며 오악의 상태는 양

호한 편이다.

③ 얼굴의 피부는 그렇게 두터운 편은 아니지만 너그럽게 여유가 있으며 수반이 조금 있다.

④ 명문의 색은 밝으며 윤기가 있다.

⑤ 안형은 보통이며 맑은 정이 살아 움직이듯 청명하며 신이 은장(隱藏)되어 있다.

⑥ 눈썹은 희박하지만 높이 떠 있다.

⑦ 귀는 크고 두텁고 단단하며 밝고 홍조를 띠고 있다. 수주는 좋은 편이지만 입을 향해 응하고 있지는 않다. 이유장호(耳有長毫)는 해당되지 않는다.

⑧ 코의 산근은 낮은 편이지만 넓고 유연하게 흐르고, 비량의 기세는 풍부하고 넓게 퍼져 있어 황번(黃幡)・표미(豹尾)[243]와 더불어 강한 기세를 보이고 있다. 연수상 또한 튼튼하다.

⑨ 인중의 길이는 약간 짧은 편이며, 법령은 넓게 퍼져 내려오고 있지만 기세가 강하지 못하고 금루(金縷)를 이루지 못하였다.

⑩ 입은 얇아 능선을 보기가 어렵지만 구각은 유기하다.

⑪ 지각은 부드럽고 둥근 기운은 부족하지만 방형(方形)을 이루고 있으며 시골이 강하다.

⑫ 턱 아래는 면상보다 여유와 두텁기가 부족하지만 항하쌍조를 이루고 있다.

☞ 골육의 조화가 잘되어 있고 청명함이 돋보이는 장수인이다.

---

243) 鼻柱(콧대) 양옆(左・右)에 있는 부위의 이름이다. 黃幡・豹尾의 기세가 강하면 그만큼 코의 뼈가 강한 것으로 人身이 아주 건강하다고 할 수 있다.

특히 양 눈의 정·신이 맑고 밝으며 코의 산근과 비량의 기세가 강하다. 신기를 주장하는 귀가 크고 두텁고 단단하여 강한 골과 함께 선천적 원기를 주장하고, 체격도 크고 단단했으며 건강한 삶의 지혜가 있는 장수인이라 할 수 있다. 치아는 원래 단단하고 견고했으나 70대 후반 틀니를 하였으며, 눈썹의 희박함과 피부의 후덕함, 인중과 법령의 기운 등을 부족한 점으로 들 수 있다.

3) 성별: 여, 92세(소띠), 음력 1913년 9월 19일, 지역: 서울

① 두상·골상: 두상은 원만한 형태이며 이마의 횡골은 옆으로 가로질러 단단해 보인다. 근골의 상태는 양호한 편으로 골육의 조화가 잘되어 있다. 관골이입은 잘되어 있으며 이로 보아 수골과 옥량골의 상태 역시 양호하리라 추측이 된다.
② 면상은 삼정의 조화가 잘 이루어져 있고 오악의 상태는 양호하다.

③ 얼굴의 피부는 얇지 않고 두터우며 여유가 있다.

④ 명문은 잘 볼 수가 없지만 얼굴의 기색을 보아 윤택하리라 생각된다.

⑤ 안형은 가늘고 길며 깊은 듯하고 눈초리의 상파(上波)·하파(下波)가 잘 어울려 있다. 눈에서 정과 신의 상태는 보기가 어렵지만 전체적 형상으로 볼 때 정·기·신이 양호한 상태라 할 수 있다.

⑥ 눈썹은 기세가 있으며 높이 떠 있지는 않지만 미골(眉骨)의 상태가 좋다.

⑦ 귀의 크기는 큰 편이고 단단해 보이며 혈색은 좋은데, 수주는 그렇게 양호한 편은 아니다. 이유장호(耳有長毫)는 해당되지 않는다.

⑧ 코의 산근은 보통이지만 유연하게 흘렀고, 비량의 기세는 강하며 연수상이 튼튼하여 건강에 큰 풍파가 없고 준두(準頭)가 풍만하며 잘 맺혀 있다.

⑨ 인중은 길지만 깊지는 않고 평탄하다. 법령이 양 지각 옆까지 내려오며 금루를 이룬 것이 아주 좋다.

⑩ 입은 작지만 능선이 활처럼 휘영청 휘어진 앙월구(仰月口)의 형상으로 구각의 기세가 강하다.

⑪ 지각은 방원형으로 풍만하며 시골(腮骨)의 상태도 양호하다.

⑫ 목은 항하쌍조가 이루어져 있지는 않지만 팽팽하게 얇지는 않다.

☞ 형과 신이 유여한 장수인으로 골의 상태가 양호하며 코의 산

근과 비량의 기세, 법령이 금루를 이루면서 잘 흘러내린 것, 인중
이 평탄하고 산근에서부터 내려온 용맥(龍脈)이 수성(입)에서 결혈
(結穴)되면서 앙월구가 되어 구각의 기세가 강한 점을 장수의 요인
으로 들 수 있다. 귀의 수주, 항하쌍조, 눈썹의 상태가 약간 부족
하다고 할 수 있다. 본인이 생각한 바를 철저히 하는 성품으로, 타
고난 장수의 형상도 지니고 있지만 본인의 건강을 위해 양생에 대
해서도 철저하다고 할 수 있다.

4) 성별: 여, 87세(말띠), 음력 1918년 12월 12일,
   지역: 경상남도 남해

① 두상·골상: 두상은 원만한 형태로 두각(頭角)과 액각(額角)
   이 잘 이루어져 있으며 골의 상태가 양호하다. 이마는 천창
   (天倉)이 약간 부족하지만 횡골이 가로로 쭉 뻗어 강한 힘을
   나타내며, 마른 듯하면서도 노골(露骨)되지 않고 살이 골을
   잘 감싸주고 있다. 관골이입이 잘되어 있으며, 이로 보아 옥

량골(玉梁骨: 귀 앞의 골), 수골의 상태는 양호한 편이다.

② 면상은 삼정의 조화가 잘 이루어져 있고 오악의 상태는 보통 정도이다.

③ 얼굴의 피부는 얇지 않고 두터우며 여유가 보인다.

④ 명문의 상태는 잘 보이지 않기 때문에 파악하기가 어려웠다.

⑤ 안형은 세장하지 않으며 정은 수기(水氣)가 가득하면서 맑다. 정과 신은 보통의 상태라 할 수 있으며 신이 정에 비해 약간 부족하다.

⑥ 눈썹은 이마 높이 떠서 정과 신의 존재인 양 눈을 잘 보호하고 있다.

⑦ 귀는 보통인 편이다. 귀가 양옆에 딱 붙어 정면에서 보이지 않는 것이 좋다.

⑧ 코의 산근은 상하로 곧고 반듯하게 내려오면서 비량의 기세와 함께 큰 세력을 형성하고 있으며 연수상이 튼튼하다.

⑨ 인중의 길이는 보통 정도로 깊지 않고 편안한 상태이다. 법령은 금루가 잘 이루어져 있다.

⑩ 입은 하순이 상순을 잘 받쳐 주고 있지만 구각의 기세가 떨어진다.

⑪ 지각은 방원형을 부드럽게 잘 이루고 있다.

⑫ 턱 아래는 살이 부족하여 주름을 만들고 있지 못하고, 피부는 여유가 있지만 너그럽지는 못하다. 하지만 얇은 상태는 아니다.

☞ 선천적인 골상이 아주 좋은 상태로 두골·관골·옥량골 등 선천의 원기가 강하게 배어 있다. 삼정과 오악의 조화가 잘 이루

어져 있는 형상으로 코의 산근과 비량이 튼튼하고 견고하여 기력
은 떨어져도 웬만한 질병을 이겨 낼 수 있는 힘이 있으며 법령의
상태가 좋다. 나이가 들어 살이 부족해지고 눈의 신이 부족함을
보이며 인중, 입 부분이 유기하지 못한데, 그것을 강한 골과 코의
기세와 더불어 지각이 원만하게 받쳐 주고 있다.

5) 성별: 여, 86세(양띠), 음력 1919년 5월 3일, 지역: 강원도 춘천

① 두상·골상: 두상은 전체적으로 원만한 형태이며, 이마는 가
   로로 횡골이 단단하게 되어 있다. 근골의 상태는 살과 음양
   의 조화를 잘 이루고 있다. 관골은 힘 있게 뻗어 귀로 들어
   가고 있으며, 수골은 보이지 않지만 관골의 상태로 보아 수
   골 역시 단단하리라 추측이 된다.
② 면상은 전체적으로 삼정 중 상정이 약간 짧은 듯하지만, 하
   정이 풍부하며 조화가 되어 있다. 오악은 풍륭하게 잘 일어
   나 있다.

③ 얼굴의 피부는 전체적으로 얇지 않고 두텁고 느긋하다.

④ 명문의 광택은 보기가 어려웠다. 하지만 면상이 윤택한 것으로 보아 명문의 윤기 또한 문제가 없으리라 본다.

⑤ 안형은 가늘지는 않지만 길고, 무엇보다 눈의 정과 신이 생생하게 살아 있다.

⑥ 눈썹은 이마 높이 떠서 압안(壓眼)을 하지 않았다.

⑦ 귀는 사진으로 보기가 어려웠으며 이유장호는 여자이기에 해당 사항이 아니다.

⑧ 코는 비량이 강하고 튼튼하면서도 노골이 되지 않고 살이 잘 덮어 주고 있으며, 특히 연수상이 강하며 산근이 상하로 곧고 바르게 잘 뻗어 있다.

⑨ 인중은 짧지만 평탄하다. 법령은 깊지는 않지만 지각까지 잘 내려갔다.

⑩ 입은 두터운 방형은 아니나 능선이 뚜렷하고 구각이 유기하고 있다.

⑪ 지각은 풍만하며 방원형을 이루고 있다.

⑫ 턱 아래의 피부는 그리 여유 있는 상태는 아니지만 주름을 가지고 있다.

☞ 전체적으로 형(形)과 신(神)이 유여한 장수인으로 오악이 잘 솟아 있고, 일면지표(一面之表)인 코의 산근·비량이 곧고 바르며 기세가 강하고 연수상이 견고하다. 특히 산근에서부터 내려온 용맥이 비량을 거쳐 준두에 가서 단단히 결혈된 점, 골육의 음양 조화가 잘 이루어졌으며, 주관이 뚜렷하고 크게 스트레스를 받지 않는

성품이 장수를 할 수 있는 큰 요인으로 보인다. 인중의 경우는 부족하다고 할 수 있다.

6) 성별: 여, 88세(뱀띠), 음력 1917년 8월 1일, 지역: 경기도 과천

① 두상·골상: 두상은 원만하고 두각이 뚜렷하다. 이마의 횡골은 보통보다 조금 더 좋은 편이며 골의 상태는 양호한 편으로 살이 잘 감싸주고 있다. 관골이입은 잘되어 있지만 골 자체가 그리 강골이 아니기 때문에 강한 힘을 발휘하기는 어렵다.
② 면상은 삼정의 조화가 잘 이루어져 있으며 하정의 상태가 풍부해 보인다. 오악의 상태는 보통 정도이다.
③ 얼굴의 피부는 두터우면서 너그러움을 보이고 수반이 있다.
④ 명문의 색은 밝으며 윤기가 있다.

⑤ 안형은 가늘고 길며 깊은 듯하고, 신이 살아 은장되어 있다.

⑥ 눈썹은 보통보다 약간 높이 떠 있으며 양 눈(정신)을 잘 보호하고 있다.

⑦ 귀는 두텁고 단단한 편이며 색의 선명도는 부족하다. 수주는 좋은 편이지만 입을 향해 응하고 있지는 않다. 이유장호는 해당되지 않는다.

⑧ 코의 산근은 낮은 편이지만 유연하게 흘러 내려왔고, 비량의 기세는 풍부하고 넓게 퍼져 있으며 연수상이 튼튼하고 준두가 풍륭하다.

⑨ 인중의 길이는 보통 정도로 편안하며 뚜렷함이 나타나고, 법령이 양 지각 옆까지 약간 퍼지면서 내려와 금루를 잘 만들어 내고 있다.

⑩ 입의 능선은 뚜렷하지만 구각의 기세는 부족한 편이다.

⑪ 지각은 방원형을 이루면서 부드럽게 되어 있다.

⑫ 턱 아래는 느긋하고 여유 있게 항하쌍조가 잘되어 있다.

☞ 형과 신이 유여한 장수인으로 골이 약간 부족한 듯 보이지만 (150㎝에 35㎏) 얼굴에 살이 여유로움을 가지고 골을 잘 감싸주고 있다. 특히 양 눈이 세장하며 신을 은장하고 있고, 코의 난대(蘭台)·정위(廷尉)[244]에서 시작되는 법령이 지각까지 금루를 잘 이루고 있으며 항하쌍조가 잘되어 있다. 입의 모양이 약간 떨어진다.

---

244) 金櫃라고도 하며 콧방울을 말한다.

7) 성별: 여, 85세(원숭이 띠), 음력 1920년 6월 22일, 지역: 서울

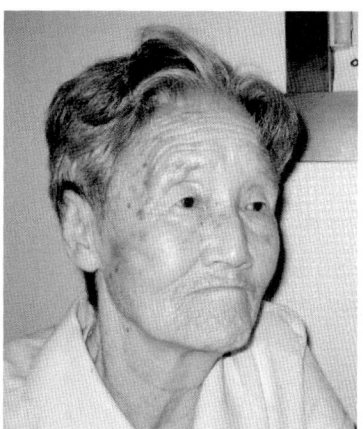

① 두상·골상: 두상은 방원형이며 이마의 횡골은 옆으로 가로
  질러 잘 뻗어 있지만 기세가 그리 강하지는 않다. 근골의 상
  태는 양호하며, 관골이입이 잘되어 있다. 골이 강하다기보다
  는 맑고 단단함을 보이고 있다.
② 삼정은 상정이 부족하며 중정이 강하고 하정은 보통인 편이
  다. 오악의 상태는 양호한 편이다.
③ 얼굴의 피부는 여유가 있으며 수반이 제대로 형성되어 있다.
④ 명문의 색은 약간 어두워 보인다.
⑤ 안형의 길이는 보통이며, 신도 좋지만 맑고 강한 정은 젊은
  사람이 부러워할 정도이다. 정신력이 뛰어나고 총기가 대단
  한 장수인이라 할 수 있다.
⑥ 눈썹은 다른 여자 장수인들에 비해 기세가 있으며 이마 높이
  떠서 양 눈(정신)을 잘 보호하고 있다.

⑦ 귀는 크기는 보통인 편이지만 단단하며 색도 맑고 선명하다. 수주는 보통으로 입을 향해 응하고 있지 않다. 이유장호는 해당되지 않는다.

⑧ 코의 산근은 보통인 편으로 잘 흘러 내려와, 비량까지 그 기세를 잘 타고 있다. 연수상도 튼튼하지만 약간의 돌출됨이 보이는 것은 건강 면에서 삼초(三焦)의 기 순환이 잘 안 되고 있음을 말하고 있다.

⑨ 인중의 길이는 보통인 편으로 깊이가 있다. 법령은 양 지각으로 내려오면서 흐르고 있다.

⑩ 입은 구각이 유기하다.

⑪ 지각은 방원형을 이루고 있으며 살이 부족해 풍만하지는 못하다.

⑫ 턱 아래는 박하거나 팽팽하지는 않지만 여유로움이 부족한 편이다.

☞ 눈의 정과 신이 뛰어나며, 눈썹이 양 눈의 정신을 잘 보호하고 있는 장수인이다. 골이 강하지는 않아 기력이 딸리는 편이지만 관골이입 등 골상이 잘 이루어져 있으며, 수반, 귀의 단단함과 선명한 색상, 코의 기세 등이 장수의 요인이 될 수 있다. 골보다 살이 부족하여 음양의 조화가 잘 이루어지지 않았고 명문의 색, 목의 상태는 부족한 점이다.

8) 성별: 여, 86세(양띠), 음력 1919년 3월 16일, 지역: 경남 고성

① 두상·골상: 두상은 방원형으로 두정이 솟아 있다. 이마의 횡골은 부족한 편으로 천창 끝까지 뻗어 있지 못했다. 근골의 상태는 풍만하고, 관골이입은 양호한 편으로 수골 또한 단단하리라 추측할 수 있다.

② 면상은 삼정의 조화가 잘 이루어지지 않았는데, 중정이 부족하고 상정과 하정은 풍만하다. 오악이 잘 솟아 골육의 조화를 잘 이루고 있다.

③ 얼굴의 피부는 두터운 편이며 너그럽고 여유가 있다.

④ 명문의 색은 밝다.

⑤ 안형은 세장함이 부족하지만 깊은 듯한 면이 좋다. 정과 신이 모두 양호한데 신보다는 정이 강하다고 할 수 있다.

⑥ 눈썹은 희미하여 기세가 부족하고 높이도 낮은 편이다.

⑦ 귀는 크고 두터우며 견고하다. 수주는 보통으로 입을 향해

약간 응하고 있다.

⑧ 코의 산근은 낮은 편이며 유연하게 흐르질 못하고, 그 영향이 비량까지 미쳐 기세가 떨어지고 있는데 이는 코의 길이를 부족하게 만들었다고 할 수 있다. 하지만 비골을 살로 잘 덮고 있으며 연수상이 튼튼한 것은 좋은 점이다.

⑨ 인중은 긴 편으로 깊이가 있으면서 평탄하게 흘렀고, 법령은 양 지각까지 흐르지는 못하였지만 깊이를 가지고서 잘 흐르고 있다.

⑩ 입은 상·하순의 능선이 보통인 편이며, 구각의 기운 역시 보통으로 귀의 수주에서 주고 있는 기운을 받지 못하고 있다.

⑪ 지각은 방원형을 이루면서 부드럽게 되어 있다.

⑫ 턱 아래는 두텁고 너그러우며 여유가 있게 항하쌍조를 잘 이루어 내고 있다.

☞ 골육의 조화가 좋으며 정과 신이 충만하고 인중의 상태가 좋으며 항하쌍조가 잘 이루어진 장수인이다. 코의 길이가 짧으며 산근, 비량의 기세가 약한 것이 가장 부족한 점이며 눈썹의 기세도 떨어진다.

9) 성별: 남, 91세(범띠), 음력 1914년 11월 10일,
  지역: 경기도 양주

① 두상·골상: 두상은 전체적으로 원만한 형태이며 두정이 잘
  솟아 있다. 이마는 가로로 횡골이 단단하게 되어 있지만 천
  창까지는 미치지 못하고 있으며 양명한 기운이 강하다. 근골
  의 상태는 살과 음양의 조화를 잘 이루고 있다. 관골은 힘
  있게 뻗어 귀로 들어가고 있으며 수골 역시 단단하다.
② 면상은 전체적으로 삼정은 조화가 이루어져 있으며 면장자
  (面長者)에 속한다.
③ 얼굴의 피부는 전체적으로 얇지 않고 두텁고 느긋하며 신기
  의 검은 수반이 제대로 되어 있다.
④ 명문은 밝고 깨끗하다.
⑤ 안형은 가늘고 길이는 약간 부족한 편이지만 눈의 정과 신이
  좋다.
⑥ 눈썹은 희박하며 가늘고 긴 털이 나 있고, 눈썹의 높이는 보

통 정도이다.

⑦ 귀는 큰 편이지만 단단하지는 않다. 수주는 보통으로 입으로 약간 조응하고 있다.

⑧ 코의 기세는 뛰어나다. 산근이 바르고 곧게 상하로 쭉 뻗어 있으며, 비량이 강하고 튼튼하여 그 기세가 남다르고 특히 연수상이 강하다.

⑨ 인중은 깊이가 있으면서 길고 평탄하게 흐르고 있다. 그에 비해 법령은 부족하다고 할 수 있다.

⑩ 입은 작은 편이지만 능선이 뚜렷하고 구각의 기세가 강하다.

⑪ 지각은 방원형을 이루고 있다.

⑫ 턱 아래의 피부는 그리 여유 있는 상태는 아니지만 약간의 주름을 가지고 있다.

☞ 전체적으로 형과 신이 유여한 장수인으로 골의 단단함과 오악의 풍륭함, 특히 일면지표인 코의 산근·비량·연수상의 기세가 뛰어나며 눈의 정·기·신이 좋고 음양(골육)의 조화가 잘 이루어져 있다. 인중심장(人中深長), 입의 뚜렷한 능선과 구각의 강한 기세 역시 장수에 일조를 하고 있다. 부족한 점으로는 안형의 길이, 귀의 단단함, 법령 등을 들 수 있다. 91세의 나이로 경기도에서부터 서울을 혼자서 다닐 정도로 건강함을 보이고 있는 장수인이다.

10) 성별: 남, 85세(원숭이띠), 음력 1920년 3월 21일, 지역: 대전

① 두상·골상: 두상은 전체적으로 방원형으로 강한 골기를 형
성하고 있으며, 이마는 횡골이 옆으로 단단하게 쭉 뻗어 있
다. 근골의 상태는 양호한 편이며, 살은 풍만하지 못하고 약
간 부족함을 보이고 있으나 노골의 상태는 아니다. 관골은
힘 있게 뻗어 관골이입이 잘되고 있으며 옥량골이 강하고 수
골은 보이지는 않지만, 관골과 옥량골의 상태로 보아 수골
역시 단단하리라 추측이 된다.

② 면상은 전체적으로 삼정은 조화가 이루어져 있으며 면장자에
속하고 오악이 잘 융기되어 있다.

③ 얼굴의 피부는 얇지는 않으나 두텁지도 않은 편이다.

④ 명문의 윤기는 있으나 밝은 편은 못 된다.

⑤ 안형은 세장하면서 양 눈의 정과 신이 맑고 밝으면서 기가
충만하다.

⑥ 눈썹은 약간 희박한 편으로 기세가 부족하지만 기운은 맑다고 할 수 있다. 눈썹의 높이는 보통이며 가늘고 긴 털이 나 있다.

⑦ 귀는 두텁고 단단하며, 수주가 좋고 입으로 약간 응하고 있다.

⑧ 코는 산근이 곧고 바르게 쭉 뻗어 그 기세를 나타내고, 비량과 비골에 살이 조금 부족하지만 단단하며 기세는 충만하다. 연수상 또한 튼튼하다.

⑨ 인중은 길고 평탄하게 흘렀으며 법령은 깊지는 않지만 길게 잘 내려갔다.

⑩ 입은 상·하순의 능선이 뚜렷하고 구각의 기세가 강하다.

⑪ 지각은 둥근 기운은 부족하지만 방형을 이루고 하정의 단단함을 보이고 있다.

⑫ 턱 아래의 피부는 그리 여유 있는 상태는 아니지만 팽팽하지도 않다.

☞ 전체적으로 강한 골기를 지닌 맑고 청수하며, 관골이입, 옥량골, 수골의 상태가 우수하고 정·기·신이 뛰어난 장수인이다. 골보다 살이 부족하여 음양의 조화가 약간 떨어지지만 노골되지 않았기에 큰 문제가 되지 않는다. 면장자로서 오악이 잘 융기되어 있고, 중악인 코의 기세가 강하며 귀 역시 두텁고 견고하다. 인중이 길고 평탄하며 입의 능선과 구각의 기세는 뛰어나다고 할 수 있다. 부족한 점으로는 눈썹, 얼굴과 목의 피부가 두텁지 못하고 항하쌍조를 이루지 못하고 골에 비해 살이 적은 것을 들 수 있다.

11) 성별: 여, 88세(뱀띠), 음력 1917년 12월 14일, 지역: 부산

① 두상·골상: 두상은 둥글고 풍만한 형태로 이마는 높고 방정
   하지만, 횡골은 조금 약한 편이다. 근골의 상태는 양호한 편
   으로 살이 골을 잘 감싸주고 있다. 골보다 살이 더 풍만한
   상태이며, 관골이입은 약간 부족하다고 볼 수 있다.
② 면상은 삼정의 조화가 잘 이루어져 있고 오악의 상태는 양호
   하다.
③ 얼굴의 피부는 너그럽고 두텁다.
④ 명문의 색은 전체의 얼굴보다 좋은 기색을 나타내며 윤기가
   있다.
⑤ 안형은 길이는 약간 부족하지만 가늘고 깊은 듯한 형태이다.
   눈에서 신의 상태를 보기는 어렵지만 골상과 면상 등의 상태
   를 보면 신이 유여한 장수인이라고 미루어 추측할 수 있다.
⑥ 눈썹은 드물게 났지만 이마 높이 떠서 편안하게 양 눈(정신)
   을 잘 보호하고 있다.

⑦ 귀의 상태는 파악하기 어렵다.

⑧ 코의 산근은 낮은 편이지만 튼튼한 비골(鼻骨)을 지니고 있으며 유연하게 흘렀다. 비량의 기세는 양호하며 연수상이 튼튼하다.

⑨ 인중의 길이는 보통 정도로 편안하며, 법령이 양 지각 옆까지 약간 퍼지면서 내려와 금루를 멋있게 형성하고 있다.

⑩ 입은 능각이 뚜렷하며 구각의 유기는 보통이다.

⑪ 지각은 방원형을 부드럽고 풍만하게 잘 이루고 있다.

⑫ 턱 아래는 아래로 축 처져 느긋하고 여유 있으며 항하쌍조가 잘되어 있다.

☞ 신이 유여한 장수인으로 사람이 좋아 보이는 부드럽고 여유 있는 상이다. 골의 상태는 약간 부족한 듯 보이지만 너그럽고 후덕한 살이 잘 감싸주고 있으며 두상과 오악의 상태가 좋다. 삼정의 조화와 법령의 금루의 모양, 항하쌍조가 뛰어나다. 골보다 살이 많기 때문에 양보다 음으로 약간 치우쳐 있는 것처럼 보이지만 골상 자체도 강하기 때문에 건강할 수가 있다. 관골이입과 이마의 횡골, 인중의 깊이와 길이가 부족하다.

12) 성별: 여, 87세(용띠), 음력 1916년 1월 11일,
   지역: 전북 전주

 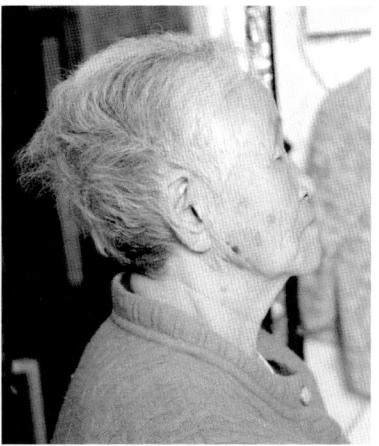

① 두상·골상: 두상은 원만하고 이마의 횡골은 부족한 편이다. 관골이입은 보통인 편이고, 골 자체가 그리 강골이 아니기 때문에 강한 힘을 발휘하기는 어렵다. 비골의 상태가 좋다.

② 면상은 삼정의 조화가 잘 이루어져 있으며 오악의 상태는 보통 정도이다.

③ 얼굴의 피부는 여유가 있으면서 너그러움을 보이고 수반이 있다.

④ 명문의 색은 윤기가 있다.

⑤ 안형은 가늘고 길며 깊은 듯하고, 정과 신이 모두 양호한데 신보다는 정이 좋은 편이다.

⑥ 눈썹은 희미하여 별로 기세가 없지만 높이 떠 있는 점이 좋다.

⑦ 귀는 두텁고 단단한 편이며, 색의 선명도는 부족하지만 윤곽이 잘 이루어져 있으며 얼굴에 잘 붙어 있는 것이 좋다. 수주는 좋은 편이지만 입을 향해 응하고 있지는 않다. 이유장호(耳有長毫)는 해당되지 않는다.

⑧ 코의 산근은 너무 강하지 않으면서 그 기세를 충분히 발휘하여 잘 흘러 내려오고, 비량의 기세는 풍부하고 넓게 퍼져 있으며 연수상이 튼튼하고 견고하다.

⑨ 인중은 깊이가 있으면서 보통 정도의 길이로 평탄하게 흐르고 법령은 보통이다.

⑩ 입은 산근에서부터 내려온 내룡(來龍)이 인중을 지나 양 뺨의 보조를 받으면서 입에서 유결(有結)되어 능선이 뚜렷하고, 구각이 유기되어 있다.

⑪ 지각은 방원형을 이루면서 살이 약간 부족한 듯 보이나 부드럽게 되어 있다.

⑫ 턱 아래는 느긋하고 여유 있는 피부를 가지고 강한 주름이 하나 이루어져 있다.

☞ 안형이 좋으며 정과 신이 맑으면서도 강한 기운이 있는 청수한 장수인이다. 골이 섬세하여 강한 기운이 약간 부족하므로 기력은 떨어지나 산근과 비량, 연수상의 견고함은 건강함을 과시하고 있다. 하정에서 명당이 되는 입의 능선과 구각의 유기 또한 장수의 큰 요인이 되고 있다. 부족한 점으로는 두상과 골상, 관골이입, 횡골의 형성, 오악의 풍요롭지 못함, 눈썹의 희박함 등을 들 수 있다.

13) 성별: 여, 85세(원숭이띠), 음력 1920년 9월 17일,
　　 지역: 전북 전주

 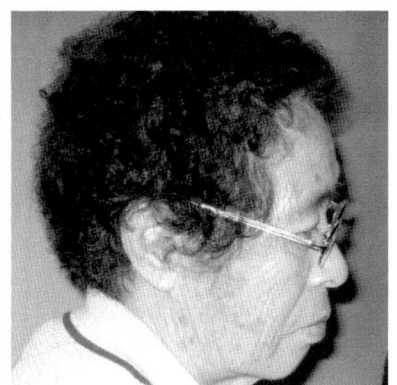

① 두상·골상: 두상은 둥근 편으로 이마는 방정하면서 횡골이
　　잘 뻗어 있지만 천창이 부족하다. 근골의 상태는 양호한 편
　　으로 골육의 조화를 잘 이루고 있다. 관골이입은 보통이며
　　수골 역시 보통으로 추측할 수 있다.
② 상정보다는 중정과 하정이 좋은 면장자에 속한다. 오악의 상
　　태는 보통 정도이다.
③ 얼굴의 피부는 두터운 편에 속하며 수반이 있다.
④ 명문의 색은 밝고 윤기가 있다.
⑤ 안형은 가늘고, 길지는 않지만 부드러우며, 신은 양호하나 정
　　은 부족한 편이다.
⑥ 눈썹은 여자의 눈썹에 잘 나타나지 않는 단촉미(短促眉)로서
　　짧지만 기세가 있고, 이마 높이 떠 있으나 눈썹꼬리가 눈을 누

르고 있기 때문에 눈을 잘 감싸주고 있지 못한 점이 아쉽다.

⑦ 귀는 크지는 않지만 단단하고 견고하며 수주는 보통이다.

⑧ 코의 산근은 기세 좋게 쭉 뻗어 내려왔고, 비량 또한 단단하고 강하여 기세가 있으며 연수상이 튼튼하다.

⑨ 인중의 길이는 길면서 느긋하게 내려와 평탄함을 주고 있는 점이 좋다. 법령은 깊고 길게 내려오고 있지만 양 지각으로 퍼지지 못하고 입 쪽으로 약간 구부러져 있다.

⑩ 입은 능선이 뚜렷하지 못하고 구각의 기세 또한 부족하다.

⑪ 지각은 살의 부족으로 부드럽지는 못하지만 기세가 있고 나름대로 방원형을 형성하고 있다.

⑫ 턱 아래는 팽팽하지 않고 여유가 있으며 항하쌍조까지는 아니지만 주름을 잘 만들어 내고 있다.

☞ 골육이 잘 조화된 장수인으로, 두상과 중악인 코의 산근과 비량의 단단함, 편안함을 주는 인중의 느긋하고 여유 있는 상태가 좋다. 하지만 전체적으로 정의 상태가 부족하기 때문에 귀가 잘 안 들리고 항상 기력이 떨어진다.

14) 성별: 남, 92세(소띠), 음력 1913년 11월 2일, 지역: 서울

① 두상·골상: 두상은 방원형으로 두정이 약간 솟아 있으면서
   전체적으로 단정한 모습을 나타내고 있다. 이마는 횡골이 옆
   으로 가로질러 잘 뻗어 있고, 일월각(日月角)도 뚜렷하게 맺
   혀 있으며 단아하다. 근골의 상태는 양호하나 관골이입은 부
   족한 편이다.
② 면상은 삼정의 조화가 잘 이루어져 있고, 오악의 상태는 보
   통 정도이다.
③ 얼굴의 피부는 얇지 않고 두텁다.
④ 명문의 색은 파악하기 어렵다.
⑤ 안형은 길면서 약간 아래로 처져 있고 사진이 흐려 파악하기
   가 어렵지만 정·신의 상태는 약간 부족하다고 할 수 있다.
⑥ 눈썹은 길고 힘 있게 뻗어 양 눈(정신)을 잘 보호 하고 있으
   며 높이는 보통이다.

⑦ 귀는 크고 단단하며 두터우며, 수주가 좋고 입을 향해 응하고 있다. 이유장호(耳有長毫)는 파악하기 어렵다.

⑧ 코의 산근은 낮은 편이지만 유연하게 흘러 내려왔고, 비량의 기세는 부족하다. 연수상이 함몰되거나 돌출되지는 않았지만 단단하지도 않은 보통 정도이다.

⑨ 인중의 길이는 길고 평탄하게 내려왔고, 법령이 깊지는 않지만 양 지각 옆까지 약간 퍼지면서 부드럽게 흐르고 있다.

⑩ 입은 하순의 능선이 뚜렷하며 구각의 유기는 보통이다.

⑪ 지각은 방원형을 부드럽게 잘 이루고 있다.

⑫ 턱 아래는 여유 있고 느긋하지만 항하쌍조가 이루어지지는 않았다.

☞ 단아하고 단정한 상을 지니고 음양(골육)의 조화가 잘 이루어진 장수인이다. 골이 그리 강한 편은 아니지만, 단단하면서도 수려한 골을 살이 잘 감싸주고 있는 점 역시 장수 큰 요인으로 들 수 있다. 육부와 삼정, 오악의 상태가 제대로 균형을 갖춘 것이 가장 좋은 점이며, 귀의 크고 단단한 형태, 인중의 길이 등을 장수의 요인으로 들 수 있다. 부족한 점으로는 중악인 코의 기세, 특히 비량의 기운이 약하고 구각의 기운이 부족하며 항하쌍조가 이루어지는 않은 것을 들 수 있다.

15) 성별: 남, 85세(원숭이띠), 음력 1921년 10월 16일,
지역: 경기도 고양시

① 두상·골상: 두상은 방원형으로 골이 견고하다. 이마의 횡골
역시 견고하고 옆으로 뻗어 있으면서 앞으로 돌출된 기운도
강한 편이다. 근골의 상태는 양호하며 관골이입은 보통이다.

② 삼정의 조화가 잘 이루어져 있으며, 오악도 풍륭하게 잘 솟
아 기세가 좋다.

③ 얼굴의 피부는 두터우며 몇몇의 수반이 형성되어 선명한 색
을 드러내고 있다.

④ 명문의 색은 밝고 윤기가 있다.

⑤ 안형은 가늘고 길면서 정·신의 상태는 보통 정도이다.

⑥ 눈썹은 눈썹에 가늘고 긴 흰 털이 여러 개 나 있으며 눈썹
높이 떠 있다.

⑦ 귀는 크고 단단하며 두터운 편이다. 수주는 좋으면서 입을 향해 약간 응하고 있으며, 귓속에 가늘고 긴 털(毫耳)이 나 있다.

⑧ 코의 산근은 강하면서 내룡이 잘 흘러내려 비량에서 그 기세를 강하게 나타내고 준두에 이르러 완전하게 유결되었다. 연수상이 단단하고 강하다.

⑨ 인중의 길이는 약간 길면서 느긋하고 평탄하게 흐르고 법령은 깊이를 가지고 입을 지나 양 지각으로 넓게 퍼지면서 흘러 내려오고 있다.

⑩ 입은 능선이 뚜렷하며 구각의 기세가 강하게 맺혀 있다.

⑪ 지각은 방원형을 이루면서 강한 기운이 돋보인다.

⑫ 턱 아래는 팽팽하지 않고 여유가 있지만 항하쌍조를 이루지는 못하였다.

☞ 삼정의 조화가 잘 이루어져 있고 오악이 풍륭하며 중·하부로 갈수록 풍만함이 돋보이는 골이 강한 장수인이다. 두정에서부터 강한 용맥을 형성하면서 내룡인 산근의 기세를 타고 흘러내려 비량을 거쳐 준두에서 결혈되고 그 기운은 다시 인중을 타고 내려가 수성(입)에서 강하게 혈을 맺었다. 산근, 비량의 풍륭함, 연수상과 준두의 맺힘이 뛰어나며 귀의 후덕함, 구각의 강한 기세를 장수의 요인으로 삼을 수 있다. 부족한 점으로는 이마의 횡골이 제대로 형성되지 않았으며 항하쌍조가 이루어지지 않은 점을 들 수 있다.

16) 성별: 여, 85세(원숭이띠), 음력 1920년 12월 5일,
　　지역: 충남 목천군

① 두상·골상: 두상은 방원하며 전체적으로 골의 상태가 강하
　　지도 않으면서 적당하다. 이마는 단정하며, 횡골의 강한 힘
　　은 느껴지지 않으나 부드럽게 원만한 골을 형성하고 있다.
　　근골의 상태는 양호한 편으로 살이 골을 잘 감싸주었다. 관
　　골이입은 약간 부족한 편이다.
② 면상은 삼정의 조화가 이루어져 있으며 하정이 풍만하다. 오
　　악이 풍륭하게 일어나 각기 제 역할을 잘하고 있다.
③ 얼굴의 피부는 너그럽고 두터우며 수반은 보이지 않는다.
④ 명문의 색은 밝은 편이다.
⑤ 안형은 긴 편으로 약간 깊은 듯하고, 신의 상태는 약간 부족
　　하지만 정이 좋다.

⑥ 눈썹은 그리 높은 편은 아니고 압안의 상태는 아니다.

⑦ 귀의 모양은 파악하기가 어려우며, 수주는 좋은 편이지만 입을 향해 약간 응하고 있다. 이유장호(耳有長毫)는 해당되지 않는다.

⑧ 코의 산근은 낮으면서도 유연하게 흘러 내려왔고, 비량의 기세는 부드러워 보이면서 넓고 세력이 있으며 연수상이 튼튼하다.

⑨ 인중의 길이는 보통 정도로 편안하며, 법령은 넓게 퍼지질 못하고 입을 중심으로 모여 있어 소화기 장애가 있음직하다.

⑩ 입의 모양은 좋은 편이고 상하 능선에 힘이 있으며, 구각이 세력이 강하다.

⑪ 지각은 방원형을 부드럽게 잘 이루고 있다.

⑫ 턱 아래는 항하쌍조를 이루지는 못했지만 여유가 있다.

☞ 골이 풍만하면서도 살이 부드럽게 감싸주어 골육의 조화가 우수한 장수인이다. 특히 이마에 횡골이 잘 발달되어 있으면서도 부드러운 기운이 있고 오악 역시 풍만하면서도 부드러움이 가득하다. 말년에 해당하는 하정이 풍부하고 지각이 방원형을 잘 이루고 있으며 입의 기세가 대단하다. 코의 산근, 눈썹의 상태, 턱 아래의 피부와 항하쌍조가 부족한 점으로 들 수 있다.

17) 성별: 여, 85세(원숭이띠), 음력 1920년 8월 30일, 지역: 대전

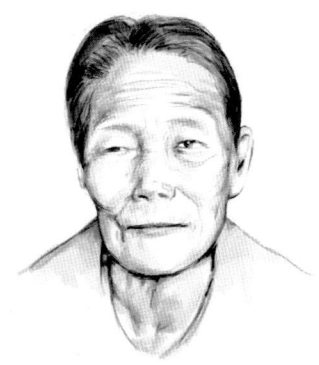

① 두상·골상: 두상은 원만함이 부족하고 두정이 약간 솟아 있다. 골은 풍만하기보다는 강한데, 이마의 횡골이 가로질러 있지 못하고 앞으로 나와 있다. 근골의 상태는 양호한 편이지만 살이 골을 제대로 싸 주지 못하고 있다. 관골(관골은 옆으로 퍼져 있으면 안 되고 풍만하면서 살로 잘 감싸져 있어야 한다)의 상태는 강하면서 관골이입이 잘되어 있어 옥량골, 수골이 단단하리라 추측된다.
② 면상은 삼정의 조화가 잘 이루어져 있고 면장자라고 할 수 있다. 오악의 상태는 살이 덮여 있지 않지만 강한 골기로 솟아 있다.
③ 얼굴 피부는 보통인 편이며 수반이 형성되지 않았다.
④ 명문의 색은 파악하기가 어렵다.
⑤ 안형은 가늘고 길며 깊은 듯한데 한쪽의 안형이 질병으로 인해 이지러져 있다. 신과 정의 상태는 좋은 편에 속한다.

⑥ 눈썹은 거의 없는 편이고, 높게 떠 있지 않다.

⑦ 귀는 크고 단단하며 두텁고 발그스레한 홍조를 띠면서 맑다. 수주는 좋은 편이지만 입을 향해 응하고 있지 않다. 이유장호(耳有長毫)는 해당되지 않는다.

⑧ 코의 산근은 낮은 편이지만 넓고 유연하게 흘러 내려왔고, 비량의 기세는 강하며 그 기운이 연수상까지 내려와 있다.

⑨ 인중의 깊이가 없지만, 다른 장수인보다 길어 느긋하고 편안하다. 법령이 잘 퍼져 깊게 내려가고 있는데 금루를 이루고 있지 못했다.

⑩ 입은 크고 넓으며 입술이 얇지만 세력이 있고 구각이 유기하다.

⑪ 지각은 방원형이지만 살이 부족해 부드럽지 못하다.

⑫ 턱 아래는 피부는 급(팽팽하다는 뜻)하지는 않지만 여유롭지 못하다. 따라서 항하쌍조를 이루지 못했다.

☞ 골기가 강한 장수인으로 얼굴이 길며 비량의 위세가 강하고 눈의 정과 신이 좋다. 인중의 길이가 길고 귀가 크고 단단하며 입이 유기하다. 부족한 점은 이마에 횡골이 이루어지지 않았고, 얼굴과 목의 피부가 여유롭지 못하고 살이 부족하다.

18) 성별: 남, 94세(돼지띠), 음력 1911년 9월 27일, 지역: 서울

① 두상·골상: 두상이 넓지는 않지만 방원형을 형성하고 있으며 두정이 약간 솟아 있다. 이마는 낮고 횡골의 상태는 보통이다. 근골의 상태는 양호한 편이며, 관골이입은 다른 골의 상태보다 잘되어 있고 옥량골이 단단하며 수골도 단단한 편이다. 또한 후골(後骨)인 옥침골의 상태가 풍만하다.

② 면상은 삼정의 조화가 이루어져 있고 면장자에 속한다. 오악의 상태는 보통 정도이다.

③ 얼굴의 피부는 두터우면서 검은 수반이 형성되어 있다.

④ 명문의 색은 보통이며 윤기가 있다.

⑤ 안형은 가늘고 긴 편이고 깊은 듯하며, 정·신의 상태가 양호하다.

⑥ 눈썹은 강한 미골에 긴 눈썹의 기세가 좋으며, 이마 높이 떠

눈을 잘 보호하고 있다. 눈썹에 길고 가는 털인 호미(毫眉)가
여러 개나 있다.

⑦ 귀는 큰 편에 속하면서 두텁고 단단하기는 약간 부족하다.
수주는 좋지만 입을 향해 응하고 있지는 않다.

⑧ 코의 산근은 상하로 곧고 반듯하게 내려오면서 비량의 넓고
풍만함은 황번·표미의 강한 기세와 함께 큰 세력을 형성하
고 있으며, 연수상이 튼튼하다.

⑨ 인중과 법령은 길이는 보통이다.

⑩ 입은 작지만 능선이 뚜렷하고 구각의 유기하다.

⑪ 지각은 방형을 이루어 원만함은 부족하고, 하정의 골은 상정
에 비해 약하다.

⑫ 턱 아래는 파악하기가 어렵다.

☞ 두상이 넓고 큰 편에 속하지는 않지만 관골이입, 옥량골, 수
골, 옥침골이 단단하면서도 강하고 면장자에 해당하는 장수인이다.
특히 두정에서부터 내려와 중정인 산근의 내룡으로부터 흐른 용맥
의 기세가 비량을 잘 흘러 세력을 형성한 점, 눈썹과 귀에 난 가
늘고 긴 털이 이 장수의 가장 큰 요인이라고 할 수 있다. 부족한
점으로는 면상이 전반적으로 넓지 못하고 좁은 점, 인중과 법령이
약한 점을 들 수 있다.

19) 성별: 남, 85세(원숭이띠), 음력 1920년 5월 7일, 지역: 서울

① 두상·골상: 두상은 원만하며 두정이 잘 솟아 있다. 이마의 횡골은 잘 뻗어 있으며 둥글게 나와 양기가 충만함을 보이고 있다. 골은 강하지는 않으나 섬세하며 맑고, 살을 잘 감싸주고 있다. 관골이입은 잘되어 있으며 옥량골이 강하고 수골 또한 단단함을 추측할 수 있다.

② 삼정은 상정이 부족하고 중·하정의 상태가 좋은 편이다. 오악은 보통인 편이다.

③ 얼굴의 피부는 여유가 있으며 두텁지는 않다.

④ 명문의 색은 밝으며 윤기가 있다.

⑤ 안형은 짧은 편에 속하고 신이 밝고 정은 맑다.

⑥ 눈썹은 이마 높이 떠서 양 눈(정신)을 잘 보호하고 있으며 눈썹의 기세가 강하며 가늘고 긴 털(毫眉: 호미)이 나 있다.

⑦ 귀는 두텁고 단단한 편이며 색은 맑고 선명하다. 수주는 보통이고 입에 조응하고 있지 않으며 귀에도 가늘고 긴 털이

나 있다.

⑧ 코의 산근은 낮은 편이지만 유연하게 흘러 내려왔고, 비량은 단단하여 기세가 있으며 연수상이 튼튼하고 준두가 풍륭하다.

⑨ 인중의 길이는 보통 정도로 편안하며 잘 흐르고, 법령이 양 지각으로 약간 퍼지면서 흘러 내려왔으나 금루를 형성하지는 못했다.

⑩ 입은 일자형으로 능선과 구각의 기세가 강하다.

⑪ 지각은 방형을 이루고 시골과 함께 하정이 단단함을 나타내고 있다.

⑫ 턱 아래는 느긋하고 여유 있지만 항하쌍조는 이루어지지 않았다.

☞ 골이 맑고 정과 신이 청명한 장수인으로 양기가 강한 장수인이다. 어느 한 부분이 특별히 강하거나 약함이 없이 전체적으로 조화가 잘되어 있다. 관골이입, 옥량골, 수골의 단단함을 보이지만 골이 맑고 섬세하기 때문에 기력이 뛰어나거나 힘을 쓸 수 있기보다는 지혜가 충만한 장수인이라 할 수 있다. 코의 비량과 연수상, 단단하며 크고 두터운 귀, 입의 기세가 좋으며, 눈썹과 귀에 가늘고 긴 털이 나 있음은 장수를 말해주고 있다. 부족한 점으로는 오악이 풍륭하게 일어나지 못했고 정과 신은 좋지만 안형이 가늘고 길지 못한 것을 들 수 있다.

20) 성별: 여, 95세(개띠), 음력 1910년 4월 5일,
    지역: 경기도 안산

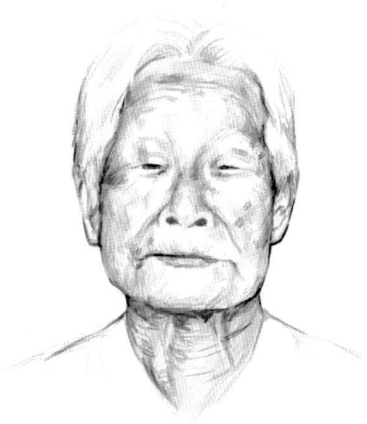

① 두상·골상: 두상은 원만한 형태로 두정이 약간 솟아 있다. 천창의 부족으로 이마의 횡골이 쭉 뻗질 못하고 앞으로 돌출되어 있어 양기가 강하다. 근골의 상태는 양호한 편이며 살이 골을 잘 감싸주었다. 관골이입이 양호한 편으로 수골의 상태도 좋다고 추측할 수 있다.

② 면상은 삼정의 조화가 이루어져 있으며 오악의 상태가 아주 양호하다.

③ 얼굴의 피부는 보통이며 검고 진한 수반이 잘 형성되어 있다.

④ 명문의 색은 파악하기가 어렵다.

⑤ 안형은 가늘지만 보통의 상태라 할 수 있고 신이 좋으며 정 역시 충만하다.

⑥ 눈썹은 희박하지만 이마 높이 떠서 편안하게 양 눈(정신)을

잘 보호하고 있다.

⑦ 귀는 크고 단단하며 두텁고 발그스레한 홍조를 띠고 있으면서 맑다. 강한 골기와 함께 선천적인 신기가 뛰어나 호르몬·진액이 95세인 현재까지도 아쉬움이 없는 상태이다. 수주는 좋으면서 입을 향해 응하고 있다. 이유장호(耳有長毫)는 해당되지 않는다.

⑧ 코의 산근은 약간 부족하지만 비량은 넓고 강하면서 황번표미의 기세가 대단하고 연수상이 튼튼하다.

⑨ 인중은 보통 정도로 편안하며 법령이 지각까지 잘 흘러가고 있다.

⑩ 입은 상순이 약간 부족한 듯 보이지만 하순의 능선이 뚜렷하고 힘이 있으면서 구각의 기세가 강하다.

⑪ 지각은 방원형을 부드럽게 잘 이루고 있고 시골의 강함이 보인다.

⑫ 턱 아래는 항하쌍조가 잘 이루어지지는 않았지만 여유롭다.

☞ 골이 강하면서 눈에 나타나는 정과 신의 기, 검고 진한 수반의 형성, 비량의 기세, 귀가 크면서 단단함, 구각의 유기함이 돋보이는 형과 신이 유여한 장수인이다. 부족한 점은 이마의 횡골, 산근이 가늘고 약한 점, 인중의 깊이 등을 들 수 있다.

21) 성별: 여, 96세(닭띠), 음력 1909년 9월 7일, 지역: 서울

① 두상·골상: 두상은 전체적으로 방원형이며, 이마는 가로로
   횡골이 단단하게 형성되어 있고 근골의 상태는 양호하다. 관골
   은 힘 있게 뻗어 귀로 들어가고 있으며, 수골은 보이지는 않지
   만 관골의 상태로 보아 수골 역시 단단하리라 추측이 된다.
② 면상은 전체적으로 삼정 중 상정이 약간 짧은 듯하지만, 중
   정과 하정이 풍부하며 균형이 잡혔다고 할 수 있으며 오악이
   풍요롭다.
③ 얼굴의 피부는 전체적으로 얇지 않고 두터운 편이다.
④ 명문의 광택은 파악하기가 어렵다.
⑤ 안형은 그리 세장하지 않으며 사진이 흐리기는 하지만 정과
   신은 양호한 편이라고 할 수 있다.
⑥ 눈썹의 기세는 좋으며 이마 높이 떠서 양 눈을 잘 보호하고
   있다.

⑦ 귀는 크고 두터운 편이다. 수주는 좋은 편이며 입으로 약간 응하고 있다.

⑧ 코는 산근은 낮지만 유연하게 잘 흘러내렸고, 단단한 비량의 기세를 탄 연수상이 견고하다.

⑨ 인중의 길이는 보통으로 깊이는 부족하다. 법령은 깊지는 않지만 지각 양옆으로 잘 흘러 내려갔다.

⑩ 입은 하순의 능선이 뚜렷하고(좌측 사진)(우측 사진은 입부분이 잘못되었음) 구각이 유기하다.

⑪ 지각은 풍만하며 방원형을 이루고 있다.

⑫ 턱 아래의 피부는 그리 여유 있는 상태는 아니지만 팽팽하지도 않다.

☞ 전체적으로 골이 강하면서도 풍륭하여 골육의 음양 조화가 잘 이루어진 장수인으로 방원형의 두상, 이마의 횡골, 오악이 융기되어 살이 잘 덮여 있고, 특히 일면지표인 코의 산근·비량 연수상의 기세가 좋다. 눈썹의 기세 또한 강하며 귀의 후덕함, 지각을 비롯한 하정의 풍만함이 장수의 요인이 되었다고 할 수 있으며, 96세의 나이에도 불구하고 틀니가 아닌 자신의 치아를 가지고 있다는 것도 장수의 큰 요인이다. 부족한 점은 별로 없으며 굳이 꼽는다면 인중과 턱 아래의 항하쌍조가 이루어지지 않음을 들 수 있다.

22) 성별: 여, 88세(뱀띠), 양력 1917년 6월 9일, 지역: 의정부

 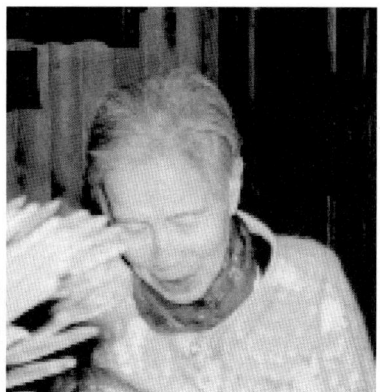

① 두상·골상: 두상은 방하고 원만하며 두각이 뚜렷하다. 이마
의 횡골은 천창까지 쭉 뻗어 있으며 골이 섬세하면서 맑은
기운이 있다. 근골과 관골이입은 양호한 편이다.

② 면상은 삼정의 조화가 이루어져 있긴 하지만 중·하정보다
상정이 약간 강하다고 할 수 있다. 오악의 상태는 양호하다.

③ 얼굴의 피부는 두텁지는 않지만 여유가 있다.

④ 명문의 색은 파악하기가 어렵다.

⑤ 안형은 긴 편에 속하고 신은 양호한 편이다.

⑥ 눈썹은 섬세하면서 수려하게 길게 나 있으나 기세는 부족하
다. 높이는 보통이다.

⑦ 귀는 큰 편이며 얼굴 옆에 붙어 있는 것은 좋다. 수주는 보
통이며 입을 향해 응하고 있지 이유장호(耳有長毫)는 해당되
지 않는다.

⑧ 코의 산근은 낮은 편이지만 유연하게 흐르고, 비량과 연수상
  은 함몰되지는 않았지만 기세는 약한 편이다.

⑨ 인중은 약간 긴 편으로 평탄하게 흘렀고 깊이는 부족하다.
  법령은 파악하기가 어렵다.

⑩ 입은 구각이 귀를 향해 양쪽으로 바라보고 있으며 유기하다
  (좌측 사진).

⑪ 지각은 방원형을 이루면서 부드럽게 되어 있다.

⑫ 턱 아래는 파악하기가 어렵다.

☞ 골이 맑고 섬세하면서도 두상과 골상이 단단함을 보이고 전
체적으로 맑고 수려한 장수인이다. 원만하면서도 힘 있어 보이는
두상, 이마의 횡골, 귀의 상태, 부드러우면서 시골의 기운을 가지
고 있는 지각, 귀를 향해 응하고 있는 구각, 틀니가 아닌 자신의
치아 등을 장수의 요인으로 들 수 있다. 부족한 점은 건강과 직결
되어 있는 코의 산근, 비량, 연수상이 풍만하지 못하고 기세가 약
한 점, 오악의 산세에 비해 사독, 인중, 법령 등의 물줄기가 약한
점 등을 들 수 있다.

23) 성별: 남, 86세(양띠), 음력 1919년 2월 8일, 지역: 경남 고성

① 두상·골상: 두상은 둥근 편으로 넓지 못하고 좁다. 골은 강하지만 이마의 횡골은 천창까지 뻗어 있질 못하며 살보다 골이 강하다. 근골의 상태는 양호한 편이고, 관골이입이 잘되어 있어서 옥량골의 강함이 돋보이고 수골도 강하리라 추측된다.
② 면상은 삼정의 조화가 이루어져 있는 면장자에 해당하지만, 중정의 기세가 강하고, 육부의 상태는 한결같지 못하다. 오악의 상태는 보통 정도이다.
③ 얼굴의 피부는 두텁지 못하지만 팽팽하지는 않다.
④ 명문의 색은 보통이다.
⑤ 안형은 길이가 짧으며 정과 신의 상태는 양호한 편이다.
⑥ 눈썹의 기세는 양호한 편이지만 이마 높이 떠 있지는 못하다.
⑦ 귀는 크고 두터우며 단단해 보이지만 얼굴에 붙어 있지를 못하고 벌어져 있는 것이 흠이다. 수주는 좋은 편으로 입을 향

해 약간 응하고 있다.

⑧ 코의 산근은 강하고 곧고 반듯하게 내려오고, 비량의 기세
또한 강한 편이지만 살이 부족해 비골이 보이고, 비공이 드
러나 보이는 것이 단점이다. 연수상이 튼튼하다.

⑨ 인중은 넓이와 깊이가 부족하지만, 길이는 길고 느긋하게 내
려와서 평탄함을 주고 있으며, 법령의 상태는 부족하다.

⑩ 입은 작지만 능선이 뚜렷하고 구각의 기세가 강하다.

⑪ 지각은 방원형을 부드럽게 이루지 못하였다.

⑫ 턱 아래는 팽팽하지 않지만 느긋함이 부족하고 항하쌍조가
이루어지지 않았다.

☞ 골이 강하며 관골이입과 옥량골의 기세가 단연 돋보이며 정
과 신이 좋은 장수인이다. 길게 뻗은 평탄한 인중, 귀의 후덕함,
수주와 입이 서로 응하여 나타나는 구각의 유기한 것들이 장수할
수 있는 점들이다. 코의 기세는 강하지만 살이 부족한 것, 하정 부
위가 풍만하지 못한 것, 법령의 부족, 항하쌍조를 이루지 못한 것
은 장수하는 데 부족한 점이라 할 수 있다.

24) 성별: 남, 91세(호랑이띠), 음력 1914년 5월 30일,
    지역: 경기도 고양시

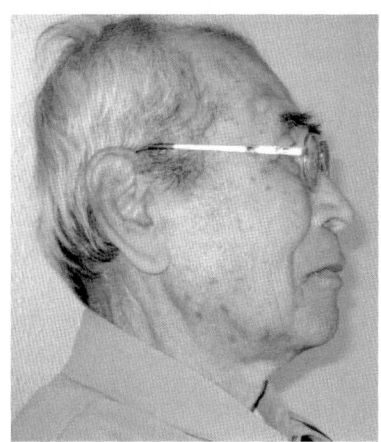

① 두상·골상: 두상은 약간 방하면서 둥글고 큰 편이다. 이마
   는 뒤로 누워 횡골을 제대로 형성하지 못하였다. 근골의 상
   태는 양호한 편이고 관골이입은 다른 골의 상태보다 잘되어
   있는 편이다.
② 면상은 삼정의 조화가 이루어지지 않아 상정은 부족하고 중
   정과 하정으로 갈수록 좋아지고 있는 면장자에 속한다. 오악
   의 상태는 보통 정도이다.
③ 얼굴의 피부는 두터운 편으로 수반이 있다.
④ 명문의 색은 밝고 윤기가 있다.
⑤ 안형은 가늘고 긴 편에 속하며 정·신의 상태는 충만한데 신
   보다 정이 좋은 편이다.

⑥ 눈썹은 짙고 강하면서 그 기세가 대단하고, 이마 높이 떠서 눈을 잘 보호하고 있으며, 호미가 있다.

⑦ 귀는 크고 단단하며 두터우며, 수주는 좋은 편으로 입을 향해 약간 응하고 있다. 귓속에 가늘고 긴 털이 여러 개 나 있다.

⑧ 코의 산근은 약간 낮은 편으로 유연하지 못하고, 비량은 비골의 단단한 기세에 힘입어 쭉 뻗어내려 세력을 형성하고 있으며 연수상이 튼튼하다.

⑨ 인중의 길이는 길고 느긋하게 흘러 내려와서 평탄함을 주고 있으며, 법령은 깊고 길게 내려오고 있지만 양 지각까지 미치지는 못하였다.

⑩ 입은 작지만 능선이 뚜렷하고 구각의 기세가 강하다.

⑪ 지각은 방원형을 부드럽게 이루었다.

⑫ 턱 아래는 여유가 있는 편이며 항하쌍조가 잘 이루어지지는 않았다.

☞ 면장자로서 정과 신이 충만하며 인중의 기운이 뛰어난 장수인이다. 짙은 눈썹의 기세, 코의 비량과 비골, 연수상의 견고함, 귀의 두텁고 단단하며 수주의 조응 상태, 강한 구각의 기운 등을 장수의 요인으로 들 수 있다. 두상과 골상, 이마의 횡골은 부족하다고 볼 수 있다.

25) 성별: 여, 90세(토끼띠), 음력 1915년 10월 15일,
   지역: 경기도 안산

① 두상·골상: 두상은 둥근 편으로 두정이 약간 솟아 있다. 이
  마는 낮으면서 횡골의 상태는 부족한 편이다. 하지만 근골의
  상태는 양호한 편으로 골을 잘 감싸주었다. 관골이입은 다른
  골의 상태보다 잘되어 있다.
② 면상은 삼정의 조화가 이루어지지 않아, 상정은 부족하고 중
  정과 하정으로 갈수록 좋아 전체적으로 평탄하지는 않지만
  면장자에 속한다. 오악은 보통 정도이다.
③ 얼굴의 피부는 두터운 편이다.
④ 명문의 색은 파악하기가 어렵다.
⑤ 안형은 어미가 날카롭게 되어 있으면서 깊은 듯하여 사물을
  파악하는 능력과 지혜가 있다고 볼 수 있다. 신의 상태는 약
  간 부족하지만 정이 충만하다.

⑥ 눈썹은 단촉미로서 짧지만 기세가 있고 이마 높이 떠 있다.

⑦ 귀는 큰 편에 속하고 수주는 좋은 편이지만 입을 향해 응하고 있지는 않다. 이유장호(耳有長毫)는 해당되지 않는다.

⑧ 코의 산근은 낮은 편이지만 유연하게 흘러 내려왔고, 비량은 넓고 강하여 기세가 있으며 연수상이 튼튼하다.

⑨ 인중의 길이는 길게 느긋하게 내려와서 평탄함을 주고 있으며, 법령은 깊고 길게 내려오고 있지만 양 지각으로 퍼지지 못하고 입 쪽으로 되어 있어 소화기 장애가 있으리라고 추측된다.

⑩ 입은 작지만 능선이 뚜렷하고 구각의 기세가 강하다.

⑪ 지각은 방원형을 부드럽게 이루지 못하였으나 기세가 있고 하정이 긴 편에 속한다.

⑫ 턱 아래는 팽팽하지 않고 여유가 있다. 항하쌍조가 이루어지지 않았다.

☞ 골이 섬세하고 여위었어도 골육의 조화가 잘 이루어져 있으며, 관골이입이 잘되어 있는 면장자로서 하정이 길며, 길게 뻗은 평탄한 인중, 비량의 기세와 입의 유기한 것들이 장수할 수 있는 점들이다. 반면 삼정의 조화가 제대로 이루어지지 못했으며 하정이 원만하지 못하고 항하쌍조를 이루지 못한 것은 부족한 점이다.

26) 성별: 여, 85세(원숭이띠), 1920년 1월 11일, 지역: 서울

① 두상·골상: 두상은 원만한 형태로 두정이 약간 솟아 있어 골의 풍만한 상태를 나타내고, 횡골은 단정하고 방한 이마를 가로질러 탄탄하게 세력을 형성하고 있다. 근골의 상태는 양호한 편으로 살이 골을 잘 감싸주고 있다. 관골이입은 보통이다.
② 면상은 삼정의 조화가 잘 이루어져 있고 오악은 풍륭하게 솟아 있다.
③ 얼굴의 피부는 두터운 편이다.
④ 명문의 색은 파악하기가 어렵다.
⑤ 안형은 가늘고 길며, 신의 상태는 이 사진으로 판단하기가 어렵다.
⑥ 눈썹은 이마 높이 떠 있지는 않으나, 미골을 따라 수려하게 나 있다.
⑦ 귀는 크고 단단하며 두텁고 수주는 보통이다. 이유장호(耳有長毫)는 해당되지 않는다.

⑧ 코의 산근은 아래로 잘 뻗어 내려왔고, 비량은 단단하게 그 세력을 나타내고 있으며 연수상이 튼튼하다.

⑨ 인중은 길고 깊어 물이 잘 흘러 바다(입)로 잘 들어가고 있다. 법령의 기운도 좋다.

⑩ 입 부분은 하악(下顎)이 전체적으로 약간 나온 편으로 강한 내기(內氣)를 나타내고 있으며, 구각의 기운은 보통이다.

⑪ 지각은 풍만하고 부드러운 방원형을 잘 이루고 있다.

⑫ 턱 아래의 피부는 느긋하고 여유가 있지만 이 사진으로 판단하기가 어렵다.

☞ 골이 풍륭하게 잘 솟아 있어 두상과 오악이 조화를 잘 이루고 있다. 일신지표(一身之表)라 할 수 있는 코의 산근, 비량의 기세가 강하며 귀가 크고 두텁다. 인중과 하정의 상태도 우수하다. 하지만 아쉽게도 현재의 사진이 아니기에 정확하게 판단하기에는 미비한 점이 있다.

27) 성별: 여, 85세(원숭이띠), 음력 1920년 9월 5일, 지역: 부산

① 두상·골상: 두상의 상부는 둥글고 원만한 형태를 이루고 있으며, 이마의 횡골은 옆으로 가로질러 잘 뻗어서 방형을 이루고 있다. 하지만 근골의 상태는 부족한 편이며 관골이입은 잘되어 있다.

② 면상은 삼정의 조화가 되어 있으며 오악은 강한 기운을 나타내는 중악이 우뚝 서 있고 좌우 동·서악과 북악은 부족한 편이다.

③ 얼굴의 피부는 보통 정도이다.

④ 명문의 색은 파악하기가 어렵다.

⑤ 안형은 가늘고 긴 편에 속하고, 신과 정의 상태는 이 사진으로 파악하기 어렵다.

⑥ 눈썹은 압안으로 양 눈을 누르고 있다.

⑦ 귀는 작지만 단단함이 보이고, 수주는 입을 향해 응하고 있지는 않다. 이유장호(耳有長毫)는 해당되지 않는다.

⑧ 코의 산근은 넓고 강한 힘을 지니고 있으며, 비량은 강한 황번·표미의 기세와 함께 어느 무엇도 침범할 수 없는 당당한 위세를 보이고 있다. 연수상 역시 튼튼하다.

⑨ 인중의 깊이는 있지만 길이가 짧다. 법령은 보통이다.

⑩ 입은 가늘고 얇으면서 입술의 능선과 구각의 기세가 강하다.

⑪ 지각의 골기는 강한 편이지만 방원형을 이루지 못하였고 尖하다고 할 수 있다.

⑫ 턱 아래의 피부 역시 급(팽팽)하여 여유가 부족하여 항하쌍조를 이루지 못하고 있다.

☞ 두상 상부의 원만함, 이마의 강한 횡골이 우수한 장수인이다. 중악인 코의 산근과 비량은 강한 황번·표미와 함께 거대한 기세, 구각의 유기가 장수요인으로 작용하고 있다. 부족한 점은 눈썹, 인중과 법령, 턱 아래의 피부를 들 수 있다.

28) 성별: 여, 88세(뱀띠), 음력 1917년 4월 5일, 지역: 서울

① 두상·골상: 두상은 둥근 형태이며 이마의 횡골은 부족하다. 근골과 상태는 관골이입은 양호하다.

② 면상은 삼정의 조화가 이루어지지 않아 상정은 부족하고, 중정과 하정이 좋아 전체적으로 평탄하지는 않지만 면장자에 속한다. 오악의 상태는 보통 정도이다.

③ 얼굴의 피부는 두터운 편이다.

④ 명문의 색은 파악하기 어렵다.

⑤ 안형은 가늘면서 길고 사진이 흐려 파악하기가 어렵지만 정·신의 상태는 좋은 편이다.

⑥ 눈썹은 거친 편이며 이마 높이 떠 있다.

⑦ 귀는 파악하기 어렵다.

⑧ 코의 산근은 낮으면서 유연하게 흘러 내려왔고, 비량의 기세는 풍부하며 연수상이 튼튼하고 준두가 풍륭하지만 코의 길

이가 짧은 것이 단점이다.

⑨ 인중의 길이는 길고 평탄하게 내려왔으며 깊이도 있다.

⑩ 입은 두터운 사각형으로 능선이 뚜렷하고 구각이 유기하다.

⑪ 지각은 방원형을 부드럽게 잘 이루고 있다.

⑫ 턱 아래는 파악하기가 어렵다.

☞ 88세의 수녀님인데 젊었을 때의 사진이라 현재의 상황을 판단하기가 어려웠다. 이 사진만으로 파악해 본다면 근골의 상태가 양호하며 골육이 조화가 되어 있다. 삼정의 조화는 이루어지지 않았고, 하정이 풍부한 것이 단점을 보충해 주고 있다. 안형이 가늘면서 긴 점, 산근, 준두, 인중, 사각형의 입, 구각의 유기, 원만한 지각을 장수의 요인으로 들 수 있다. 부족한 점은 두상과 이마의 횡골, 길이가 짧은 코, 눈썹 등을 들 수 있다.

29) 성별: 여, 86세(양띠), 음력 1919년 9월 11일, 지역: 서울

① 두상·골상: 두상은 원만하고 이마의 횡골은 보통 정도(천창의 부족으로)이다. 골의 상태는 양호한 편으로 살이 잘 감싸주고 있으며 관골이입은 좋은 편이다.

② 면상은 삼정은 상정이 부족하고, 중정과 하정의 상태가 풍부해 보인다. 오악의 상태는 관골이 잠기지를 않았지만 융기된 형태는 양호하다.

③ 얼굴의 피부는 두터우면서 너그러움을 보이고 여유로운 편이다.

④ 명문의 색은 밝으며 윤기가 있다.

⑤ 안형은 가늘고 길며 깊은 듯하고, 신이 살아 은장되어 있으며 신보다는 정이 충만하다.

⑥ 눈썹은 산만하여 큰 힘을 발휘하지 못하며 보통보다 약간 높이 떠 있다.

⑦ 귀는 파악하기가 어렵다.

⑧ 코의 산근은 낮은 편이지만 유연하게 흘러 내려왔고, 비량의
   기세는 보통 정도이며 연수상이 튼튼하다.

⑨ 인중의 길이는 보통 정도로 편안하며 법령 역시 보통에 속한다.

⑩ 입은 능선이 잘 이루어져 있고 힘이 있으며 구각의 유기되어
   있다.

⑪ 지각은 방원형을 이루면서 부드럽게 되어 있다.

⑫ 턱 아래는 파악하기 어렵다.

☞ 두상이 원만하며 전체적인 골이 풍륭하며 골육의 조화가 이
루어진 장수인이다. 수녀님이기도 하지만 두 눈에서 풍겨 나오는
정과 신이 맑고 자애롭다. 두정을 시작으로 산근에서부터 흘러내린
용맥이 하정의 수성(입)에 가서 강하게 결혈되어 있는 점이 우수하
다. 부족한 점으로는 삼정의 부조화, 눈썹의 산만함, 항하쌍조가
이루어지지 않은 점들을 들 수 있다.

30) 성별: 여, 85세(원숭이띠), 음력 1920년 10월 15일,
지역: 부산

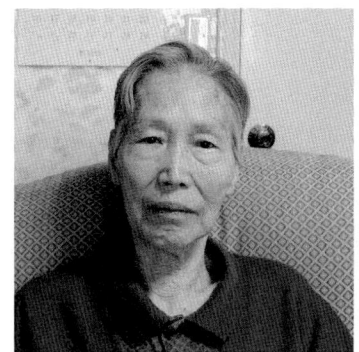 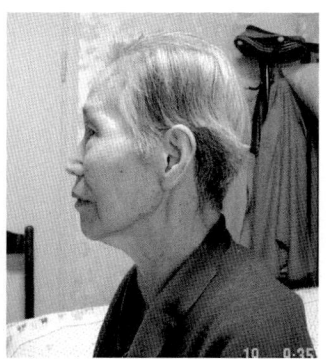

① 두상·골상: 두상은 방원형으로 형성되어 있고, 이마의 횡골이 가로질러 이마를 채우고 있으며 그 기세가 강하다. 근골의 상태는 양호한 편이고 관골이입이 잘되어 있으며 수골도 단단하다. 살은 부족하고 골이 강한 형상이지만 노골되지 않았다.

② 면상은 삼정의 조화가 잘 이루어져 있는 면장자이다. 오악의 상태는 보통이다.

③ 얼굴 피부의 두텁기는 보통 정도이다.

④ 명문의 색은 밝은 편은 아니지만 윤기가 있다.

⑤ 안형은 가늘면서 길고, 두 눈에는 정과 신이 충만하여 정신력이 대단하다고 할 수 있다.

⑥ 눈썹은 기세를 보이며 미미(眉尾)까지 뻗어 두 눈을 잘 보호하고 있으며, 높이는 보통이다.

⑦ 귀는 견고하고 두터우며 맑고 깨끗하다. 수주는 보통이며 입을 향해 응하고 있지 않다. 이유장호(耳有長毫)는 해당되지 않는다.

⑧ 코의 산근은 단단하고 비량과 연수상의 기세는 산근에 비해 부족한 편이다.

⑨ 인중의 길이는 보통 정도로 편안하게 흐르고 있다. 법령이 깊게 양 지각 옆까지 약간 퍼지면서 내려와 좋은 물줄기를 형성하고 있다.

⑩ 입은 능선이 뚜렷하고 구각은 유기하다.

⑪ 지각은 방원형을 이루고 있으나 풍만함이 부족하다.

⑫ 턱 아래는 항하쌍조가 이루어지지 않았으며 피부의 여유로움도 보통 정도이다.

☞ 삼정의 조화가 잘 이루어진 면장자로서 세장한 안형과 그 안에 있는 정과 신이 대단한 장수인이다. 살이 부족하여 골육의 조화는 잘 이루어지지 않았다. 두상과 이마의 횡골, 눈썹에 나타나는 강한 기운과 귀의 단단함, 법령의 기운, 구각의 유기 등을 장수의 요인으로 들 수 있다. 부족한 점으로는 오악이 풍요롭게 융기하지 못하였고, 특히 중악에서 용맥인 산근의 기운은 탔으나 비량과 연수상이 약하고 그로 인해 준두에 결혈이 잘되어 있지 못한 점, 턱 아래의 피부가 두텁지 못하고 항하쌍조를 이루지 못한 점을 들 수 있다.

31) 성별: 여, 94세(돼지띠), 음력 1911년 8월 19일,
　　지역: 강원도 춘천

① 두상·골상: 두상은 원만한 형태로 두정(頭頂)이 약간 솟아
　 있어 골의 풍만한 상태를 나타내며, 이마의 횡골이 가로질러
　 있지만 조금은 약한 편이다. 근골의 상태는 양호한 편으로
　 살이 골을 잘 감싸주었다. 관골이입은 약간 부족하고 수골과
　 옥량골의 상태는 보통 정도이다.
② 면상은 삼정의 조화가 잘 이루어져 있고 오악의 상태는 보통
　 정도이다.
③ 얼굴의 피부는 얇지 않고 두텁다.
④ 명문의 색은 전체의 얼굴보다 좋은 기색을 나타내며 윤기가
　 있다.
⑤ 안형은 가늘고 길며 깊은 듯하고, 신의 상태는 약간 부족하
　 지만 정이 충만하다.
⑥ 눈썹은 드물게 났지만 이마 높이 떠서 편안하게 양 눈(정신)
　 을 잘 보호하고 있다.

⑦ 귀는 크고 단단하며 두텁고 발그스레한 홍조를 띠면서 맑다. 선천적인 신기(腎氣)가 뛰어나 호르몬·진액이 94세인 현재까지도 아쉬움이 없는 상태이다. 수주(垂珠)는 좋은 편이지만 입을 향해 응하고 있지는 않다. 이유장호(耳有長毫)는 해당되지 않는다.

⑧ 코의 산근은 낮으면서 유연하게 흘러 내려왔고, 비량의 기세는 약간 부족하지만 넓게 퍼져 있는 것이 황번(黃幡)·표미(豹尾)와 함께 그 위상을 나타내며 연수상이 튼튼하다.

⑨ 인중의 길이는 보통 정도로 편안하며 위에서 아래로 퍼진 모양으로 좋으며, 무엇보다 법령이 양 지각 옆까지 약간 퍼지면서 내려와 금루를 이룬 것이 아주 좋다.

⑩ 입은 하순이 상순을 잘 받쳐 주고 있으며 구각의 유기는 보통이다.

⑪ 지각은 방원형을 부드럽게 잘 이루고 있다.

⑫ 턱 아래는 아래로 축 처져 느긋하고 여유가 있어 보인다.

☞ 형과 신이 유여한 장수인으로 골의 상태는 약간 부족한 듯 보이지만 살이 잘 감싸주고 있으며 두상, 삼정의 조화와 안형, 귀의 후덕함, 코의 유기한 세력, 법령의 상태 등을 장수의 요인으로 들 수 있다. 관골이입·수골·옥량골의 상태, 인중, 입의 모양이 약간씩 부족하다.

32) 성별: 여, 86세(양띠), 음력 1919년 8월 26일,
   지역: 경기도 동두천

① 두상·골상: 두상은 방하면서 둥근 편이며 이마의 횡골은 양
   호한 편이다. 살이 골을 감싸고 있지만 골 자체가 약하여 근
   골의 상태는 부족하다고 볼 수 있다. 관골이입은 다른 골의
   상태보다 잘되어 있다.

② 면상은 삼정의 조화가 이루어져 있으며, 오악은 융기되어 있
   지 않아 기운이 부족하다.

③ 얼굴의 피부는 두터운 편이다.

④ 명문의 색은 어두운 편에 속한다.

⑤ 안형은 약간 긴 편에 속하며 신은 좋은 편이다.

⑥ 눈썹은 흐릿하며 높이는 보통 정도이다.

⑦ 귀는 크고 두텁고 단단하며 귀의 윤곽이 제대로 이루어지지
   않았다. 수주는 좋고 입을 향해 약간 응하고 있다. 이유장호

(耳有長毫)는 해당되지 않는다.

⑧ 코의 산근은 낮은 편이지만 인당(印堂)과 미골이 강하지 않기 때문에 잘 흘러 내려올 수가 있다. 비량은 보통에서 약간 부족한 편에 속해 기세가 떨어지며 연수상이 약하지만 함몰되지는 않았다.

⑨ 인중의 길이는 길게 느긋하게 내려와서 평탄함을 주고 있지만 구안와사(口眼喎斜)가 와서 왜곡되어 있으며 법령은 부족하다.

⑩ 입은 왜곡되어 있다.

⑪ 지각은 방원형을 이루지 못하였지만, 시골의 힘으로 기세가 있다.

⑫ 턱 아래는 항하쌍조를 이루지 못하였으나 팽팽하지 않고 여유가 있다.

☞ 골은 약하지만 골육의 조화가 이루어져 있고, 장수의 요인 중 눈의 신이 좋은 점, 귀의 크고 단단하며 후덕한 점을 들 수 있다. 하지만 전체적으로 장수의 요인에서 부족한 점이 많이 있다. 특히 중악에 해당되는 코의 산근과 비량, 연수상의 기세가 많이 부족하고, 눈썹이 부족하며 하부에 있어서는 질병으로 왜곡되어 있는 것이 건강한 장수인은 아니라고 할 수 있다.

33) 성별: 여, 87세(뱀띠), 음력 10월 4일 아침, 지역: 부산

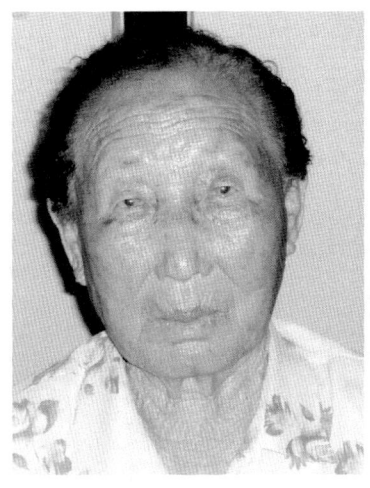 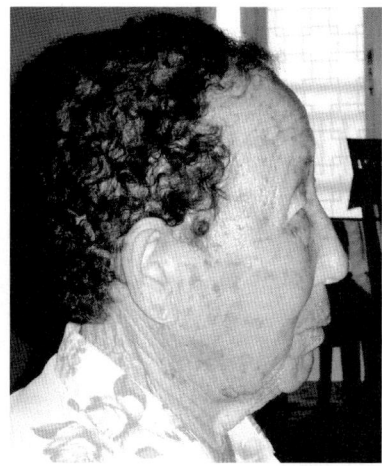

① 두상·골상: 두상은 방원형으로 두정이 약간 솟아 있고, 이마의 횡골은 옆으로 가로질러 잘 뻗어 있다. 근골의 상태는 양호하며 관골이입도 양호한 편이다.

② 삼정은 상정이 약간 짧은 듯하지만, 중·하정으로 갈수록 풍만해진 면장자에 속한다. 오악의 상태는 양호하며 특히 동·서악인 양 관골의 상태가 좋다.

③ 얼굴의 피부는 두터우며 수반이 잘 형성되어 있다.

④ 명문의 색은 밝으면서 윤기가 있다.

⑤ 안형의 길이는 약간 짧으며, 양 눈에 백내장이 있어 정·신의 상태를 파악하기는 어렵다. 눈에 나타나는 정·신의 상태는 부족한 편이고 전체적인 형상으로 보아서는 양호한 편이라 할 수 있다.

⑥ 눈썹은 희박하여 기세가 약하지만 높이 떠서 양 눈(정신)을 잘 보호하고 있다.

⑦ 귀는 크고 단단하며 두터우며 색도 맑고 깨끗하다. 수주는 좋으며 입을 향해 응하고 있다. 이유장호(耳有長毫)는 파악하기 어렵다.

⑧ 코의 산근은 낮은 편이지만 넓고 강한 힘을 가지고 비량까지 그 기세를 보이고 있으며, 연수상도 튼튼하다.

⑨ 인중의 길이는 깊이를 보이면서 길고 평탄하게 내려왔고, 법령은 양 지각 옆까지 약간 퍼지면서 부드럽게 흐르고 있는데 금루를 형성하지는 못하였다.

⑩ 입은 상순의 능선이 뚜렷하며 구각이 유기하고 있지만, 면상의 다른 부위에 비해서는 기세가 조금 떨어진다.

⑪ 지각은 방원형을 부드럽게 잘 이루고 있다.

⑫ 턱 아래는 여유 있고 느긋하며 장수인의 실례 중 항하쌍조가 가장 잘 형성되어 있다.

☞ 두상과 두골, 관골이입 등골상이 좋으며 골육의 조화가 잘 이루어진 장수인이다. 코의 산근과 비량, 귀의 후덕함, 수주와 입과의 조응, 인중, 수반의 형성이 좋으며, 특히 항하쌍조가 잘되어 있는 것이 장수를 할 수 있는 요인이라 하겠다. 부족한 점은 백내장으로 인해 눈의 정과 신이 흐려진 점이다.

34) 성별: 여, 87세(호랑이띠), 음력 1914년 5월 4일,
　　지역: 경기도 안산

① 두상·골상: 두상은 방하면서 원만한 형태로 이마의 횡골이 옆으로 힘 있게 뻗어 있다. 관골이 강하면서(노골되지 않았음) 관골이입의 상태가 좋고, 근골의 상태는 양호하지만 살이 부족해 보통 정도로 판단할 수 있다. 관골과 시골의 강한 상태를 보면 골 자체의 세력이 유기함을 알 수 있다. 수골과 옥침골은 파악하기가 어렵다.
② 면상은 상정이 부족하고 중정·하정은 잘 이루어져 있으며, 상정은 단아하고 방정하여 조화의 부족한 점을 채워 주고 있다. 오악의 상태는 중악이 약간 부족하다.
③ 얼굴의 피부는 여유 있어 보이며 수반이 있다.
④ 명문의 색은 파악하기 힘들었다.

⑤ 안형은 세장하지 않고 보통이며 정의 상태가 아주 좋다. 이는 인체 내의 진액과 호르몬의 상태가 91세의 나이에도 불구하고 충만함을 알 수 있다. 정이 좋으면 신도 좋지만 정에 비해 신은 약간 부족한 편이다.

⑥ 여자 장수인들의 눈썹에 비해 강한 힘을 가지고 있으며 이마 높이 떠 있다.

⑦ 귀의 모양을 보기 어렵지만 강한 골기를 지녔으므로 귀 역시 단단함을 미루어 알 수 있다(크기는 파악하기 어려움). 수주는 좋은 편에 속하며 입을 향해 약간 응하고 있다. 이유장호(耳有長毫)는 해당되지 않는다.

⑧ 코가 가장 부족한 편에 속한다. 산근은 낮으면서 살이 감싸주질 못했고, 비량은 나름대로 세력을 가지고 있지만 기세가 약하다. 연수상이 함몰되거나 구부러져 튀어나오지는 않았으나 크게 단단한 상태는 아니다.

⑨ 인중은 부족한 편이며 법령은 보통이다.

⑩ 입은 단정하며 상순의 능선은 잘되어 있고, 구각의 유기는 보통이다.

⑪ 지각은 방원형이 부드럽게 되어 있지는 않으며 시골의 강한 힘이 엿보인다.

⑫ 턱 아래는 여유는 있어 보이지만 항하쌍조는 이루어지지 않았다.

☞ 골기가 강한 장수인으로 살이 약간 부족하며 눈의 정과 신이 좋으며 코는 부족한 상태이다.

35) 성별: 남, 98세(양띠), 음력 1907년 1월 25일,
  지역: 강원도 춘천

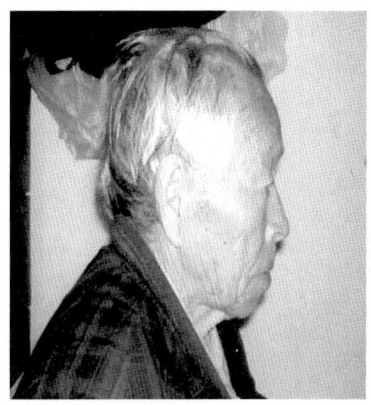 

① 두상·골상: 두상은 원만하며 횡골은 이마 양옆으로 가로질
  러 그 기세를 강하게 보이고 있다. 근골의 상태는 양호하고,
  관골이입이 잘 이루어지고 있어 옥량골이 강하며 수골 또한
  강하리라 추측할 수 있다.

② 면상은 삼정의 조화가 이루어지고 면장자에 속한다. 오악은
  보통 정도이다.

③ 얼굴의 피부는 두터운 편이며 수반은 보이지 않는다.

④ 명문의 색은 맑고 밝으며 윤기가 있다.

⑤ 안형은 가늘고 길며 신의 상태는 약간 부족해 보이지만 98세
  의 장수인으로는 우수한 편이다.

⑥ 눈썹은 드문 편이지만 길게 나 있어 두 눈을 보호하고 있고,
  높이는 보통이다.

⑦ 귀는 크고 두터우며 단단해 보이고, 수주는 좋은 편이지만 입을 향해 응하고 있지는 않다. 귓속에 긴 털(毫耳: 호이)이 나 있다.

⑧ 코의 산근은 상하로 바르고 곧게 뻗어 내려왔고 비량과 비골의 기세가 강하며 연수상이 단단하다.

⑨ 인중의 깊이는 부족하나 길고 느긋하게 내려와서 평탄함을 주고 있으며, 법령은 깊고 길게 내려오고 있지만 난대·정위에서 시작되지를 못하고 금루가 이루어지지 않았다.

⑩ 입은 작은 편으로 하순의 능선은 뚜렷하고 구각이 유기한 편이다.

⑪ 지각은 방원형을 이루고 있으며 기세가 있다.

⑫ 턱 아래는 팽팽하지 않고 여유가 있는 편이지만 항하쌍조가 이루어지지 않았다.

☞ 골이 강하면서 관골이입이 잘 이루어져 옥량골과 명문이 좋은 98세의 장수인이다. 특히 일면지표인 코의 산근이 쭉 뻗어 있고 비량과 비골, 연수상이 곧고 바르고 강하며, 귀가 두텁고 단단함이 돋보여 선천 원기인 신기가 우수하다. 눈썹과 눈의 정·신이 약간 부족한 편이며, 입의 능선과 유기함이 다른 부분에 비해 약간 떨어지는 편이지만, 나이를 감안하여 본다면 전체적으로 장수의 요인에 모두 걸맞은 장수인이라 할 수 있다.

36) 성별: 여, 87세(말띠), 음력 1918년 12월 12일, 지역: 대전

① 두상·골상: 두상은 강하면서 두정이 약간 솟아 있다. 이마
의 횡골은 가로질러 쭉 뻗어 강한 기세를 형성하고, 근골의
상태는 양호하며 관골이입도 잘되어 있다. 근골의 강한 기운
이 그대로 나타나는 두상·골상이라고 할 수 있다.
② 면상은 삼정의 조화가 잘 이루어져 있으면서 면장자에 해당
하고, 오악은 강해 보이지만 살이 부족한 점이 아쉽다.
③ 얼굴 피부의 두터움은 보통이지만 수반이 있어 피부의 너그
러움을 대신하고 있다.
④ 명문은 잘 보이지가 않지만 관골의 이입이 잘 이루어져 있기
에 강한 기운을 가지고 있으나, 밝고 윤택한 기운은 부족하다.
⑤ 안형은 세장하지 못하고 정과 신의 상태는 양호하다. 정신력
이 대단한 사람임을 알 수 있다.
⑥ 눈썹의 기운은 부족하며 미거고액(眉居高額)의 상태는 보통
정도이다.

⑦ 귀는 잘 보이지 않아 파악하기가 어려우며, 귀가 얼굴에 일자로 잘 붙어 있어 정면에서 보이지 않는 것이 좋은 점이다. 수주는 보통이다.

⑧ 코가 좀 짧은 듯하면서 산근도 크게 좋은 편은 아니다. 비량의 기세가 강하면서 연수상이 함몰되지 않고 유연하게 잘 내려왔다.

⑨ 인중의 길이는 유난히 긴 편으로 깊이는 부족하지만 평탄하게 흐르고 있으며, 법령은 부족하다.

⑩ 입은 능선과 구각의 기가 부족하다.

⑪ 지각은 방원형으로 살은 부족하고 시골이 강하게 나왔다.

⑫ 턱 아래의 피부는 여유가 있어 보인다.

☞ 강한 골기(두골, 횡골, 관골, 시골)를 지닌 장수인으로 살이 부족한 면이 있어 보이지만 노골의 상태가 아니다. 삼정의 조화, 오악의 융기함, 얼굴에 나타난 수반, 특히 눈에 나타나는 강한 신에서 나오는 정신력이 대단하며, 긴 인중 등을 장수의 요인으로 들 수 있다. 다른 장수인들에 비해서 코가 약간 부족하고 인중이 유난히 긴 것이 특징이라 할 수 있다.

37) 성별: 남, 85세(원숭이띠), 1920년 11월 12일,
지역: 경기도 고양시

① 두상·골상: 두상은 방원형으로 두정이 솟아 있으면서 전체
적으로 강한 골상을 지니고 있으면서도 골육의 조화가 잘되
어 있다. 이마는 횡골이 옆으로 가로질러 잘 뻗어 있고, 두
정에서 뻗어 내린 내룡의 기운은 중정(中正)에서 혈을 잘 맺
었으며, 근골의 상태는 양호하며 관골이입은 다른 부분에 비
해 부족한 편이다.
② 면상은 삼정의 조화가 잘 이루어져 있고 오악의 상태는 풍륭
하다.
③ 얼굴의 피부는 두터우며 관대하다.
④ 명문의 색은 밝고 깨끗하다.
⑤ 안형은 가늘고 길면서, 신은 깊이 숨은 듯 잘 간직하고 있으

며 정 또한 강하다.

⑥ 눈썹은 짧지만 강한 힘을 보이고 높이는 보통 정도이다. 가늘고 긴 백색의 호미가 있다.

⑦ 귀는 크고 단단하며 두텁다. 수주는 좋고 입을 향해 응하고 있으며, 귓속에는 역시 가늘고 긴 호이가 있다.

⑧ 코의 산근은 두툼하니 넓고 강한 기세로 상하로 쭉 뻗었고, 비량의 기세는 풍부하고 넓게 퍼져 있으며 황번·표미 역시 강하고 단단하다. 연수상이 견고하며 튼튼하고 준두가 풍륭하다.

⑨ 인중의 길이는 길고 평탄하게 내려왔고, 법령 또한 깊이가 있고 양 지각 옆까지 약간 퍼지면서 금루를 이루고 있어 흐르는 물줄기가 윤택하고 아름답다.

⑩ 입은 산근에서 흘러내린 용맥의 기운으로 입에서 혈이 맺혀 능선이 뚜렷하며 구각의 기세가 강하다.

⑪ 지각은 방원형을 부드럽게 잘 이루고 있다.

⑫ 턱 아래는 여유 있고 느긋하며 항하쌍조를 이루고 있지만 두텁기가 부족하다.

☞ 강한 골상을 지니고 산악이 제대로 솟고 물이 윤택하게 흘러내린 상으로 음양(골육)의 조화가 잘 이루어진 장수인이다. 삼정이 조화를 제대로 이루었을 뿐 아니라 상·중·하정의 각각의 명당인 비량과 준두, 수성(입)이 유기·유결된 것이 장수의 가장 큰 요인이 되었다고 볼 수 있다. 부족한 점은 거의 없다.

38) 성별: 남, 91세(호랑이띠), 음력 1914년 3월 21일,

　　　지역: 경기도 고양시

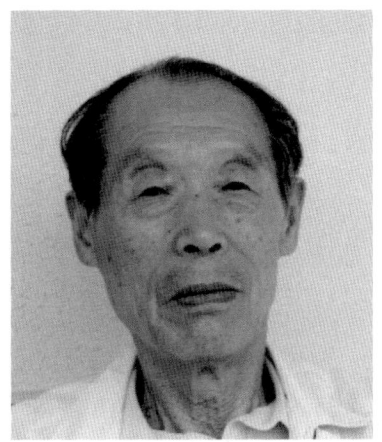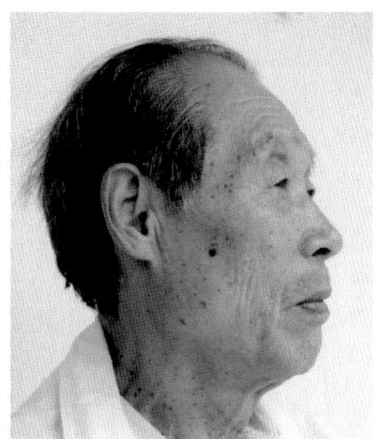

① 두상·골상: 두상은 둥글고 방하면서 두정이 약간 솟아 있다. 이마의 횡골은 잘 뻗어 있지만 천창이 부족하여 이마 양 끝까지 가질 못하고 있다. 근골의 상태는 양호한 편이고 관골 이입과 수골의 상태는 보통이다.

② 면상은 삼정의 조화가 이루어지지 않아 상정은 부족하고, 중정과 하정으로 갈수록 좋아지는 면장자에 속한다. 오악의 상태는 보통 정도이다.

③ 얼굴의 피부는 두터운 편으로 수반의 형성이 잘되어 있으며 선명하다.

④ 명문의 색은 맑고 깨끗하며 윤기가 있다.

⑤ 안형은 길이는 약간 부족하지만 가늘고 깊은 듯하여 신을 잘

간직하고 있다. 정과 신의 상태가 모두 양호하며 신보다는 정의 기운이 강하며 총기가 뛰어나다.

⑥ 눈썹은 살이 비칠 정도로 청수하며 길게 뻗어 있고, 이마 높이 떠서 양 눈을 잘 보호하고 있으며, 호미가 있다.

⑦ 귀의 크기는 보통이지만 단단하며 두텁고, 수주는 부족하며 입과 조응하고 있지 않다.

⑧ 코의 산근은 낮으면서 유연하게 흘렀고, 비량과 연수상의 기세는 보통이다.

⑨ 인중의 길이는 길고 느긋하게 내려와서 평탄함을 주고 있으며 법령은 보통인 편이다.

⑩ 산근에서 흘러내린 용맥이 중정에서는 제대로 혈을 맺지 못하였지만, 길고 평탄한 인중을 타고 흘러내려 입에서 결혈하고 있다. 하순이 방형을 이루면서 뚜렷한 능선을 형성하고 구각의 기세가 남다르다. 91세의 장수인이 틀니도 없이 자신의 치아를 가지고 있다는 점은 하정의 결혈이 잘되었기 때문으로 보인다.

⑪ 지각은 방원형을 이루고 있지만 살이 부족한 편이다.

⑫ 턱 아래는 팽팽하지 않고 여유가 있는 편이다.

☞ 정과 신이 맑고 강하며 수성(입)에서 하정의 결혈이 제대로 이루어진 장수인이다. 눈썹이 청수하며 이마 높이 떠 있고 호미와 호이가 났으며, 인중이 좋은 점 등을 장수의 요인으로 들 수 있다. 이에 비해 두상과 골상, 오악의 풍륭하지 못함, 그중 중악인 코가 약한 점 등은 부족한 면이라 할 수 있다.

39) 성별: 여, 85세(원숭이띠), 음력 1920년, 지역: 충남 아산

① 두상·골상: 두상은 원만하여 골의 풍륭함을 나타내고 있다.
이마의 횡골이 조금은 약한 편이지만 보통 이상은 된다. 근
골의 상태는 양호한 편으로 살이 골을 잘 감싸주고 있다. 관
골이입은 잘되어 있으며 관골이입의 상태를 보면 수골도 단
단하리라 미루어 짐작할 수 있다.
② 면상은 삼정의 조화는 약간 부족하만 하정이 풍부하며 오악
의 상태는 보통 정도이다.
③ 얼굴의 피부는 너그럽고 여유가 있으며 두텁다.
④ 명문의 색은 좋으며 윤기가 있다.
⑤ 안형은 세장한 면이 부족하고 정은 보통이며, 신은 정에 비
해 약간 떨어지는 편이다.
⑥ 눈썹은 드물게 났으며, 이마 높이 떠서 양 눈(정신)을 잘 보
호하고 있다.
⑦ 귀는 작지만 단단하며 두텁고 발그스레한 홍조를 띠면서 맑

다. 수주는 보통 정도이다.

⑧ 코의 산근은 낮은 편이지만 넓고 강하면서 유연하게 흘러 내려왔고, 비량과 황번·표미의 기운이 대단하며 연수상이 튼튼하다.

⑨ 인중의 길이는 보통 정도로 편안하며 법령이 지각까지 약간 퍼지면서 잘 흐르고 있다.

⑩ 입은 상순의 능선이 단정하지만 구각의 기운이 부족하다.

⑪ 지각은 방원형을 부드럽게 잘 이루고 있다.

⑫ 턱 아래는 항하쌍조는 이루지 못하였지만 여유가 있으면서 느긋하게 되어 있다.

☞ 코의 산근과 비량, 황번·표미의 기운이 강한 장수인으로, 오악이 풍륭하며 근골의 상태가 양호하여 관골이입이 잘되어 있고 이를 또 살이 잘 감싸주고 있다. 지각이 방원형을 잘 이루고 있으며 하정이 풍부한 점들을 장수의 요인으로 들 수 있다. 부족한 면으로는 가장 중요하다고 할 수 있는 눈에서의 정·기·신의 상태와 눈썹, 인중, 입의 상태를 꼽을 수 있다.

40) 성별: 남, 85세(원숭이띠), 음력 1920년 8월 11일,
　　지역: 경기도 고양시

① 두상·골상: 두상은 방하면서 둥근 편으로 넓지 못하고 좁은
　것이 단점이며, 두정이 약간 솟은 것은 장점에 속한다. 이마
　의 횡골의 상태는 천창의 부족으로 잘 이루어지지 않았다.
　근골의 상태는 양호한 편이며 관골이입은 두상의 다른 골의
　상태보다 잘되어 있다.
② 면상은 삼정의 조화가 이루어지지 않아 상정은 부족하고, 중
　정과 하정으로 갈수록 좋아지는 면장자에 속한다. 오악의 상
　태는 보통 정도이다.
③ 얼굴의 피부는 두터운 편으로 수반이 있으며 전체적으로 혈
　색이 좋다.
④ 명문의 색은 밝고 윤기가 있다.

⑤ 안형은 삼각안(三角眼)으로 가늘면서 긴 편이다. 정과 신의 상태는 양호한 편이다.

⑥ 눈썹은 팔자형으로 아래로 처졌지만 그 기세가 강하다. 미두는 높지만 미미로 갈수록 강한 기운이 눈을 압박하고 있는 점이 단점이다.

⑦ 귀는 작지만 단단한 편이고 수주는 부족하며 입을 향해 응하고 있지 않다. 호이가 있다.

⑧ 코의 산근은 낮고 유연하지 못하며, 비량은 연수상과 함께 견고하고 단단하다.

⑨ 인중의 길이는 길고 느긋하게 내려와서 평탄함을 주고 있으며, 법령은 깊고 길게 내려와 양 지각으로 퍼진 부분과 입 쪽으로 가는 부분으로 물줄기가 갈라지고 있다.

⑩ 입은 능선이 뚜렷하고 구각이 유기하다.

⑪ 지각은 방형을 이루어 원만함은 부족하나, 시골의 강한 힘으로 기세가 있고 하정이 긴 편에 속한다.

⑫ 턱 아래는 팽팽하지 않고 여유가 있는 편이지만 항하쌍조가 이루어지지는 않았다.

☞ 면장자로서 중·하정으로 갈수록 단단한 골의 형성을 보이는 장수인이다. 얼굴의 혈색과 명문의 윤기, 비량과 연수상의 견고함, 길게 뻗은 평탄한 인중, 법령의 깊은 물줄기, 구각의 유기함이 장수할 수 있는 점들이다. 반면 두상이 부족하며 삼정의 조화가 제대로 이루어지지 못했고, 법령이 갈라지는 것들은 부족한 점이라 할 수 있다.

41) 성별: 남, 85세(원숭이띠) 음력 1920년, 지역: 충남 아산

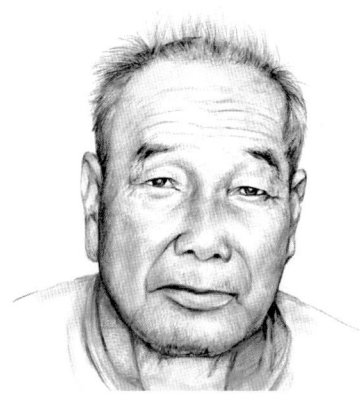

① 두상·골상: 두상은 방원형이며 이마는 횡골이 옆으로 가로
   질러 잘 뻗어 있다. 근골의 상태는 양호하여 골육의 조화를
   이루었고 관골이입은 부족한 편이다.
② 면상은 삼정의 조화가 이루어지지 않아, 상정은 부족하고 중
   정과 하정이 좋으며 면장자이다. 오악의 융기됨은 약간 부족
   하나 전체적으로 균형이 있다.
③ 얼굴의 피부는 관후하여 두텁고 여유가 있다.
④ 명문의 색은 파악하기 어렵다.
⑤ 안형은 길면서 어미가 날카로운 약간의 삼각안 형태이고 정·
   신이 충만하다.
⑥ 눈썹은 그 꼬리(眉尾: 미미)가 아래로 처져 있지만 그 기세는
   강하다. 높이는 미두(眉頭)는 좋으나 미미가 눈을 내리누르고
   있음이 좋지 못하지만 장수와는 큰 관련이 없다.

⑦ 귀는 크고 단단하며 두터운 편으로 홍조를 띠면서 맑다. 수주는 좋으며 입을 향해 응하고 있다. 이유장호(耳有長毫)가 있다.

⑧ 코의 산근은 낮은 편이지만 유연하게 흘러 내려왔고, 비량의 기세는 부족하며 연수상이 함몰되거나 돌출되지는 않았지만 강한 편도 아니다.

⑨ 인중의 길이는 길고 평탄하게 내려왔고 법령이 깊지는 않지만 양 지각 옆까지 약간 퍼지면서 부드럽게 흐르고 있으며 금루는 이루지 못하였다.

⑩ 입은 하순의 능선이 뚜렷하며 구각의 유기는 보통이다.

⑪ 지각은 방원형을 부드럽게 잘 이루고 있으며 하정이 풍만하다.

⑫ 턱 아래는 박하지 않고 여유가 있으나 항하쌍조가 이루어지지는 않았다.

☞ 정·기·신이 돋보이며 음양(골육)의 조화가 잘 이루어진 장수인이다. 골이 그리 강한 편은 아니지만 살이 잘 감싸주고 있으며, 이마의 횡골이 뚜렷하고 오악이 전체적으로 균형이 잡혀 있다. 또한 귀가 크고 단단하고 두터우며 눈썹과 귀에 긴 털이 나 있다. 인중과 법령의 상태도 양호하다. 삼정이 조화되지 않았으나 면장자로서 하정의 풍만함은 단점을 보충해 주고 있으며 부족한 점으로는 중악인 코의 기세, 특히 비량과 기운이 약하고 구각의 기운이 약한 것을 들 수 있다.

42) 성별: 여, 102세(토끼띠), 음력 1903년 12월 1일,
　　지역: 전남 목포

① 두상·골상: 두상은 방하고 원만한 형태로 두정이 약간 솟아
　　있어 골의 풍만한 상태를 나타내고 있다. 이마의 횡골이 옆
　　으로 가로질러 있지만 기세가 있고, 근골의 상태는 양호한
　　편으로 골을 잘 감싸주었다. 관골이입은 약간 부족하고 수골
　　과 옥량골의 상태는 보통 정도이다.
② 면상은 삼정의 조화가 잘 이루어져 있고 오악의 상태는 보통
　　정도이다.
③ 얼굴의 피부는 얇지 않고 두텁다.
④ 명문의 색은 전체의 얼굴보다 좋은 기색을 나타내며 윤기가
　　있다.
⑤ 안형은 가늘고 길며 깊은 듯하고 날카로운 어미가 아래로 처
　　져 있다. 신의 상태는 부족하지만 정은 아직도 양호한 편이다.

⑥ 눈썹은 드물게 났지만 이마 높이 떠서 양 눈(정신)을 잘 보호하고 있다.

⑦ 귀는 크고 단단하다. 수주는 좋은 편이지만 입을 향해 응하고 있지는 않다. 이유장호(耳有長毫)는 해당되지 않는다.

⑧ 코의 산근은 강한 힘을 가지고 쭉 내려 뻗어 비량까지 이어져 그 기세가 강하며 연수상이 튼튼하고 견고하며 풍륭하다.

⑨ 인중은 깊고 길게 뻗어 입을 향해 물을 잘 흘러 보내고 있으며, 법령이 양 지각 옆까지 약간 퍼지면서 흐르고 있다.

⑩ 입은 능선이 뚜렷하며 구각이 유기하다.

⑪ 지각은 방원형을 부드럽게 잘 이루고 있다.

⑫ 턱 아래는 여유가 있으면서 약간의 항하쌍조를 이루고 있다.

☞ 두상이 좋고 이마의 횡골, 오악, 삼정 등이 전체적으로 조화가 잘 이루어지고, 정이 충만하며 특히 중악인 코의 산근, 비량, 연수상의 기세가 뛰어난 장수인이다. 또한 사독(四瀆), 인중과 법령의 물줄기의 흐름이 좋아 맺혀야 할 부분들이 실기(失氣)하지 않고 잘 맺혀져 있는 점 등을 장수의 큰 요인으로 꼽을 수 있다. 앞의 사진은 69세, 뒤의 사진은 97세로 노화의 현상이 뚜렷이 나타나고 있다. 특히 변한 점은 이마의 횡골이다. 이는 천창이 꽉 차지 않았기에 살이 빠지면서 골의 형상이 드러났기 때문이며, 눈의 정과 신 그리고 전체적인 기의 상태가 부족해짐을 알 수 있다.

43) 성별: 여, 87세(말띠), 음력 1918년, 지역: 부산

① 두상·골상: 두상은 둥글면서 약간 방하며, 이마는 횡골을 기세가 떨어지고 앞으로 돌출되어 양기를 띠고 있다. 근골의 상태는 보통이며, 관골이입은 다른 골의 상태보다 양호하며 수골 역시 단단하리라 미루어 추측할 수 있다.

② 면상은 삼정의 조화가 이루고는 있으며 하정의 풍만함이 부족하다. 오악의 상태는 양호한 편이며 북악이 약간 부족하다.

③ 얼굴의 피부는 여유롭고 두텁기는 보통이다.

④ 명문의 색은 밝고 윤기가 있다.

⑤ 눈은 가늘고 긴 눈의 안형이 뛰어나며, 정과 신이 충만하고 깊은 듯하여 신을 잘 은장하고 있다.

⑥ 맑고 수려한 눈썹은 기세를 가지고 눈을 잘 보호하고 있으며, 높이는 보통인 편이다.

⑦ 귀는 크고 두터우며 견고하다. 수주도 크고 두터워 좋은 편
  이지만 입을 향해 응하고 있지는 않다. 이유장호(耳有長毫)
  는 해당되지 않는다.

⑧ 코의 산근은 부드럽고 유연하게 흘러 내려왔으며, 비량은 넓
  고 풍부한 기세를 보이고 있다. 연수상은 함몰되지 않고 튼
  튼하다.

⑨ 인중은 약간의 깊이를 가지고 뛰어나게 길며 여유롭고 평탄
  하게 흐르고 있다. 법령은 깊고 길게 양 지각으로 퍼져 잘
  흐르고 있다.

⑩ 입은 능선이 뚜렷하고 구각이 유기하다.

⑪ 지각은 원형을 이루고 있지만 하정이 풍만하지 못하고 기세
  가 부족하다.

⑫ 턱 아래는 여유가 있고 느긋하지만 항하쌍조를 이루지는 못
  하였다.

☞ 눈이 세장하고 정과 신이 충만한 장수인으로 맑고 수려한 눈
썹과 인중이 뛰어나다. 또한 크고 두터운 귀, 코의 기세, 법령의
상태를 장수의 요인으로 들 수 있다. 하정이 풍만하지 못하고 골
의 강함이 부족하다.

44) 성별: 여, 90세(토끼띠), 음력 1915년 5월 1일,
   지역: 경남 고성

① 두상·골상: 두상은 방하고 원만한 형태이며 이마의 횡골은
   부족한 편이다. 근골의 상태는 양호하며 관골이입이 아주 잘
   되어 있고 수골 또한 단단하리라 추측할 수 있다.
② 면상은 삼정의 조화가 이루어져 있으며, 오악의 융기됨이 살
   과 조화를 잘 이루고 있다.
③ 얼굴의 피부는 두터운 편이며 너그럽고 여유가 있다.
④ 명문의 색은 밝다.
⑤ 안형은 가늘고 길며 날카로운 어미와 더불어 관찰력과 직관
   력이 뛰어나다고 할 수 있다. 정과 신이 좋으며 총기와 정신
   력이 대단하다.
⑥ 눈썹은 희미하며 기세가 부족하다. 이마 높이 떠서 두 눈을

잘 보호하고 있다.

⑦ 귀는 크고 두터우며 견고하다. 수주는 좋은 편으로 입을 향해 약간 응하고 있다.

⑧ 코의 산근은 낮은 편이지만 유연하게 흐르고, 비량의 기세는 강하며 연수상이 튼튼하다.

⑨ 인중은 긴 편으로 깊이가 있으면서 평탄하게 흘렀고, 법령은 양 지각까지 흐르지는 못하였다.

⑩ 입은 작은 편이지만 상순의 능선이 뚜렷하고 구각이 기운이 강하다.

⑪ 지각은 방원형을 이루면서 부드럽게 되어 있다.

⑫ 턱 아래는 두텁고 여유가 있는 피부가 항하쌍조를 잘 이루어 내고 있다.

☞ 관골이입이 잘되어 있고 골육의 조화가 잘 이루어졌으며, 세장한 안형과 더불어 정과 신의 기운이 생생하게 살아 있는 장수인이다. 특히 귀의 후덕함과 입을 향해 응하고 있는 수주는 구각의 유기함과 조화를 잘 이루고 있으며 길고 느긋하게 흐르는 인중, 턱 아래 여유 있게 이루어진 항하쌍조 등이 장수의 요인으로 들 수 있다. 부족한 점은 두상의 두골, 이마의 횡골, 눈썹의 희박함, 법령이 약한 점이다.

45) 성별: 남, 89세(용띠), 음력 1916년 3월 19일,
  지역: 경기도 고양시

① 두상·골상: 두상은 방원형이며 이마의 횡골은 옆으로 잘 뻗
  어 있다. 골의 상태는 양호한 편으로 살이 잘 감싸주고 있으
  며 관골이입은 잘되어 있다.
② 면상은 삼정의 조화가 잘 이루어져 있으며 오악의 상태는 풍
  륭하다.
③ 얼굴의 피부는 두터우면서 너그럽고 수반이 있다.
④ 명문의 색은 약간 어두우나 윤기가 있다.
⑤ 안형은 가늘고 길며 깊은 듯하고 정과 신이 양호하다.
⑥ 눈썹은 많지는 않지만 가늘고 긴 하얀 털(호미)이 여러 개 나
  있고 높이는 보통이다.
⑦ 귀는 두텁고 단단한 편이며 얼굴 옆에 붙어 있는 점이 좋다.

수주는 좋은 편으로 입을 향해 잘 응하고 있다. 귓속에 호이가 나 있다.

⑧ 코는 상하로 곧게 뻗어 내린 산근과 풍부한 비량이 세력을 형성하고 있으며 연수상이 튼튼하다.

⑨ 인중의 길이는 보통이며, 법령은 깊게 물줄기를 형성하고 있지만 길이가 길지 못하다.

⑩ 입은 능선이 뚜렷하면서 구각의 기세가 강하다.

⑪ 지각은 방원형을 이루면서 부드럽게 되어 있다.

⑫ 턱 아래는 느긋하고 여유가 있지만 항하쌍조는 이루어지지 않았다.

☞ 전체적으로 두상과 골상이 좋고 육부와 삼정이 조화를 이루며 오악이 풍륭한 장수인이다. 코의 산근에서부터 비량과 준두에 이르는 풍만하고 강한 기세, 입의 능선과 구각의 강한 기운, 귀의 단단함, 지각의 부드러운 방원형 또한 좋은 점이다. 부족한 점은 눈썹의 기세가 떨어지고 인중과 법령의 길이와 깊이가 부족해 물길이 제대로 이루어지질 못했다고 할 수 있으며 항하쌍조가 제대로 이루어지지 않은 것에서도 물길의 부족함을 느낄 수 있다. 이는 신기의 부족으로 장수에는 지장이 없으나 질환이 있을 수 있다.

46) 성별: 남, 92세(토끼띠), 음력 1915년 4월 18일,
   지역: 경기도 고양시

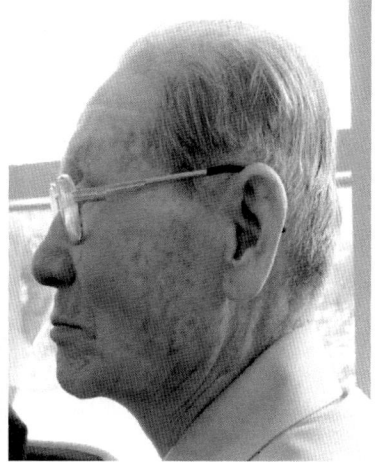

① 두상·골상: 두상은 방원형으로 두정이 약간 솟아 있으면서 전체적으로 강하고 단정한 모습이다. 이마는 횡골이 옆으로 잘 뻗어 있지만 천창이 부족하고 뒤로 넘어간 것이 단점이다. 근골의 상태는 양호하며 관골이입이 잘되어 있다.

② 면상은 삼정의 조화가 잘 이루어져 있으며 오악도 풍륭하게 융기되어 있다.

③ 얼굴의 피부는 두터우며 수반이 형성되어 있지만 색이 약하다.

④ 명문의 색은 밝고 윤기가 있다.

⑤ 안형은 가늘고 길면서 어미가 쭉 뻗어 있다. 눈에 나타나는 정·신의 상태는 충만하다.

⑥ 눈썹의 높이는 보통이며 눈썹에 가늘고 긴 흰 털이 여러 개

나 있다.

⑦ 귀는 크고 단단하며 두텁다. 수주는 좋지만 입을 향해 응하고 있지 않다. 이유장호(耳有長毫)는 나 있지 않다.

⑧ 코의 산근은 낮은 편이지만 유연하게 흘러 내려왔고, 비량의 기세는 풍부하고 넓게 퍼져 세력을 형성하고 있다. 연수상이 튼튼하고 준두가 풍륭하면서 단단하게 맺혀 있다.

⑨ 인중의 길이는 느긋하고 평탄하게 내려왔고 법령은 깊이를 가지고 입을 지나 지각 쪽으로 흘러 내려오고 있다.

⑩ 입은 일자형으로 능선이 뚜렷하며 구각의 기세가 강하다.

⑪ 지각은 방원형을 이루고 있다.

⑫ 턱 아래는 팽팽하지 않고 여유가 있으며 항하쌍조를 완전히 이루지는 못하였다.

☞ 안형이 가늘고 길면서 눈의 정·신이 충만하고 구각의 기세가 강한 장수인이다. 육부와 삼정이 제대로 조화되고 오악이 잘 솟아 있는 점, 귀의 크고 단단한 형태, 비량, 연수상, 준두의 유결, 인중의 평탄함 등이 훌륭하며, 치아는 단단하고 견고했지만 노화에 의해 현재는 틀니를 하고 있다. 부족한 점으로는 이마의 횡골, 산근이 약간 낮은 점, 항하쌍조가 완전히 이루어지지 못한 점들을 들 수 있다.

47) 성별: 여, 85세(원숭이띠), 음력 1920년 2월 11일, 지역: 서울

① 두상·골상: 두상은 둥글지만 방하지 못하고 첨한 기운이 있
   으며, 이마의 횡골 부족한 편이다. 근골의 상태는 보통이며,
   관골이입은 다른 골의 상태보다 월등하게 뛰어나기 때문에 옥
   량골이 강하며 수골 역시 단단하리라 미루어 추측할 수 있다.
② 면상은 삼정의 조화가 이루고는 있지만, 그 기세를 살펴보면
   상정은 부족하고 중정은 강하며 하정은 부족한 면장자에 속
   한다고 볼 수 있다. 오악의 상태는 양 관골인 동·서악이 강
   한 기세를 보이며 나머지는 그에 미치지를 못하고 있다.
③ 얼굴의 피부는 얇게 박하지는 않지만 두텁지 못하고 수반이
   있다.
④ 명문의 색은 파악하기가 어렵다.
⑤ 안형은 가늘고 길며 깊은 듯하여 양호하다. 정과 신의 상태

도 양호하다.

⑥ 눈썹은 이마 높이 떠 있으나 양 눈을 보호하지 못하고 있다.

⑦ 귀는 크고 단단하며 두텁지만 옆으로 벌어져 있는 점이 좋지 못하다. 수주는 좋은 편이지만 입을 향해 응하고 있지는 않다. 이유장호(耳有長毫)는 해당되지 않는다.

⑧ 코는 전체적으로 기세가 떨어진다. 산근과 비량의 기세가 부족하며 약간의 노골에 비공(鼻孔)이 드러나는 현상까지 보인다. 연수상만은 함몰되지 않고 튼튼하다.

⑨ 인중은 깊이는 없으나 길이는 길고 느긋하게 내려와서 평탄함을 주고 있으며, 법령은 깊게 내려오고 있지만 양 지각으로 퍼지지 못하고 입 쪽으로 오므라들어 있어 소화기 장애가 있으리라고 추측된다.

⑩ 입은 능선이 뚜렷하지 못하고 구각의 기세 역시 약하다.

⑪ 지각은 방원형을 만들고는 있지만 하정이 풍만하지 못하고 기세가 부족하다.

⑫ 턱 아래는 항하쌍조가 제대로 이루어지지 못하였으나 여유가 있다.

☞ 중부의 강한 기세로 관골이입, 옥량골, 수골이 강하며 인중의 길이가 유난히 길고 느긋하며 평탄한 장수인이다. 귀의 크고 두터움, 안형이 좋고 정과 신이 좋으며, 부족한 점은 두상, 특히 중악인 코의 산근, 비량의 기세가 현저히 떨어지는 점이다. 삼정이 조화를 이루고 있지만 그 기세의 균형이 부족하고 법령이 입을 향해 있어 기력이 떨어지며 잦은 질병으로 고생을 하고 있는 장수인이라고 할 수 있다.

48) 성별: 여, 91세(호랑이띠), 음력 1914년 12월 20일,
　　지역: 대전

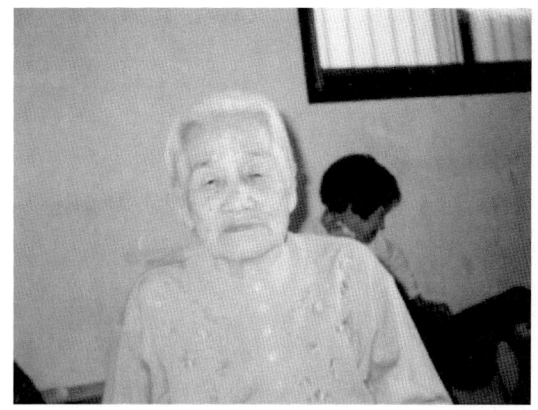

① 두상・골상: 두상은 방정하고 두각과 액각이 뚜렷하다. 이마
　　의 횡골이 가로질러 이마를 꽉 채우고 있으며 그 기세가 뛰
　　어나다. 근골의 상태는 양호한 편이고, 관골이입은 보통이며
　　시골이 강하다. 대체적으로 골기가 강한 사람이다.
② 면상은 삼정의 조화가 잘 이루어져 있고 오악의 상태는 보통
　　정도이다.
③ 얼굴 피부의 두텁기는 보통 정도이지만 윤기가 있고 맑으며
　　수반이 좋다.
④ 명문의 색은 파악하기가 어렵다.
⑤ 안형은 가늘면서 길지는 않고 보통이다. 정이 충만하며 신의
　　상태는 약간 부족하다.
⑥ 눈썹은 맑고 부드러우며 이마 높이 떠서 양 눈(정신)을 잘 보

호하고 있다.

⑦ 귀는 크고 단단하며 두텁고 홍조를 띠고 맑으면서 윤기가 있다. 수주는 좋으며 입을 향해 응하고 있다. 이유장호(耳有長毫)는 해당되지 않는다.

⑧ 코의 산근은 낮은 편이지만 유연하게 흘러 내려왔고, 비량의 기세는 약간 부족하지만 넓게 퍼져 있는 것이 그 세력을 나타내며 연수상이 튼튼하다.

⑨ 인중의 길이는 보통 정도로 편안하며 깊이가 있다. 법령이 양 지각 옆까지 약간 퍼지면서 내려왔지만 뚜렷한 금루를 이루고 있지는 못하다.

⑩ 입은 방하면서 넓고 특히 하순의 능선에 힘이 있어 상순을 잘 받치고 있다. 구각은 대단한 기세를 보이고 있다.

⑪ 지각은 방형을 이루고 있으며 시골의 강한 힘이 있다.

⑫ 턱 아래는 항하쌍조가 이루어지지 않았으며 피부의 여유로움도 보통 정도이다.

☞ 골육의 조화가 잘되어 있는 장수인으로 전체적으로 강한 골기의 힘을 지니고 있다. 눈에는 정이 충만하며 귀의 크고 후덕함과 함께 수주가 입에 조응이 잘되어 있다. 입이 넓고 방하면서 능선이 뚜렷하고 구각의 기세가 강하다. 부족한 점으로는 신이 강하지 못하고 비량의 기세가 부족하며 항하쌍조를 이루는 턱 아래가 여유롭지 못한 것을 들 수 있다. 정과 골기와 귀의 상태를 보면 선천적인 신기가 뛰어난 건강한 장수인이다.

49) 성별: 여, 88세(뱀띠), 음력 1917년 2월 16일, 지역: 경남 고성

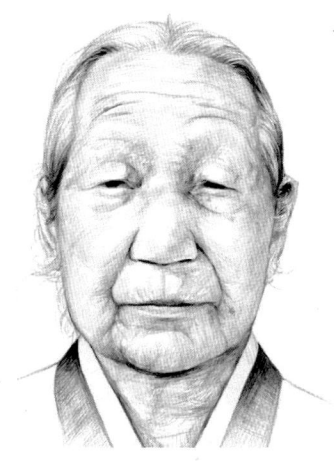

① 두상·골상: 두상은 방원형이며 이마의 횡골은 부족한 편이다. 근골의 상태는 양호하며 관골이입이 보통인 편이며 골보다 살이 많다.

② 면상은 삼정의 조화가 약간 부족한 편으로 상정이 약간 부족하고, 중·하정으로 갈수록 좋아지는 면장자에 해당한다. 오악의 융기됨보다 살이 풍만하다.

③ 얼굴의 피부는 두터운 편이며 너그럽고 여유가 있다.

④ 명문의 색은 밝다.

⑤ 안형은 가늘며 긴 편으로 깊은 듯하다. 정과 신이 양호하다.

⑥ 눈썹은 희미하며 기세가 부족하지만 이마 높이 떠 있다.

⑦ 귀는 크고 두터우며 단단하다. 수주는 좋은 편으로 입을 향해 약간 응하고 있다.

⑧ 코의 산근은 낮은 편이지만 넓고 풍만하여 잘 흐르고, 비량의 기세는 황번·표미와 더불어 강한 기세를 보이고 있으며 연수상이 튼튼하다.

⑨ 인중은 긴 편으로 깊이가 있으면서 평탄하게 흘렀고, 법령은 양 지각까지 흘러 멋진 금루를 형성하고 있다.

⑩ 입은 작은 편이지만 능선이 양호하고 구각이 기운이 강하다.

⑪ 지각은 방원형을 이루면서 부드럽게 되어 있다.

⑫ 턱 아래는 두텁고 여유 있는 피부가 항하쌍조를 잘 이루어 내고 있다.

☞ 귀의 후덕함과 입을 향해 응하고 있는 수주, 인중과 법령이 만들어 내는 풍부한 물줄기가 뛰어나며, 항하쌍조가 잘 이루어져 있고, 특히 코의 산근, 비량, 연수상이 강하여 건강한 장수인이라고 할 수 있다. 부족한 점은 두골의 두상, 이마의 횡골, 오악의 융기부족 등 골이 살에 묻혀 있는 점, 눈썹의 약함을 들 수 있다.

50) 성별: 여, 88세(뱀띠), 음력 1917년 6월 26일, 지역: 전북 전주

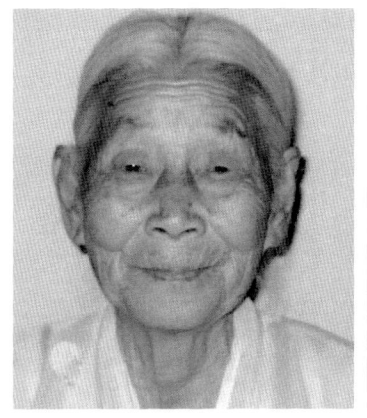 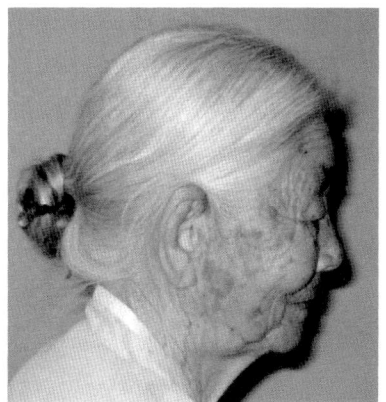

① 두상·골상: 두상은 둥글고 원만하며 이마는 낮지만 단정하고, 횡골의 상태는 부족하다. 근골의 상태는 양호한 편으로 살이 골을 잘 감싸주었고, 관골은 좋으나 이입(耳入)은 보통으로 수골의 단단함 역시 보통 정도이다.

② 면상은 삼정의 조화가 이루어지지 않아 상정은 부족하고 중정이 강하며 하정은 편안해 보인다. 오악의 상태는 양호한 편이다.

③ 얼굴의 피부는 두터운 편으로 수반이 잘 이루어져 있다.

④ 명문의 색은 보통이다.

⑤ 안형은 길이는 상당히 부족하지만 가늘며, 신보다는 정이 좋은 상태이다.

⑥ 눈썹은 기세도 있으면서 이마 높이 떠 양 눈을 잘 보호하고 있다.

⑦ 귀는 크고 두텁고 단단하며, 수주는 좋은 편이지만 입을 향해 응하고 있지는 않다. 이유장호(耳有長毫)는 해당되지 않는다.

⑧ 코의 산근은 약간 부족하고, 비량은 넓고 강하여 기세가 있으며 연수상이 튼튼하다.

⑨ 인중은 깊이는 없으나 길이는 길게 느긋하게 내려와서 평탄함을 주고 있으며, 법령은 넓게 퍼져 내려오고 있지만 지각까지 가지를 못해 기세가 부족하다.

⑩ 입은 능선이 뚜렷하고 구각의 기세가 강하다.

⑪ 지각은 방원형을 이루고 있지만 풍만하지는 못하다.

⑫ 턱 아래는 얼굴의 피부에 비해 여유 있지 못하다.

☞ 골이 섬세하면서도 강하고 중악의 기세가 뛰어난 장수인이다. 관골, 코의 비량, 크고 두텁고 단단한 귀, 길게 뻗어 내린 평탄한 인중과 야무진 입의 능선과 구각의 유기 등을 장수할 수 있는 점으로 들 수 있다. 반면 삼정의 조화가 제대로 이루어지지 못해 상정이 부족하고 하정이 풍만하지 못한 점, 항하쌍조를 이루지 못한 것이 부족한 점이라 할 수 있다.

(2) 100세 장수인 분석

1) 성별: 여

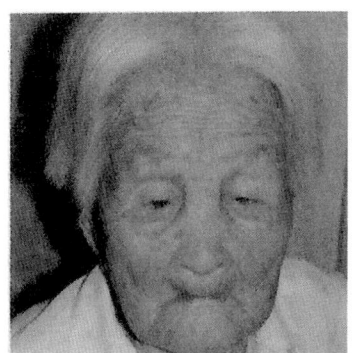

① 두상·골상: 두상은 방원한 형태로 골의 풍만함이 돋보이며, 이마의 횡골은 양옆까지 가로질러 단단함을 보이고 있다. 근골의 상태는 양호한 편으로 살이 골을 잘 감싸주고 있어 골육의 조화가 잘 이루어지고 있다. 관골이입은 양호하다.

② 면상은 삼정의 조화가 잘 이루어져 있고 오악의 상태는 양호하다.

③ 얼굴의 피부는 보통이며 수반이 잘 형성되어 있다.

④ 명문의 색은 파악하기가 어렵다.

⑤ 안형은 가늘고 길며 깊은 듯하고 정과 신의 상태는 양호한 편이다.

⑥ 눈썹은 희박하여 기세는 부족하지만 이마 높이 떠서 편안하게 양 눈(정신)을 잘 보호하고 있다.

⑦ 귀는 파악하기가 어렵다.

⑧ 코의 산근은 넓고 두터우며 그 기세가 강하고, 비량은 양옆의 넓고 단단한 황번·표미의 기세와 더불어 그 위상을 나타내며 연수상이 튼튼하다.

⑨ 인중은 깊이는 있지만 약간 짧은 듯이 보인다. 법령은 양 지각 옆까지 약간 퍼지면서 내려왔지만 금루는 형성하지 못하였다.

⑩ 입은 치아가 모두 빠져 판단하기는 힘들지만 구각의 유기함이 보인다.

⑪ 지각은 방원형을 부드럽게 잘 이루고 있다.

⑫ 턱 아래는 판단하기가 어렵다.

☞ 100세인임에도 불구하고 형과 신이 유여하며 두상과 골상, 이마의 횡골, 특히 코의 산근, 비량, 황번·표미의 대단한 기세를 타고난 장수인이라 할 수 있다. 부족한 점은 눈썹의 희박함과 인중을 들 수 있다.

2) 성별: 여

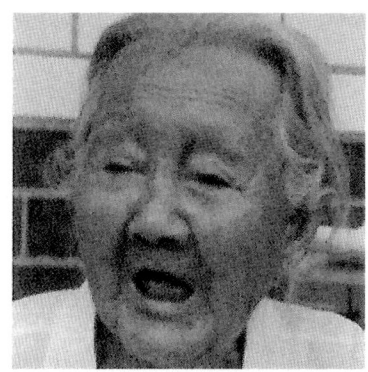

① 두상·골상: 두상은 방하면서 원만한 형태이며, 이마의 횡골은 잘 뻗어 있어 그 기세가 좋다. 근골의 상태는 양호한 편이고, 골육의 조화가 잘되어 있으며 관골이입은 약간 부족한 편이다.

② 면상은 삼정 중 상정이 약간 부족하고 하정이 풍부하다. 오악의 상태는 양호한 편이다.

③ 얼굴의 피부는 얇지 않고 두터운 편에 속한다.

④ 명문의 색은 파악하기 어렵다.

⑤ 안형은 가늘고 길며 깊은 듯하고 정과 신의 상태는 양호한 편이다.

⑥ 눈썹은 기세는 약하지만 이마 높이 떠서 편안하게 양 눈(정신)을 잘 보호하고 있다.

⑦ 귀는 큰 편이고, 수주는 좋은 편이지만 입을 향해 응하고 있

지는 않다.

⑧ 코는 산근이 강한 기세를 띠고 있지 않지만 용맥이 유연하게 흘러 내려왔고, 비량의 기세는 약간 부족하다. 연수상은 강하지는 못하나 함몰되지 않았다.

⑨ 인중의 길이와 깊이 그리고 평탄함은 부족한 편이며, 법령은 양 지각 옆까지 약간 퍼지면서 내려와 금루를 이룬 것이 아주 좋다.

⑩ 입은 치아가 모두 빠져 판단하기는 힘들지만 구각이 무기(無氣)하지는 않다.

⑪ 지각은 방원형을 부드럽게 잘 이루고 있다.

⑫ 턱 아래는 파악하기가 어렵다.

☞ 두상과 두골, 이마의 횡골, 관골 등골의 상태가 강하지는 않지만 섬세하면서도 단단함이 나타나며 골육의 조화가 잘 이루어진 장수인이다. 눈의 정과 신의 기가 양호하며 법령에서 금루를 이루어 좋은 물길을 형성하고 있는 것이 장수의 요인이라 할 수 있다. 부족한 점은 삼정의 부조화, 인중의 깊이와 길이, 구각의 상태를 들 수 있다.

3) 성별: 여

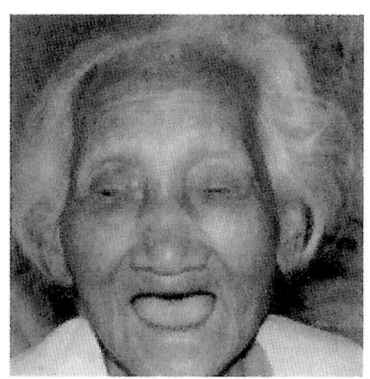

① 두상·골상: 두상은 방원형이며 이마의 횡골은 잘 뻗어 단정하고 방하여 기세가 양명하다. 근골의 상태는 양호한 편이고 특히 관골의 강한 기세가 그대로 귀를 향하여 들어가고 있다.

② 면상은 삼정의 조화를 잘 이루었으며 오악의 상태는 양호한 편이다.

③ 얼굴의 피부는 보통인 편으로 여유가 보이며 수반이 이루어져 있다.

④ 명문의 색은 파악하기 어렵다.

⑤ 안형은 가늘지만 길이는 부족하다. 양 눈에 나타나는 정과 신을 파악하기는 어려우나 전체적인 형상을 미루어 볼 때 양호하다고 할 수 있다

⑥ 눈썹은 기세는 약하며 이마 높이 떠서 양 눈(정신)을 잘 보호하고 있다.

⑦ 귀는 크고 두터운 편으로 수주가 좋으며 입을 향해 응하고 있다.

⑧ 코의 산근은 넓고 그 기세가 강하며, 비량은 황번·표미의 넓고 단단한 기세와 더불어 그 기운이 대단하다. 연수상은 사진으로 보아서는 함몰된 것처럼 보이고 있는데, 단단한 비골과 비량에서 함몰을 보기가 어렵기 때문에 사진의 이상일 수 있다는 생각도 든다. 100세인의 경우 실제 인물을 보지 않아서 확인하기가 어려움이 있다.

⑨ 인중의 길이와 깊이 그리고 평탄함은 부족한 편이며, 법령은 양 지각 옆까지 약간 퍼지면서 내려왔지만 금루를 이루지는 못하였다.

⑩ 입은 치아가 모두 빠져 판단하기는 힘들지만 구각의 유기함을 읽을 수 있다.

⑪ 지각은 방원형을 잘 이루고 있다.

⑫ 턱 아래는 파악하기가 어렵다.

☞ 두상과 두골, 이마의 횡골, 관골, 비골 등골의 기세가 뛰어난 장수인이다. 특히 중악인 코의 산근, 비량, 황번·표미의 기세는 남다르다. 더불어 귀와 수주의 상태, 법령의 상태 등을 장수의 요인으로 꼽을 수 있다. 부족한 점은 인중의 깊이와 길이에 있다.

4) 성별: 여

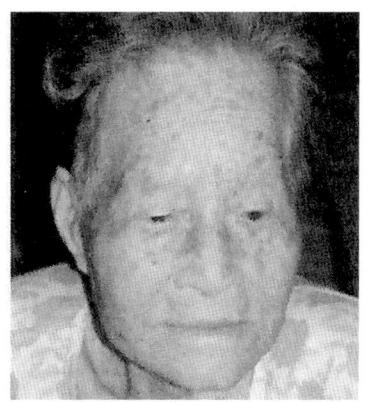

① 두상·골상: 두상은 방원형이며 이마의 횡골은 부족한 편이다.
근골의 상태는 양호한 편이고, 관골이입이 잘되어 있으며 옥
량골의 기세가 강하며 수골 역시 단단하리라 추측할 수 있다.
② 면상은 삼정의 조화를 잘 이루었으며 오악의 상태는 양호한
편이다.
③ 얼굴의 피부는 보통인 편으로 여유가 보이며 수반이 많이 있다.
④ 명문의 색은 파악하기 어렵다.
⑤ 안형은 보통이며, 양 눈에 나타나는 정과 신을 파악하기는
어렵지만 전체적인 형상을 미루어 볼 때 양호한 편이라고
할 수 있다
⑥ 눈썹은 기세는 약하며 이마 높이 떠 있다.
⑦ 귀는 단단한 편으로 수주가 좋으며 입을 향해 응하고 있다.
⑧ 코의 산근은 기세가 강하고 곧게 뻗어 흘렀으며, 비량 역시

그 기세가 강하다. 연수상은 단단한데 살이 부족해 보인다.

⑨ 인중의 길이와 깊이 그리고 평탄함은 보통인 편이며, 법령은 양 지각 옆까지 약간 퍼져 나가는 점이 좋다.

⑩ 입은 일자형으로 능선이 뚜렷하며 구각이 유기하다.

⑪ 지각은 강한 시골과 함께 방형을 이루고 있다.

⑫ 턱 아래는 파악하기가 어렵다.

☞ 두상과 두골, 관골이입, 옥량골, 비골, 시골 등골의 기운이 강한 장수인이다. 수반이 많으며 코의 산근, 비량, 연수상이 좋고, 다른 100세인들에 비해 입의 능선과 구각의 기세가 좋다. 부족한 점은 이마의 횡골이 넓게 뻗지 못한 점, 인중의 깊이와 길이, 지각이 원만하지 못한 점, 살의 부족 등을 들 수 있다.

5) 성별: 여

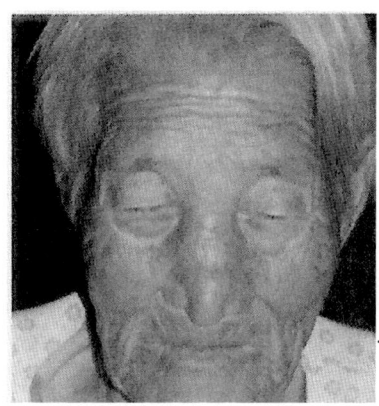

① 두상·골상: 두상은 방원형을 이루고 있으며 이마의 횡골은 옆으로 잘 뻗어 있다. 근골의 상태는 양호한 편이고 관골이 입은 파악하기가 어렵다.

② 면상은 삼정의 조화를 잘 이루었으며 오악의 상태는 양호한 편이다.

③ 얼굴의 피부는 두텁고 너그러운 편이다.

④ 명문의 색은 파악하기 어렵다.

⑤ 안형은 길어 보이고 양 눈에 나타나는 정과 신을 파악하기는 어렵다. 하지만 전체적인 형상을 미루어 볼 때 양호하다고 할 수 있다

⑥ 눈썹은 다른 100세인에 비해 기세가 있으며 높이는 보통이다.

⑦ 귀는 파악하기 어렵다.

⑧ 코의 산근은 넓고 그 기세가 대단하며, 비량은 황번·표미의

넓고 단단한 기세와 더불어 그 기운이 뛰어나다. 단단한 비골을 형성하고 있는 연수상은 강하며 튼튼하여 오히려 준두와 난대·정위를 부족하게 만들고 있다.

⑨ 인중의 길이와 깊이 그리고 평탄함은 짧아 많이 부족하다고 할 수 있으며, 법령은 양호한 편이다.

⑩ 입은 치아가 모두 빠져 판단하기는 힘들지만 구각이 무기하지는 않다.

⑪ 지각은 방형을 이루고 있으며 있으면서 강한 기세를 띠고 있지만 원만함이 부족하다.

⑫ 턱 아래는 파악하기가 어렵다.

☞ 두상과 두골, 이마의 횡골, 비골 등골의 기세가 좋은 장수인이다. 특히 중악인 코의 산근, 비량, 황번·표미의 기세는 뛰어나다. 인중의 깊이와 길이는 크게 부족하며 지각의 원만함도 약하다.

6) 성별: 남

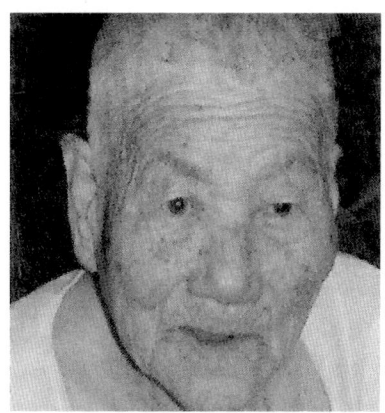

① 두상·골상: 두상은 방하면서 원만한 형태이며 이마의 횡골
   은 천창의 부족으로 뻗어 나감이 부족하지만 기세는 좋다.
   근골의 상태는 양호한 편이고 골육의 조화가 잘되어 있으며
   관골이입도 양호하다.
② 면상은 삼정의 상정이 약간 부족하고 중정이 강하며 하정의 길
   이는 좋지만 풍만함이 부족하다. 오악의 상태는 양호한 편이다.
③ 얼굴의 피부는 보통이며 여유가 있고 수반이 잘 이루어져 있다.
④ 명문의 색은 파악하기 어렵다.
⑤ 안형은 세장함이 부족하고 정과 신의 상태는 양호한 편이다.
⑥ 눈썹은 기세를 가지고 눈을 잘 보호하고 있으며 높이는 적당
   한 편이다.
⑦ 귀는 크고 단단한 편이며 수주는 좋고 입을 향해 약간 응하
   고 있다.

⑧ 코는 산근이 강한 기세를 띠고 잘 흐르고 비량의 기세는 역시 단단하다. 연수상은 강하고 튼튼하다.

⑨ 인중의 길이와 깊이는 보통이며 법령은 양 지각 옆까지 약간 퍼지면서 잘 흐르고 있다.

⑩ 입은 치아가 모두 빠져 판단하기는 힘들지만 구각의 유기함이 나타나 보인다.

⑪ 지각은 방원형을 이루지 못하여 턱이 뾰족한 편이며 하정이 풍만하지 못하다.

⑫ 턱 아래는 파악하기가 어렵다.

☞ 두상과 두골, 관골 등 골의 상태가 맑고 섬세하여 전체적으로 청수한 장수인이다. 코의 산근, 비량, 연수상의 강한 기세와, 귀의 후덕함, 수주와 입의 조응 등을 장수의 요인으로 들 수 있다. 부족한 점은 삼정이 부조화된 가운데 하정의 부족함, 인중의 깊이와 길이 등이다.

7) 성별: 남

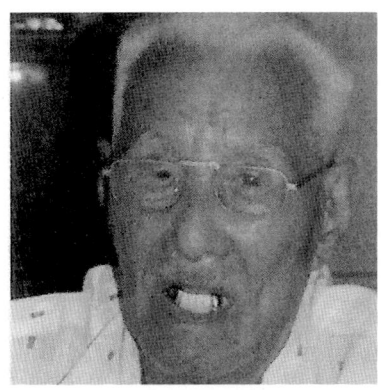

① 두상·골상: 두상은 방하면서 원만한 형태이지만 넓지 못하고 좁은 것이 단점이라고 할 수 있다. 이마의 횡골은 천창의 부족으로 그 기세가 떨어진다. 근골의 상태는 양호한 편이고, 골육의 조화가 잘되어 있으며 관골이입은 약간 부족한 편이다.

② 면상은 삼정의 조화가 이루어져 있으며 하정이 풍부한 면장자에 속한다. 오악의 상태는 양호한 편이다.

③ 얼굴의 피부는 두터운 편이다.

④ 명문의 색은 파악하기 어렵다.

⑤ 안형은 가늘고 길지 못하며, 눈에 나타나는 정과 신의 상태는 약한 편이지만 전체적인 근골과 형상을 살펴보면 보통 정도로 판단할 수 있다.

⑥ 눈썹은 기세가 있고 눈을 잘 덮어주고 있으며 높이는 보통이다.

⑦ 귀는 크고 두텁고 단단한 편이다. 수주는 좋으며 입을 향해

응하고 있다.

⑧ 코는 산근이 넓고 강하지는 않지만 부드럽고 유연하게 흘러 비량에서 준두까지 곧게 내려왔다. 연수상은 견고하다.

⑨ 인중의 길이와 깊이 그리고 평탄함은 부족한 편이며, 법령 역시 부족하다고 할 수 있다.

⑩ 입은 구각이 유기하지는 못하다. 하지만 자신의 치아를 가지고 있다는 것은 치아의 상태가 조밀하고 튼튼했음을 알 수 있다.

⑪ 지각은 방원형을 부드럽게 잘 이루고 있다.

⑫ 턱 아래는 파악하기가 어렵다.

☞ 면장자로서 삼정의 조화 특히 하정이 풍부한 장수인이다. 귀의 후덕함과 수주가 입을 향해 응한 점, 코의 산근, 비량 등이 단단하면서 반듯하고 단아한 점, 아직까지도 자신의 치아를 가지고 있는 점, 지각이 부드러운 방원형을 이룬 점들이 장수의 요인이 되었다. 부족한 점은 두상과 면상이 좁은 점, 이마의 횡골 부족, 눈의 정과 신의 부족, 인중의 부족 등을 들 수 있다.

8) 성별: ?

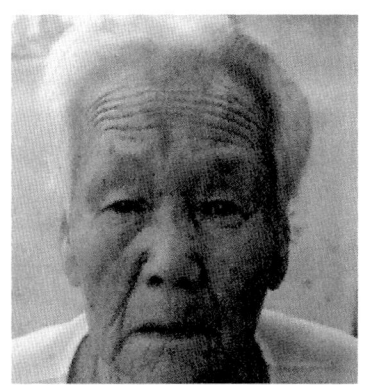

① 두상·골상: 두상은 방원형이며 이마의 횡골은 잘 뻗어 단정
하고 기세가 강하다. 근골의 상태는 양호한 편이고 골육의
조화가 이루어져 있다. 관골이입은 보통이다.

② 면상은 삼정의 조화가 잘 이루어졌으며 오악의 상태는 양호
한 편이다.

③ 얼굴의 피부는 두터운 편으로 너그럽고 여유가 있다.

④ 명문의 색은 파악하기 어렵다.

⑤ 안형은 길이가 약간 부족하고, 양 눈에 나타나는 정과 신은
강한 기운을 띠고 있다. 신보다 정이 더 좋은 편이다.

⑥ 눈썹은 희박하지만 이마 높이 떠서 편안하게 양 눈(정신)을
잘 보호하고 있다.

⑦ 귀는 두터운 편으로 얼굴 옆에 은밀하게 있는 것이 좋은 점
이다. 수주가 좋으며 입을 향해 응하고 있다.

⑧ 코의 산근은 낮지만 부드럽게 잘 흐르고, 비량은 넓게 퍼져 그 기세를 보이고 있다. 연수상은 단단한데 코의 길이가 짧은 것이 흠이다.

⑨ 인중은 길고 깊이가 있으며 느긋하고 여유 있게 평탄함을 가지고 흐르고 있다. 법령은 양 지각 옆까지 약간 퍼지면서 인중과 함께 좋은 물줄기를 형성하고 있다.

⑩ 입은 상하순의 능선이 뚜렷하고 구각의 유기함이 돋보인다.

⑪ 지각은 방원형을 잘 이루고 있다.

⑫ 턱 아래는 파악하기가 어렵다.

☞ 삼정의 조화가 잘 이루어졌으며 정과 신이 좋고, 인중과 법령의 물줄기가 뛰어난 장수인이다. 귀의 후덕함, 수주의 상태, 구각의 유기함 등을 장수의 요인으로 꼽을 수 있다. 부족한 점으로는 이마의 횡골, 관골의 이입이 다른 점들에 비해 약함을 들 수 있다.

9) 성별: 남

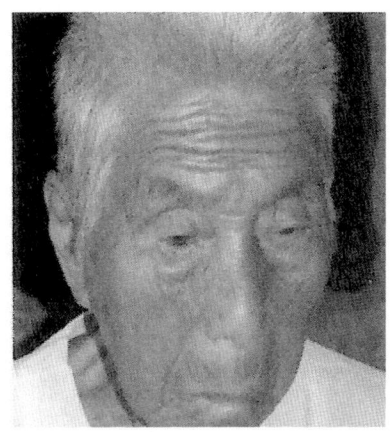

① 두상·골상: 두상은 둥근형으로 방하지 못하고 좁은 것이 단
점이라고 할 수 있다. 그에 따라 이마의 횡골 역시 제대로
이루어지지 못했다. 근골의 상태는 양호한 편이고 관골이입
은 양호한 편이다.

② 면상은 삼정의 조화가 이루어지지 않았으며, 상정이 부족하
고 중·하정이 강한 면장자에 해당한다. 오악의 상태는 보통
보다 떨어지는 편이다.

③ 얼굴의 피부는 보통이다.

④ 명문의 색은 파악하기 어렵다.

⑤ 안형은 가늘고 길지 못하며, 눈에 나타나는 정과 신의 상태
는 약하고, 전체적인 근골과 형상을 살펴보아도 정과 신의
상태가 다른 100세인보다 약함을 알 수 있다.

⑥ 눈썹은 기세가 있으면서 눈을 잘 덮고 있으며, 이마 높이 떠

있다.

⑦ 귀는 크고 두텁고 단단한 편이다. 수주는 보통이다.

⑧ 코의 산근과 비량은 곧고 반듯하여 기세가 있고 연수상은 견고하다.

⑨ 인중은 길고 깊이가 있으며 느긋하고 여유 있게 평탄함을 가지고 흐르고 있다. 법령은 길게 내려오고 있지만 양 지각 옆으로 넓게 퍼져 있지를 못하고 입으로 오그라져 있음이 좋지 못하다.

⑩ 입은 치아가 모두 빠져 판단하기는 힘들지만 구각의 유기는 보통인 편이다.

⑪ 지각은 방원형을 잘 이루어지지 않았으며 살이 부족한 편이다.

⑫ 턱 아래는 파악하기가 어렵다.

☞ 면장자로서 인중과 법령의 물줄기가 뛰어 장수인이다. 귀의 후덕함, 코의 산근, 비량, 연수상의 견고하고 강한 기세 등을 장수의 요인으로 들 수 있다. 부족한 점으로는 두상과 두골, 이마의 횡골, 관골의 이입 등 전체적인 골상과 정과 신을 들 수 있다.

10) 성별: 남

① 두상·골상: 두상은 방원형이며 이마의 횡골은 단정하지만 기세가 약간 부족하다. 근골의 상태는 양호한 편이고 골보다는 살이 더 많다. 관골이입은 보통이다.

② 면상은 삼정의 조화가 잘 이루어졌으며 오악의 상태는 양호한 편이다.

③ 얼굴의 피부는 두터운 편으로 너그럽고 여유가 있다.

④ 명문의 색은 파악하기 어렵다.

⑤ 안형은 길이가 약간 부족하고 양 눈에 나타나는 정과 신은 보통인 편이다.

⑥ 눈썹은 기세를 띠고 이마 높이 떠서 편안하게 양 눈(정신)을 잘 보호하고 있다.

⑦ 귀는 크고 단단하며 두터운 편이다. 수주가 좋으며 입을 향해 약간 응하고 있다.

⑧ 코의 산근은 강한 기세를 가지고 비량, 연수상을 거쳐 준두
까지 잘 흐르고 있다. 연수상은 견고하다.

⑨ 인중의 길이는 보통이며 깊이가 있다. 법령은 양 지각 옆까
지 약간 퍼지면서 잘 흐르고 있다.

⑩ 입은 치아가 모두 빠져 판단하기는 힘들지만 구각은 유기하다.

⑪ 지각은 방원형을 잘 이루고 있다.

⑫ 턱 아래는 파악하기가 어렵다.

☞ 두상과 두골이 방원형을 잘 형성하고 삼정과 조화가 잘 이루
어진 장수인이다. 코의 산근, 비량, 연수상이 강하고 단단하며 무
엇보다 크고 견고하며 두터운 귀, 입을 향해 웅하고 있는 수주, 풍
만한 하정과 방원형을 잘 이루고 있는 지각을 장수의 요인으로 들
수 있다. 부족한 점으로는 정과 신의 상태, 기세가 부족한 이마의
횡골과 관골이입, 골보다 살이 더 풍만한 점 등을 들 수 있다.

3. 장수인의 분석결과 및 평가

(1) 85세 이상 장수인

장수의 여러 요인 중 몇 가지만 가지고 있다고 해서 장수하는 것은 아니고, 그 요인들이 서로 조화되면서 뛰어난 부분(상・상)이 부족한 부분(중)을 채워 주고 있을 때 장수 할 수 있다. 부족한 부분에 있어서는 적어도 빈약한 부분(하・하)의 상태는 없어야 한다.

장수의 요인 분석틀에 의한 결과에 의하면 상・상에 해당되는 장수인은 12명[245]으로 24%, 상은 24명[246]으로 48%, 중은 12명[247]으로 24%, 하는 2명[248]으로 4%이다. 상・상의 경우는 분석기준 28가지 중 1~4개 정도가 부족한데, 부족한 부분의 경우도 상에 해당된다. 상의 경우는 5~8개가 부족하며 이 부분의 경우는 상과 중에 해당된다. 중의 경우는 9~12개가 부족한데, 이 부분의 경우는 중・상에 해당되며 좋은 부분은 상・상의 경우도 있다. 하의 경우는 9~12개가 부족한데 부족한 부분은 중・상, 간혹 하(1~2)의 경우도 있으며 좋은 부분은 아주 좋아 상・상 또는 상에 해당

---

245) 장수의 요인 분석틀에 의한 결과(상・상), 5(인중・법령・목), 26(눈썹・법령), 35(오악풍륭・입), 9(귀・법령・눈썹・목), 10(수반・눈썹・목), 46(눈썹・목), 37(관골이 입・인중), 42(귀의 수주), 21(안형・목), 44(두상・인중), 8(오악풍륭・비량), 33(눈・눈썹)의 장수인은 ( )의 부족한 부분이 상・상에는 미치지 못하지만, 부족한 부분 역시 상에 해당된다고 할 수 있다.

246) 장수의 요인 분석틀에 의한 결과(상): 1, 2, 3, 6, 7, 11, 12, 13, 14, 15, 19, 20, 24, 29, 30, 34. 38, 40, 41 43, 48, 50.

247) 장수의 요인 분석틀에 의한 결과(중): 4, 16, 17, 18, 22, 23, 25, 27, 34, 36, 39, 47.

248) 장수의 요인 분석틀에 의한 결과(하): 28, 32.

되는 경우도 있다. (부록 <표 5> ~ <표 10> 참조).

상·상에 해당하는 장수인은 장수의 요인을 완전하게 갖추고 있는 타고난 장수인이라 할 수 있고, 상에 해당하는 장수인은 조금 부족한 면이 있긴 하지만 서로의 요인들을 가감승제하면 충분하게 장수할 수 있는 사람들이라 할 수 있으며, 중·상과 중에 해당하는 장수인은 건강관리를 잘하면 장수할 수 있는 사람들이라 할 수 있다. 하의 요인이 1~2개가 있는 경우는 장수를 하고는 있지만 질병이 있는 상태가 있었으며 이들은 두 사람밖에 나타나지 않았다. 이 경우 일반적으로 장수인들이 가지고 있는 장수요인에서는 부족한 점이 나타났으나 다른 장수인들의 부족한 부분(예: 인중)이 가장 좋은 상·상으로 나타났음을 확인할 수 있었다. 이를 다시 상·중·하로 구분하면 상은 72%, 중은 24%, 하는 4%이다.

정·기·신, 두상·골상, 면상의 내용을 중심으로 장수인을 종합 분석한 결과는 다음과 같다.

1) 정 · 기 · 신(精氣神)

인체 내에서 형상을 이루는 근본인 정·기·신의 상태가 어떠한가에 따라 부귀·빈천·수요·현우 등을 판단하는데, 특히 수요에 관한 것은 정·기·신을 보는 것이 중요하다. 눈에서 나타나는 정·기·신의 상태와 함께 전체적인 형상에 따른 정·기·신을 파악 분석하였다.

정·기·신의 상태가 상에 해당하는 장수인은 36명[249]으로 72%

---

249) 정·기·신의 상태(상): 2, 5, 6, 7, 8, 9, 10, 11, 12, 13, 15, 18, 19, 20, 21, 22, 23, 24, 26, 29, 33, 34, 35, 36, 37, 38, 40, 41, 42, 43, 44, 45, 46, 49, 50.

인데, 특히 5, 7, 10, 26, 29, 37의 경우는 정신력이 뛰어나다고 할
수 있다. 중의 경우는 14명250)으로 28%이며 3, 11, 14의 경우 눈
에서 정·기·신의 파악하기가 어려웠으나 전체적인 형상에서
정·기·신을 관찰하였다. 하의 경우는 한 사람도 없었다. 정·
기·신의 상태가 상에 해당하는 사람들은 형상에 나타나는 장수의
요인에서도 상 또는 중·상의 상태임을 알 수 있었다. (부록 <표
13> 참조).

2) 두상(頭相)·골상(骨相)

두상과 액유횡골(額有橫骨), 근골의 상태를 하나로 합하여 결과
를 도출하고, 관골의 이입상태와 옥량골, 수골의 상태를 묶어서 결
과를 도출해 내었다. 이는 두상과 액유횡골, 근골의 상태가 좋으면
서도 관골의 이입상태가 부족한 경우가 있고, 관골의 이입상태가
뛰어나 옥량골, 수골의 상태 역시 양호한데 두상과 액유횡골, 근골
의 상태는 부족한 경우가 있기 때문이다.

두상과 액유횡골, 근골의 상태가 상·상에 해당하는 장수인은
15명251)으로 30%로 나타났고 상은 21명252)으로 42%, 중·상은 7
명253)으로 14%, 중은 3명254)으로 6%, 중·하는 4명255)으로 8%로

---

250) 정·기·신의 상태(중): 1, 3, 4, 14, 16, 17, 25, 27, 28, 30, 31, 32, 47, 48.
251) 두상과 액유횡골, 근골의 상태(상·상): 3, 5, 10, 14, 16, 21, 26, 33, 30, 35, 37, 41,
42, 45, 48.
252) 두상과 액유횡골, 근골의 상태(상): 4, 6, 9, 13, 15, 18, 20, 22, 23, 27, 29, 31, 34,
36, 39, 38, 44, 46, 49.
253) 두상과 액유횡골, 근골의 상태(중·상): 11, 12, 19, 43, 40, 50.
254) 두상과 액유횡골, 근골의 상태(중): 17, 25, 32.
255) 두상과 액유횡골, 근골의 상태(중·하): 1, 24, 28, 47.

나타났으며 하의 경우는 한 사람도 없었다. 상·중·하로 구분하면 상에 해당하는 장수인은 모두 36명으로 72%이고, 중에 해당하는 장수인은 모두 14명으로 28%이며, 하에 해당하는 장수인은 한 사람도 없었다.

상·상 또는 상에 해당하는 장수인들은 모두 두상이 방원형을 잘 이루었고, 골의 상태가 강하거나 아니면 섬세하고 맑았으며, 이마의 횡골이 옆으로 잘 뻗어 있어 그 기세가 뛰어났고 근골의 상태가 좋았다. 혹 부족한 경우에는 두상이나 횡골이 서로 보충을 해 주는 상태였기 때문에 이러한 경우 상으로 판단하였다. (부록 <표 15> 참조).

관골이입, 옥량골, 수골의 경우는 측면사진이 없는 경우가 있는 관계로 옥량골, 수골 상태를 파악하기 어려운 예가 있었으나 관골이입의 상태를 보고 미루어 추측될 수 있는 경우에는 상중하로 표기하였고, 전혀 파악할 수 없었던 경우에는 '?'로 대신하였다.

관골이입, 옥량골, 수골의 상태가 상·상에 해당하는 장수인은 18명[256]으로 36%이며 상은 22명[257]으로 44%, 중·上은 7명[258]으로 14%, 중은 3명[259]으로 6%, 중·하와 하의 경우는 없었다. 이를 상·중·하로 다시 구분하면 상에 해당하는 장수인은 모두 40명으로 80%이고, 중에 해당하는 장수인은 모두 10명으로 20%이며, 하에 해당하는 장수인은 한 사람도 없었다. (부록 <표 15> 참조).

---

256) 관골이입, 옥량골, 수골의 상태(상·상): 2, 3, 5, 9, 10, 15, 18, 20, 21, 24, 23, 26, 30, 36, 39, 48, 50.

257) 관골이입, 옥량골, 수골의 상태(상): 4, 12, 13, 16, 19, 25, 27, 28, 29, 33, 34, 35, 36, 37, 38, 41, 42, 43, 45, 46, 47.

258) 관골이입, 옥량골, 수골의 상태(중·상): 11, 14, 17, 22, 34, 40, 49.

259) 관골이입, 옥량골, 수골의 상태(중): 6, 31, 32.

3) 삼정(三停)의 조화

삼정의 조화가 상·상이란 삼정이 조화가 잘 이루어진 상태에서 하정이 풍만하거나 면장자에 해당하는 장수인의 상을 말하며, 상이란 삼정의 조화에서 상정은 부족한데 중·하정이 기세가 있고 하정이 풍만한 장수인으로 판단하였다.

삼정의 조화가 상·상에 해당하는 장수인은 7명[260]으로 14%로, 상은 24명[261]으로 48%, 중·상은 4명[262]으로 8%, 중은 12명[263]으로 24%, 중·하는 3명[264]으로 6%, 하는 없었다. 이를 다시 상·중·하로 구분하면 상에 해당하는 장수인은 모두 32명으로 64%이고, 중에 해당하는 장수인은 모두 18명으로 36%이며, 하에 해당하는 장수인은 한 사람도 없었다. (부록 <표 16> 참조).

4) 오악풍륭(五岳豊隆)

장수인들의 오악의 상태는 풍륭하면서 골육의 조화가 잘되어 있는 사람이 있는가 하면 강골로서 오악이 잘 융기되어 있는 장수인이 있었는데 이들은 상·상 또는 상으로 판단하였다.

오악의 풍륭한 상태가 상·상에 해당하는 장수인은 5명[265]으로 10%이며 상은 26명[266]으로 52%, 중·상은 8명[267]으로 16%, 중은

---

260) 삼정의 조화(상·상): 3, 4, 9, 11, 21, 35, 42.
261) 삼정의 조화(상): 1, 2, 5, 6, 8, 10, 12, 15, 16, 17, 18, 22, 26, 27, 30, 31, 32, 36, 37, 38, 44, 45, 46, 48.
262) 삼정의 조화(중·상): 7, 23, 40, 43, 49.
263) 삼정의 조화(중): 13, 19, 20, 24, 34, 39, 41, 47, 50.
264) 삼정의 조화(중·하): 25, 28, 29.
265) 오악의 풍륭한 상태(상·상): 5, 11, 26, 39, 37.

9명268)으로 18%, 중·하와 하는 각각 1명씩으로 2%이다. 상중하로 구분하면 상에 해당하는 장수인은 모두 31명으로 62%이고, 중에 해당하는 장수인은 모두 18명으로 36%이며, 하에 해당하는 장수인은 1명으로 2%이다. (부록 <표 16> 참조).

5) 피부가 두텁고 여유가 있으며 명문(命門)의 윤기(面皮寬厚·壽斑, 命門光澤)

면피관후(面皮寬厚)·수반, 명문광택의 상태가 하에 해당한다는 것은 피부가 팽팽하거나 여유가 없이 급한 상태를 말한다. 수반은 검은 색으로 신기(腎氣)를 나타날 수 있게 잘 이루어진 장수인이 있는가 하면 흐린 색도 있었다. 같은 반점이라 해도 흐린 색의 경우에는 수반이라고 할 수 없다.

면피관후·수반, 명문광택의 상태가 상·상에 해당하는 장수인은 9명269)으로 18%이며 상은 31명270)으로 62%, 중·상은 5명271)으로 10%, 중은 5명272)으로 10%, 중·하와 하의 경우는 없었다. 이를 다시 상·중·하로 구분하면 상에 해당하는 장수인은 모두 40명으로 80%이고, 중에 해당하는 장수인은 모두 10명으로 20%

---

266) 오악의 풍륭한 상태(상): 1, 2, 3, 4, 10, 15, 16, 20, 21, 22, 24, 28, 29, 33, 36, 39, 40, 41, 42, 43, 44, 45, 46, 48, 49, 50.
267) 오악의 풍륭한 상태(중·상): 7, 8, 13, 14, 17, 18, 23. 34, 35.
268) 오악의 풍륭한 상태(중): 6, 12, 19, 25, 30, 31, 38, 47.
269) 면피관후·수반, 명문광택의 상태(상·상): 8, 9, 11, 20, 31, 33, 36, 39, 49.
270) 면피관후·수반, 명문광택의 상태(상): 1, 3, 4, 5, 6, 7, 12, 13, 14, 15, 16, 18, 19, 21, 23, 24, 26, 28, 30, 35, 37, 38, 40, 41, 42, 43, 44, 45, 46, 50.
271) 면피관후·수반, 명문광택의 상태(중·상): 22, 25, 32, 34, 48.
272) 면피관후·수반, 명문광택의 상태(중): 2, 10, 17, 27, 47.

이며, 하에 해당하는 장수인은 없었다. (부록 <표 16> 참조).

6) 눈의 세장함과 정(精)과 신(神)의 상태(眼細長而深者, 兩目有 神隱藏)

안형인 눈의 세장함과 눈 안에 은장되어 있는 정과 신의 상태를 분석하여 가감승제를 하는 데 있어서 안형보다는 정과 신의 상태에 중점을 두어 분석하였다. 정과 신이 좋다는 것은 음양의 조화를 잘 이루고 있으며 그만큼 정신력이 뛰어나다고 할 수 있기 때문이다. 사진으로 분석하기 때문에 정확한 판단을 하기에는 부족하였지만, 대부분 장수인들의 경우 신보다는 정이 더 충만하였다.

눈의 세장함과 정과 신의 상태가 상·상에 해당하는 장수인은 10명273)으로 20%이며 상은 34명274)으로 68%, 중·상은 2명275)으로 4%, 중은 4명276)으로 8%, 중·하와 하의 경우는 없었다. 이를 다시 상·중·하로 구분하면 상에 해당하는 장수인은 모두 44명으로 88%이고, 중에 해당하는 장수인은 모두 6명으로 12%이며, 하에 해당하는 장수인은 없었다. (부록 <표 17> 참조).

---

273) 눈의 세장함과 정과 신의 상태(상·상): 3, 6, 7, 12, 29, 30, 37, 43, 44, 46.
274) 눈의 세장함과 정과 신의 상태(상): 1, 2, 4, 5, 8, 9, 10, 11, 13, 14, 15, 16, 19, 20, 22, 23, 24, 25, 26, 27, 28, 31, 34, 35, 36, 38, 40, 41, 42, 45, 47, 48, 49, 50.
275) 눈의 세장함과 정과 신의 상태(중·상): 18, 21.
276) 눈의 세장함과 정과 신의 상태(중): 17, 32, 33, 39.

7) 눈썹: 눈썹이 높고 길며 호미(毫眉)가 있는 상태(眉高長, 眉有
　長毫)

　남자의 경우 기세가 있으면서 눈썹이 길어 양 눈의 정과 신을
보호하고 있으며 호미가 있다면, 여자의 경우 기세는 약하지만 이
마 높이 떠서 양 눈의 정과 신을 보호하고 있다. 여기에 중점을
두고 상·중·하를 판단하였다.

　눈썹이 높고 길며 호미가 있는 상태가 상·상에 해당하는 장수인
은 5명[277]으로 10%이며 상은 21명[278]으로 42%, 중·상은 10명[279]
으로 20%, 중은 11명[280]으로 22%, 중·하는 3명[281]으로 6%, 하는
없었다. 이를 다시 상·중·하로 구분하면 상에 해당하는 장수인은
모두 26명으로 52%이고, 중에 해당하는 장수인은 모두 24명으로
48%이며, 하에 해당하는 장수인은 없었다. (부록 <표 17> 참조).

8) 귀: 이후대견(耳厚大堅), 수주조구자(垂珠朝口者), 이홍명자윤
　(耳洪明慈潤), 이유장호(耳有長毫)

　귀를 분석함에 있어서 귀의 크기와 단단함을 위주로 파악하였다.
수주가 좋으면서 입으로 응하는 경우, 구체적으로 판단하였지만 전
체적인 분석결과에서는 각각의 상태를 가감승제한 상태에서 결과

---

277) 눈썹이 높고 길며 호미가 있는 상태(상·상): 5, 7, 21, 38, 43.
278) 눈썹이 높고 길며 호미가 있는 상태(상): 1, 2, 4, 5, 12, 14, 19, 22, 24, 25, 28, 29,
　　31, 34, 37, 42, 44, 47, 48, 50.
279) 눈썹이 높고 길며 호미가 있는 상태(중·상): 9, 13, 36, 20, 23, 26, 30, 33, 35, 46.
280) 눈썹이 높고 길며 호미가 있는 상태(중): 6, 8, 10, 16, 17, 23, 26, 39, 40, 41, 45.
281) 눈썹이 높고 길며 호미가 있는 상태(중·하): 11, 27, 32.

를 도출하였다. 사진상에 나타나지 않아 귀를 파악하기가 어려운 경우는 8명으로 ?로 표기하였다.

사진으로 파악하기 어려운 8명을 제외한 42명 중 귀가 크고 견고함, 수주, 호이의 상태가 상·상에 해당하는 장수인은 18명[282]으로 42%이며 상은 8명[283]으로 19%, 중·상은 6명[284]으로 14%, 중과 중·하, 하에 해당하는 장수인은 없었다. 상에 해당하는 장수인은 모두 36명으로 86%이고, 중에 해당하는 장수인은 모두 6명으로 14%이며, 하에 해당하는 장수인은 없었다. (부록 <표 18> 참조).

9) 코: 산근(山根), 비량(鼻粱), 연수상(年壽上)의 상태
(鼻粱正勢, 山根上下正直, 年壽上不陷)

코의 경우는 거의 모두가 산근이 곧고 바르게 되어 있고, 산근이 낮은 편이라면 유연하게 흘러내렸으며 단절된 사람은 아무도 없었다. 또한 비량의 기세가 좋았으며 연수상이 함몰된 사람은 아무도 없었다.

산근, 비량, 연수상의 상태가 상·상에 해당하는 장수인은 19명[285]으로 38%이며 상은 21명[286]으로 42%, 중·상은 7명[287]으로

---

282) 귀가 크고 견고함, 수주, 호이의 상태(상·상): 1, 2, 8, 14, 15, 18, 20, 24, 26, 33, 35, 37, 41, 43, 44, 48, 49, 50.

283) 귀가 크고 견고함, 수주, 호이의 상태가(상): 3, 6, 7, 10, 17, 19, 21, 22, 23. 25, 30, 31, 32, 40, 42, 45, 46, 47.

284) 귀가 크고 견고함, 수주, 호이의 상태(중·상): 4, 9, 12, 13, 38, 39.

285) 산근, 비량, 연수상의 상태(상·상): 2, 5, 4, 6, 9, 12, 13, 15, 18, 21, 24, 27, 33, 35, 39, 42, 45, 46, 49.

286) 산근, 비량, 연수상의 상태(상): 1, 3, 7, 10, 11, 16, 17, 19, 20, 22, 25, 26, 28, 31, 37, 40, 41, 43, 44, 48, 50.

287) 산근, 비량, 연수상의 상태(중·상): 8, 23, 29, 30, 34, 36, 38.

14%, 중은 1명288)으로 2%, 중·하는 2명289)으로 4%, 하는 없었다. 이를 다시 상·중·하로 구분하면 상에 해당하는 장수인은 모두 40명으로 80%이고, 중에 해당하는 장수인은 모두 10명으로 20%이며, 하에 해당하는 장수인은 없다. (부록 <표 19> 참조).

10) 인중(人中), 법령(法令)의 상태

인중의 경우 깊이는 눈에 띄게 깊지 않았으며 대부분 느긋하고 평탄하였다. 인중이 뛰어나게 좋아 길게 흐른 사람들은 다른 부위에서 부족한 점이 있었다. 인중이 하에 속한다는 것은 짧으면서 입술이 뒤집어지는 상태를 말한다. 법령의 경우 금루 형성이 좋은 장수인을 상·상에 분류하여 인중과 법령의 상태를 가감승제하여 분석하였다.

인중, 법령의 상태가 상·상에 해당하는 장수인은 11명290)으로 22%이며 상은 28명291)으로 56%, 중·상은 2명292)으로 4%, 중은 6명293)으로 12%, 중·하는 3명294)으로 6%, 하는 없었다. 상중하로 구분하면 상에 해당하는 장수인은 모두 39명으로 78%이고, 중에 해당하는 장수인은 모두 11명으로 22%이며, 하에 해당하는 장수인은 없다. (부록 <표 20> 참조).

---

288) 산근, 비량, 연수상의 상태(중): 14.
289) 산근, 비량, 연수상의 상태(중·하): 32, 47.
290) 인중, 법령의 상태(상·상): 17, 23, 24, 26, 33, 38, 40, 42, 43, 47, 49.
291) 인중, 법령의 상태(상): 1, 2, 3, 6, 7, 8, 9, 10, 11, 12, 13, 14, 15, 18, 19, 20, 21, 25, 28, 30, 31, 35, 36, 37, 41, 44, 46, 50.
292) 인중, 법령의 상태(중·상): 22, 39.
293) 인중, 법령의 상태(중): 4, 29, 32, 34, 45, 48.
294) 인중, 법령의 상태(중·하): 5, 16, 27.

11) 치아, 입, 地閣(人中) 등 下停(人中)의 상태
(口方闊而有凌者, 地閣方圓)

입은 능선과 구각의 유기를 중점으로 판단하였고, 지각과 하정은 방원의 형태와 시골의 상태, 풍만함을 중점으로 판단하여 가감 승제하여 분석하였다. 하에 해당하는 장수인의 경우 질병으로 인해 왜곡이 되었다. 치아는 사진상으로 확인할 수가 없었다.

입, 지각 등 하정의 상태가 상·상에 해당하는 장수인은 7명[295]으로 14%이며 상은 35명[296]으로 70%, 중·상은 5명[297]으로 10%, 중은 1명[298]으로 2%, 중·하와 하는 각각 1명으로 2%이다. 하인 20번의 경우 질병으로 인해 왜곡이 되었다. 이를 다시 상·중·하로 구분하면 상에 해당하는 장수인은 모두 42명으로 84%이고, 중에 해당하는 장수인은 모두 7명으로 14%이며, 하에 해당하는 장수인은 1명으로 2%이다. (부록 <표 21> 참조).

12) 목의 항하유피여조(項下有皮如條) 상태

목이 여유로우면서 두텁고 항하쌍조(項下雙條)를 완전히 형성한 장수인을 상·상으로, 너그럽고 여유가 있지만 항하쌍조가 제대로 형성되지 않은 장수인을 상에, 항하쌍조와 관계없이 느긋하고 여유로운 장수인을 중에, 박하거나 팽팽하여 여유가 없는 장수인을 하

---

295) 입, 지각 등 하정의 상태(상·상): 9, 12, 19, 20, 38, 46, 48.
296) 입, 지각 등 하정의 상태(상): 2, 3, 4, 5, 6, 7, 8, 10, 11, 13, 14, 15, 16, 17, 21, 22, 23, 24, 25, 26, 27, 28, 30, 31, 33, 34, 37, 39, 45, 40, 41, 42, 44, 49, 50.
297) 입, 지각 등 하정의 상태(중·상): 1, 18, 35, 36, 43.
298) 입, 지각 등 하정의 상태(중): 29.

에 분류하여 분석하였다.

목의 항하유피여조(項下有皮如條) 상태를 파악하기 어려운 2명을 제외하고 48명 중 상·상에 해당하는 장수인은 6명[299]으로 13%이며 상은 13명[300]으로 27%, 중·상은 6명[301]으로 13%, 중은 21명[302]으로 43%, 중·하는 없었으며 하는 2명으로[303] 4%이다. 상·중·하로 구분하면 상에 해당하는 장수인은 모두 19명으로 39%이고, 중에 해당하는 장수인은 모두 27명으로 57%이며, 하에 해당하는 장수인은 2명으로 4%이다. (부록 <표 21> 참조)

이상에서 장수인과 장수의 요인에 대해 분석한 바에 의하면, 80% 이상 상에 해당하는 경우는 귀가 크고 두터움, 수주 등의 상태, 관골이입, 옥량골, 수골의 상태, 피부가 두텁고 여유가 있으며 명문의 윤기(면피관후·수반, 명문광택)의 상태, 눈의 세장함(眼細長而深者)과 정과 신(兩目有神隱藏)의 상태, 코의 산근, 비량, 연수상의 상태, 입, 지각 등 하정의 상태이었고, 70~80%가 상에 해당하는 경우는 정·기·신의 상태, 두상과 액유횡골, 근골의 상태, 인중과 법령의 상태이었으며, 60~70%가 상에 해당하는 경우는 삼정의 조화, 오악의 풍륭한 상태였다. 눈썹이 높고 길며 호미가 있는 상태는 52%, 목의 항하유피여조 상태는 39%로 가장 적은 분포를 나타내었다. (부록 <표 22>, <표 23> 참조).

---

[299] 목의 항하유피여조(項下有皮如條)(상·상): 6, 8, 11, 33, 44, 49.

[300] 목의 항하유피여조 상태(상): 1, 2, 3, 4, 12, 14, 24, 30, 31, 37, 39, 40, 42.

[301] 목의 항하유피여조 상태(중·상): 5, 7, 19, 21, 43, 47.

[302] 목의 항하유피여조 상태(중): 9, 10, 13, 15, 16, 20, 23, 25, 26, 28, 29, 32, 34, 35, 36, 38, 41, 45, 46, 48, 50.

[303] 목의 항하유피여조 상태(하): 17, 27.

(2) 100세 장수인

100세인은 85세 이상의 장수인과는 조금 양상을 달리한다. 100세 당시에 찍은 사진에서 판단하였음에도 불구하고 85세 이상의 장수인들 전체에 비해 골육의 조화가 아직도 뛰어났음을 알 수 있었다. 100세인의 상이란 85세 이상의 장수인의 상·상에 해당된다고 생각할 수 있으며, 100세인의 중이란 85세 이상의 장수인의 상 또는 중상에 해당된다고 할 수 있다. 100세인의 경우에는 상·중·하의 판단을 하였으며 분석결과는 다음과 같다.

장수의 요인 분석틀에 의한 결과가 상에 해당하는 100세인은 1, 2, 4, 6, 7, 8, 10번으로 7명이고, 중의 경우는 3, 5, 9번으로 3명이며, 하의 경우는 없었다(부록 <표 14> 참조).

정·기·신의 상태가 상에 해당하는 장수인은 1, 2, 3, 4, 5, 6, 8번으로 7명이며 3, 4, 5의 경우 눈에서 정·기·신의 파악하기가 어려웠으나 전체적인 형상에서 정·기·신을 관찰하였다. 8번의 경우는 100세인 중 가장 정·기·신이 뛰어난 사람이다. 중은 7, 9, 10번으로 3명이며, 하의 경우는 없었다.

두상과 액유횡골, 근골의 상태가 상에 해당하는 장수인은 1, 2, 3, 4, 5, 8번으로 6명이고, 중은 6, 7, 10번으로 3명, 하는 9번으로 1명이다. 관골이입, 옥량골, 수골의 상태가 상·상에 해당하는 장수인은 3, 4번으로 2명, 상은 1, 5, 6, 7, 8, 9번으로 6명이다. 상에 해당하는 장수인은 모두 8명이고, 중·상은 2, 10번으로 2명이며, 하는 없었다.

삼정의 조화가 상에 해당하는 장수인은 1, 3, 4, 6, 7, 8, 10번으로 7명, 중은 2, 5, 3번으로 3명이며, 하는 없었다.

오악의 풍륭한 상태가 상·상에 해당하는 장수인은 2, 3번으로 2명, 상은 1, 4, 5, 6, 7, 10번으로 6명으로 상에 해당하는 장수인은 모두 8명이며, 중·상은 8, 9번으로 2명이며, 하는 없었다.

피부가 두텁고 여유가 있으며 명문의 윤기의 상태가 상·상에 해당하는 장수인은 5, 7, 8, 10번으로 4명, 상은 1, 2, 3, 6번으로 4명으로 상에 해당하는 장수인은 모두 8명이며, 중·상은 4, 9번으로 2명이다. 4번의 경우 얼굴의 피부는 두텁지 않았으나 수반이 많이 이루어져 있었으며 모든 사진에서 명문의 윤기는 파악하기가 어려웠다.

눈의 세장함과 정과 신의 상태가 상에 해당하는 장수인은 1, 2, 3, 6, 8번으로 5명이며, 중·상은 4, 5, 7, 10으로 4명, 중은 9번으로 1명으로 중에 해당하는 장수인은 모두 5명이며, 하는 없었다.

눈썹이 높고 길며 호미가 있는 상태가 상·상에 해당하는 장수인은 1, 2, 3, 4번으로 4명, 상은 8, 10번으로 2명으로 상에 해당하는 장수인은 모두 6명이고, 중·상은 5, 6, 7, 9번 4명이며, 하는 없었다. 사진만 가지고는 호미의 상태는 파악하기가 어려움이 있었다.

귀가 크고 두터움, 수주 등의 상태가 상·상에 해당하는 장수인은 8, 9, 10번으로 3명, 상은 2, 3, 6, 7번으로 4명으로 상에 해당하는 장수인은 모두 7명이고, 중은 4번으로 1명이었으며 1, 3번은 파악하기 어려웠다.

코의 수주, 비량, 연수상의 상태가 상·상에 해당하는 장수인은 1, 3, 4, 5, 6, 7, 10번으로 7명, 상은 2, 8, 9번으로 3명으로 10명 모두 상에 해당되었다.

인중과 법령의 상태가 상·상에 해당하는 장수인은 8, 9번으로 2명, 상은 2, 4, 6, 10번 4명으로 상에 해당하는 장수인은 모두 6명이고, 중은 1, 7번으로 2명, 중·하는 3, 5번으로 2명으로 중에 해당하는 장수인은 모두 6명이며, 하의 경우는 없었다. 중·하에 해당하는 3, 5번은 인중의 상태는 부족하고 법령의 상태는 좋은 편이었다.

입, 지각 등 하정의 상태가 상·상에 해당하는 장수인은 4, 7, 8, 10번으로 4명이며 7번의 경우 틀니가 아닌 자신의 치아였다. 상은 1, 2, 3, 5번으로 4명으로 상에 해당하는 장수인은 모두 8명이고, 중·상은 6, 9 번으로 2명이며, 하의 경우는 없었다. 1, 2, 3, 5번의 입의 상태는 부족하였지만 지각과 하정은 풍만하고 양호하였다.

목의 상태는 사진으로 파악하기가 어려웠다. (부록 <표 11>, <표 12>, <표 14>, <표 23>, <표 24> 참조).

100세인이란 사실을 감안하지 않아도 이들은 골격의 상태가 뛰어났으며 주름살이 드물고 골육의 조화가 이루어져 있었다. 100세임에도 불구하고 정·기·신의 상태가 좋은 것은 활동을 할 수 있는 능력과 정신적으로 총기가 있다는 것을 의미한다. 노화의 현상에 따라 부족해지는 것은 어쩔 수 없지만 100세인들은 건강한 장수인이라 할 수 있다. 100세인을 10명밖에 분석을 하지 않았기에 단정 지을 수는 없지만 분석한 결과 100세인의 경우 독특한 현상에서 공통적으로 가장 두드러지게 나타나는 부위는 다음과 같다.

첫째는 삼정 중 중정이며 사람, 즉 자신에게 해당하는 일면지표라 할 수 있는 코의 수주, 비량 연수상의 넓고 쭉 뻗어 힘 있는 기세와 견고함이다.

둘째는 두상과 함께 그것을 이루는 골상에 있었다. 모두 방원형의 강한 골상을 지녀 선천적인 기운을 타고났다고 할 수 있다. 특히 관골이입과 옥량골, 수골의 단단함은 85세 이상의 장수인에 비해 거의 100%에 가까웠다고 해도 과언이 아니었다. 9번에 해당하는 100세인은 두상이 부족했지만 다른 100세인에 비해 인중이 뛰어났다.

셋째로 귀가 크고 두터우며 견고한 것을 들 수 있다. 100세인들은 장수의 요인 중 구체적인 부분에서까지 하에 해당하는 부분은 없었다고 해도 과언이 아님을 분석결과와 표를 통해 확인할 수 있었다. (부록 <표 20>, <표 21> 참조).

각각 두 종류의 장수인을 비교해 볼 때 100세인들이 장수의 요인 중 모든 부분에서 뛰어났고, 다만 눈의 정·기·신에서만 85세의 장수인에 비해 떨어지는 것을 확인할 수 있었다. 이는 노화에 따라 85세 장수인들보다 정과 신의 기가 그만큼 약화되었음을 보이고 있는 부분이라 할 수 있다.

장수인과 장수의 요인을 비교 분석해 본 결과 장수의 여러 요인 중 몇 가지만 가지고 있다고 해서 장수하는 것은 아니고, 그 요인들이 서로 조화되면서 뛰어난 부분이 부족한 부분을 채워 주고 있을 때 장수할 수 있었다. 부족한 부분에 있어서는 적어도 하의 상태는 없어야 했으며, 구체적인 장수의 요인 역시 하의 상태는 없어야 건강하게 장수할 수 있음을 알 수 있었다.

이상과 같이 장수요인의 분석틀에 의한 종합적인 분석결과를 확인해 보았다. 장수요인에는 장수인들이 공통적으로 가지고 있는 요인도 있었고 서로 다르게 가지고 있는 요인도 있었다. 이 부분은 장수인과 장수이론의 상관관계와 함께 다음 장에서 언급하기로 한다.

Ⅳ. 현대적 장수상(長壽相)에 대한
이론의 재정립

1. 장수인과 장수이론의 상관성

인체 내의 오장육부가 튼튼하고 원기가 충실하여 건강하면, 장수를 할 수 있는 확률이 높다고 할 수 있다. 정·기·신(精氣神)은 오장육부 형성의 근원이 되는 인체의 근본 물질로 오장육부 뿐만아니라 얼굴 등 전체 형상에서 구체화 되어 드러나고 있기 때문에 정·기·신이 충만하다는 것은 오장육부도 튼튼하다는 것을 의미한다. 따라서 정·기·신이 충만하면 건강하고 형상이 제대로 갖추어지고, 정·기·신이 충만하지 못하여 원기가 부족하면 형상에도 이상이 생길 수 있다. 반면 형상에 이상이 생기면 정·기·신이 부족해질 수 있는 것으로 그에 따라 장수를 할 수 있는 확률도 줄어든다고 볼 수 있다. 그러므로 건강하며 또한 장수할 수 있다는 것은 인체의 오장육부가 충실하여 튼튼하고 원기가 충만하다는 의미로 표현될 수 있다. 종합 분석결과를 근거로 장수인의 정·기·신과 형상이 장수이론과 어떠한 상관관계를 지니고 있는지를 살펴보고자 한다.

인체 내에서 형상을 이루는 '정·기·신의 어떠한 상태에 있는가'에 따라 상학에서는 부귀·빈천·수요·현우 등을 판단한다. 특히 수요에 관한 문제는 정·기·신을 보는 것이 중요한데, 이는 정·기·신이 인체의 원기와 건강을 주관하기 때문이다. 분석결과에서 살펴보았듯이 정·기·신이 좋아야 장수할 수 있기 때문에 정·기·신은 장수의 필요조건이라 할 수 있다.

『동의보감』(東醫寶鑑)에 의하면 "눈에는 오장육부의 정기(精氣)가 나타난다"[304]라고 하였다. 눈에 나타나는 오장육부의 정기를 보면 "흰자위는 폐(肺)에 속하는데 기의 정기이므로 기륜(氣輪)이라 하고, 검은 동자는 간(肝)에 속하는데 힘줄의 정기이므로 풍륜(風輪)이라 하며 아래위 눈두덩(眼瞼: 안검)은 비(脾)에 속하는데 근육의 정기이므로 육륜(肉輪)이라 하고, 눈초리 부위(내·외)는 심(心)에 속하는데 혈의 정기이므로 혈륜(血輪)이라고 하며, 동공은 신(腎)에 속하는데 뼈의 정기이므로 수륜(水輪)이라 한다."[305] 이와 같이 눈에는 오장의 정수(精髓)가 모였기 때문에 눈을 보면 정·기·신의 상태를 알 수 있는 것이다.

장수이론에 의하면 눈의 형태는 세장한 것이 가장 좋다고 하였다. 이는 물줄기가 잘 흘러 기가 원활해지며 오장육부의 정기·진액 등이 넘쳐 밖으로 흘러나오지 않고 안에서 갈무리를 잘할 수 있기 때문이다. 안형이 너무 둥글면 기력이 허랑하고 돌안(突眼)이 되면 진액이 넘쳐흐르기 때문에 장수하기가 어려운 것이고, 너무 깊으면 기가 순환이 되지 못하기 때문에 장수하기가 어렵다. 『동의보감』에서는 " …… (눈은) 영위(榮衛)와 혼백이 늘 드나드는 곳으로 신기(神氣)가 생기는 곳이다. 그러므로 정신이 피로하면 혼백

---

304) 『東醫寶鑑』「外形·眼」, "眼爲臟腑之精."
305) 같은 책, 같은 곳, "白睛屬肺, 氣之精爲氣輪, 黑睛屬肝, 筋之精氣爲風輪, 上下瞼屬脾, 肉之精爲肉輪, 大小眥屬心, 血之精爲血輪, 瞳人屬腎, 骨之精爲水輪."

이 흩어져 마음이 산란해진다"[306]라고 하였다. 신기가 생기는 곳인 눈이 노안(露眼)이나 돌안이 되어서 신이 밖으로 유산(流散)된다면 바로 혼백이 흩어지는 것과 같다. 때문에 눈의 신기가 흩어지지 않게 노안이 되지 말고 약간 깊은 듯한 안형으로 신을 은장하고 있어야 한다. 하지만 모든 장수인의 눈이 세장한 것만은 아니었다. 눈이 과심하게 깊은 사람도 없었고 너무 둥글거나 돌안이 된 사람이 없었으며, 긴 편이거나 아니면 약간 둥근 편으로 깊은 듯한 느낌을 가진 사람이 대부분이었다. 이러한 안형은 비록 가늘고 길지는 않지만, 신이 밖으로 유산되지 않고 기가 원활하여 인체 내의 정기·진액 등을 안에서 잘 갈무리하고 있다고 할 수 있다.

눈에서 나타나는 정과 신의 상태를 살펴보면 서로 조화가 되어 수화상제[307]가 잘 이루어지면 더할 나위 없는 건강한 장수인이라 말할 수 있다. 또한 장수인들의 경우 정·신이 모두 좋았지만 그 중에서도 신보다는 정이 더 충만하였다. 이는 몸 전체에 진액과 호르몬이 충만하다는 것을 의미하며 정과 신이 좋다는 것은 음양의 조화를 잘 이루고 있으며 그만큼 정신력이 뛰어나다고 할 수 있다. 안형과 함께 눈의 정과 신의 상태는 분석결과에서 언급하였듯이 장수와 밀접한 연관을 가지고 있음을 알 수 있었다.

눈썹의 경우 장수인의 실례를 분석한 결과를 보면 눈썹이 이마 높이 뜨고 긴 것만은 아니었다. 그렇다고 해서 압안(壓眼)을 하여

---

306) 같은 책, 같은 곳, "…… 榮衛魂魄之所常營也. 神氣之所生也. 故神勞則魂魄散 志意亂."
307) 같은 책, 같은 곳, "瞳子黑眼, 法於陰, 白眼赤脈, 法於陽也. 故陰陽合傳而爲精明也."(동공과 검은 동자는 陰氣를 받고 흰자위와 붉은 핏줄은 陽氣를 받기 때문에 陰氣와 陽氣가 합쳐져서 精明이 된다.) 즉 精은 水이며 神은 火이다.

두 눈을 힘들고 무겁게 내리누른 형상은 없었다. 높이 뜨지 않은 경우 미골의 상태가 양호하거나 눈썹의 기세가 좋았다. 여자 장수인의 경우 눈썹이 희박하여 기세가 약하였고, 눈썹 털이 긴 경우는 거의 없었으며 그에 따라 호미가 나타나지 않았다. 남자 장수인의 경우는 눈썹의 기세가 있었고 눈썹의 형상은 짧다 하더라도 눈썹 털은 길었으며 거의 호미가 있었다. 따라서 호미는 여자보다는 남자에게서 나타나는 현상임을 확인할 수 있다.

정과 신을 담고 있는 눈을 보호하는 눈썹에 대해 『동의보감』에서는 다음과 같이 설명하고 있다. "머리털, 눈썹, 수염은 각기 속한 데가 있다. …… 눈썹은 간에 속하는데 가로로 향하여 나오는 것은 목의 기운을 받기 때문이다. …… "308)라고 하였듯이, 즉 눈썹의 상태가 옆으로 길게 잘되어 있으면 간목의 기능이 좋다고 할 수 있다. 또한 눈썹 털이 길다는 것은 충분한 수분이 있는 곳에서 초목이 잘 자라듯 인체 내에서 진액과 호르몬, 혈액을 포함한 70%를 차지하는 수기가 풍부하다는 것을 의미하는 것이다. 호미가 나타난다는 것은 그만큼 기혈이 왕성하다는 것을 의미하는 것으로 장수인들은 대부분 호미를 가지고 있었다. 눈썹 털이 길고 좋다는 것은 수생목을 하여 간의 기능을 활성화시켜 면역력, 저항력이 좋아진다고 볼 수 있는 것이다. 장수인들은 여자의 경우 기세는 약하지만 이마 높이 떠서 양 눈의 정과 신을 보호하고 있었으며, 남

---

308) 같은 책, 「外形·毛髮」, "髮眉鬚各有所屬. 髮屬心, 故上生, 禀火氣也. 眉屬肝, 故橫生, 禀木氣也. 鬚屬腎, 故下生, 禀水氣也.(머리털, 눈썹, 수염은 각기 속한 데가 있다. 머리털은 心에 속하는데, 머리털이 위로 향하여 나오는 것은 火의 기운을 받기 때문이다. 눈썹은 肝에 속하는데, 가로 향하여 나오는 것은 木의 기운을 받기 때문이다. 턱수염은 腎에 속하는데, 아래로 향하여 나오는 것은 水의 기운을 받기 때문이다.)"

자의 경우 높이 뜬 것보다는 눈썹이 기세가 있고 길어서 양 눈의 정과 신을 보호하고 있었다.

두상과 골상 부분의 경우 장수인들은 모두 두상이 방원형을 잘 이루어 하늘의 양명한 기운을 잘 받았다고 할 수 있으며, 골의 상태가 강하거나 아니면 섬세하고 맑았다. 이마의 횡골이 옆으로 잘 뻗어 있어 그 기세가 뛰어났으며 근골의 상태가 좋았다. 골육의 조화를 100% 이루지는 못하였지만 노골된 사람은 없었으며, 혹 부족한 경우에는 두상이나 횡골이 서로 보충을 해 주고 있었다. 골격이란 선천적으로 타고 태어난 선천적인 기에 속하며 골이 좋다는 것은 타고난 기가 좋다고 할 수 있다. 여기에 음식과 호흡, 환경 등에 의해서 후천적 기인 살이 붙어 가게 된다. 따라서 골격이 좋다는 것은 그만큼 타고난 선천적인 기가 좋아 장수할 확률이 높다는 것을 의미하는 것이다. 또한 『동의보감』「외형·골」에 "관골은 뼈의 근본이 된다. 관골이 크면 몸의 골도 크고(강하고) 관골이 작으면 몸의 골도 작다(약하다)"[309]라고 되어 있다. 즉 관골의 상태를 보고 그 사람의 뼈의 상태를 읽을 수 있다는 것이다. 장수인들은 관골이 강하면서 귀로 잘 들어가 있으며(관골이입), 옥량골, 수골의 상태 역시 강함을 보이고 있었다. 두골과 관골, 수골 등의 경우는 골의 강기를 나타내는 것이기 때문에 이는 선천적으로 타고난 기로서 장수와 밀접한 상관성을 지니고 있어 골의 상태가 강하며 노골되지 않으면 장수한다는 것을 확인할 수 있었다. 두상의 경우는 일반인들도 방원형을 형성한 경우가 많이 있기 때문에 두상이 좋으면 장수하는 데 일조를 할 수 있지만 두상만 좋다고 하

---

309) 같은 책, 「外形·骨」, "顴骨者, 骨之本也. 顴大則骨大, 顴小則骨小."

여 모두 장수하는 것이라고는 할 수 없다.

삼정의 조화에 있어서는 장수인들은 대부분 삼정의 조화를 이루고 있었고, 삼정의 조화가 제대로 이루어지지 않았는데도 면장자에 속하거나, 중·하정이 기세가 있고 하정이 풍만한 장수인들이 많았다. 단 면상이 너무 길거나 단촉한 사람은 없었다. 이를 보면 삼정의 조화는 장수하는 데 큰 요인으로 작용하지만 장수인이 아닌 일반인들에게서도 많이 나타나는 현상이므로 이 부분들만 좋아서 꼭 장수한다고 할 수는 없다.

오악의 상태를 살펴보면 오악이 풍륭하면서 골육의 조화가 잘되어 있는 장수인이 있는가 하면 강골로서 오악이 잘 융기되어 있는 장수인이 있었다. 이러한 장수인은 살보다 골이 강하여 골육의 조화는 잘 이루어지지 않았지만 오악이 강한 기세를 나타내면서 노골된 사람은 없었다. 대부분 남악에서는 골의 단단함과 양명함을 보이고, 중악과 동·서악에서는 강한 기세를 보였으며, 북악에서는 시골의 강함과 함께 풍만함이 보였다. 분석결과에 언급하였듯이 장수인들 거의가 오악의 풍륭함을 지니고 있었지만 이 부분 역시 장수인만이 아니라 일반인들에게서도 많이 나타나는 현상으로 이 부분들만 좋아서 꼭 장수한다고 할 수는 없다. 오악의 상태가 상에 속한다 하더라도 오악의 풍륭함이 부드러움 속에서 이루어진 사람보다는 강골로서 오악이 잘 융기되어 있는 장수인이 더 많이 있음을 알 수 있었다.

다음으로 면피관후·수반에 대해 살펴보기로 한다. 장수인들의 얼굴 피부는 대부분 두텁고 너그러우며 여유가 있는 편으로 얇거나 팽팽하고 급한 사람은 없었다.

『동의보감』에 의하면 "폐와 배합되는 것은 피부이고 폐의 상태가 겉에 나타나는 곳은 털이다"[310]라고 하였으며, 또한 피부는 주리(腠理)[311]라고도 하는데 "풍한의 사기는 먼저 피모로 들어온다"[312]고 하였다. 피부가 너무 얇고 팽팽하여 밖의 사기를 감당할 수 없다면 질병에 걸리게 된다. 그러므로 피부는 '면피관후'라 하여 두텁고 너그러워야 건강을 유지하는데 나이가 들어 갈수록 더욱 그러해야 한다. 즉 면피가 두텁고 관후하다는 것은 폐의 활동이 충분하고 위기(衛氣)[313]가 좋아 사기를 막아 줄 수 있다. 수반은 검고 진한 색으로 신기를 나타낼 수 있는 수반이 되어야 장수할 수 있다고 말할 수 있는데, 이러한 수반을 형성한 장수인은 많지 않았다. 제대로 이루어진 검은 수반이 생긴다는 것은 신기가 충만함을 나타내는 것이다. 또한 폐기가 좋으면 금생수로 신기 또한 좋아질 수 있는 가능성이 많기 때문에, 면피가 두텁고 너그러우며 검고 진한 수반을 형성하여 장수의 요인이 되는 것이다.

귀는 오장 중 신장에 속하며[314] 귀가 크고 두텁고 단단하다는 것은 선천적인 원기라 할 수 있는 신장의 기가 좋다는 것을 나타낸다. 신장은 또한 골수·골격을 나타내기도 하므로 귀가 단단하고 견고한 사람은 골격도 견고하다는 결론이 자연스럽게 나올 수

---

310) 같은 책, 「外形·皮」, "肺之合皮也, 其榮毛也."
311) 진액이 스며 나가는 곳을 腠라 하고 살이 모인 곳을 理라고 한다.
312) 『東醫寶鑑』「外形·皮」, "風寒之邪先入皮毛."
313) 전신에 펼쳐져 있는 氣의 일부분으로 피부를 윤활하게 하고 肌肉에 영양을 공급해 주며 외부로부터 邪氣의 침입을 막고 저항하는 등 汗腺의 開閉를 조절하는 역할들을 한다.
314) 『東醫寶鑑』「外形·耳」, "腎主耳." "腎藏精(腎은 귀를 주관한다. 腎은 精을 저장한다)."

있다. 특히 관골이 이입되면서 명문 앞을 지나 옥량골을 이루고 수골을 형성하는 것들은 바로 골과 귀와 신장과의 관계를 나타내며, 명문이 밝고 윤택해야 하는 것 역시 이러한 상관관계가 있다고 할 수 있다. 때문에 골격, 명문, 옥량골, 수골, 귀 등은 모두 타고난 선천적인 원기를 나타내는 하나의 흐름이라고 볼 수 있으며 장수하는 데 큰 역할을 하고 있다. 즉 골이 단단하고 관골이입이 잘된 사람은 귀도 크고 단단하며 선천적인 원기가 좋아 장수한다고 볼 수 있는 것이다.

귀의 경우 측면 사진이 부족했고 정면에서 볼 수 있는 상태만 보았기 때문에 단정하기는 어렵지만, 대부분의 장수인들의 귀는 크고 두터웠으며 단단해 보였다. 또한 귀의 색이 모두가 밝고 선명하지는 않았지만 검게 죽어 있는 사람은 없었다. 수주가 좋은 장수인도 있었지만 그렇지 않은 장수인도 있었다. 수주가 좋은 경우 입과 응하는 경우는 많지가 않았다. 남자와 여자의 경우 호이가 있고 없음의 차이가 나타나는데, 남자의 경우는 호이가 대부분 나타났고 여자의 경우는 호이가 나타나지 않았다.

코는 천지인 삼재 중 사람에 해당하고, 일면지표로서 얼굴의 주인이며 자신을 상징한다. 또한 오악 중 중악에 해당하여 중심이 되는 산이고, 사독 중 제독(濟瀆)에 해당하는 물길이며, 오관 중 심변관(審辨官)에 해당하고, 오행 중 토로서 비장을 나타내고 있다. 산근은 질액궁의 뿌리가 되면서 수명의 뿌리가 되고, 비량으로 비골의 기세를 볼 수 있으며, 연상·수상 부위가 코에 있어 수명의 장단을 주장하고 있다. 코의 기세가 좋고 풍만하며 너그러우면 자신의 마음 역시 풍요롭고 여유가 있어 스트레스를 크게 받지 않는다고 할 수 있다.

동양의학적인 면에서 살펴보면 『동의보감』에 "코는 폐와 통하는 구멍이다. 오기가 코로 들어가서 심과 폐에 저장된다. 그러므로 심과 폐에 병이 생기면 따라서 귀와 코도 순조롭지 못하다"[315]라고 하였다. 다시 말하면 코는 호흡하는 기관으로서, 비골의 상태가 좋지 못하여 산근에 문제가 있거나 비량의 기세가 약하거나 연수상이 함몰되거나 또는 비공이 작으면 폐의 기능이 활발하지 못하다는 것을 의미한다고 볼 수 있다.

장수인들은 거의 모두가 산근이 곧고 바르게 되어 유연하게 흘러내렸으며 절단된 사람은 아무도 없었다. 또한 비량의 기세가 좋았으며 연수상이 함몰된 사람도 아무도 없었다. 세분하여 볼 때 90세 이상의 장수인들은 하나같이 코의 기세가 대단하였고 백세인의 경우 상이 100%, 중, 하에 해당하는 장수인은 없었다. 이러한 사실로 판단하여 볼 때 코는 장수와는 깊은 연관관계를 가지고 있다는 것을 확인할 수 있었다.

인중의 경우 깊이는 눈에 띄게 깊지 않았으며 대부분 느긋하고 평탄하였다. 다른 부위에서 장수요인을 대부분 지니고 있는 사람들의 인중에서는 깊이가 있다거나 특별히 좋은 점을 발견하지 못하였다. 하지만 다른 부분에서 장수요인이 부족한 몇몇의 장수인들은 인중이 뛰어나게 좋아 길게 잘 흐르고 있음을 확인할 수 있었다. 법령의 경우 역시 물길을 말하는데 양 지각 옆으로 퍼져서 길게 흘러내리는 상에 해당하는 장수인들이 많았으며 제대로 된 금루를 형성한 장수인들은 그렇게 많지 않았다. 법령이 입으로 들어가면 아

---

315) 같은 책, 「外形・鼻」, "鼻爲肺之竅. 五氣入鼻, 藏于心肺, 心肺有病, 耳鼻爲之不利也."

사(餓死)한다는 상학의 이론이 현재에 있어서는 궁핍하거나 소화기 질환 등으로 해석할 수 있는데 이러한 장수인은 2명에 불과하였다. 인중과 법령의 상태가 수명과 관계를 가지고 있는 것은 분명하지만 인중이나 법령만 가지고서는 판단하기가 어렵다고 할 수 있다.

입, 지각 등 하정의 경우 장수인들의 입이 사각형으로 크고 두툼한 방형의 경우는 드물었고, 입의 능선이 뚜렷하고 구각에 힘이 있었으며 활궁의 형태도 있었는데, 이 경우는 입이 장수에 큰 기여를 했다고 볼 수 있다. 지각은 하정 부위에 있으며 말년을 나타내는데 풍만하거나 아니면 시골이 강하여 방형을 형성하는 경우가 많았다. 지각이 유난히 길다든가 짧다든가 또는 뾰족한 사람은 없었다.

『동의보감』에 의하면 "입술은 비에 속한다. 심은 혀를 주관하고 비는 입술과 입을 주관하는데 심과 비의 기는 서로 늘 통해 있다."316) 다시 말하면 입술의 기색이 좋고 윤기가 있으며 능선에 힘이 있으면 비위의 소화기능이 활발하고, 좋지 못하면 소화기능이 부실하다고 말할 수 있다. 또한 "육부의 정화(精華)는 입술 둘레에 나타난다"317)라고 하였다. 입의 능선과 구각이 좋아야 육부의 기능도 좋다고 할 수 있는 것이다. 말년을 주장하는 입과 지각, 하정의 상태가 풍요롭고 기세가 있어야 오래도록 장부의 기능이 활발하여 건강할 수 있다는 것을 의미한다고도 볼 수 있다.

치아는 사진상으로 확인하기가 어려웠고, 자신의 치아를 가지고 있는 장수인은 4명이었으며(100세인 1명) 거의 틀니를 하고 있었

---

316) 같은 책, 「外形·口舌」, "口脣屬脾. 心主舌, 脾主脣口, 心脾二氣恒相通也."
317) 같은 책, 같은 곳, "六府之華, 在脣四白."

다. 『동의보감』에 의하면 "이빨은 뼈의 여분이다. 이빨은 뼈의 끝인데 골수가 영양하고 신이 주관한다. 그러므로 『내경』에는 신이 쇠약하면 이빨에 틈이 생기고 정기가 왕성하면 이빨이 든든하며 …… "[318]라고 되어 있다. "이빨이 튼튼해지고 약해지는 것은 『內經』에 여자는 7살이 되어야 신기(腎氣)가 왕성해지면서 이빨을 갈고 머리털이 길게 자란다. …… 남자는 8살이 되어야 신기가 충실해지면서 …… 40살이 되면 신기가 쇠약해지기 시작하므로 머리털도 빠지기 시작하고 이빨이 마른다. 64살이 되면 이빨과 머리털이 빠진다"[319]라고 하여 선천의 기인 신기, 골기가 약해지면서 치아도 노화의 길로 접어든다고 설명하고 있는 것이다. 85세가 넘도록 자신의 치아를 가지고 있다는 것은 그만큼 건강하다는 것을 의미하며, 또한 장수인들이 평균적으로 80여 세에 틀니를 하기 시작했다는 것은 그만큼 일반인들에 비해 노화현상이 늦게 왔다는 것을 의미한다고 말할 수 있다. 장수인들은 하나같이 틀니를 하기 전 자신의 치아가 긴밀하고 견고했다고 대답하였는데, 이는 골기·신기가 뛰어났다는 것이며 장수인과 장수의 이론은 상관성을 가지고 있다는 사실을 확인시켜 주었다고 할 수 있다. 예외로 드물게 풍치로 인해 50대부터 틀니를 하였다는 장수인도 한 명 있었다.

목은 머리의 육양과 전신의 통로로서 살이 없어 뼈마디가 불거지면 기를 잘 소통시키지 못하게 되므로 목의 피부가 두껍고 느슨하며 여유가 있어야 한다. 장수인들은 목의 여유가 있었지만 항하

---

318) 같은 책, 같은 곳, "齒者骨之餘. 齒者, 骨之所終, 髓之所養, 腎實主之. 故經云, 腎衰則齒豁 精盛則齒堅."

319) 『東醫寶鑑』「外形·牙齒」, "牙齒盛衰.『內經』女子七歲, 腎氣盛, 齒更髮長, …… 丈夫八歲腎氣實, …… 五八腎氣衰, 髮墮齒槁, 八八則齒髮去."

쌍조를 완전하게 형성한 사람들은 많지 않았다. 따라서 항하쌍조를 이루면 더욱 좋겠지만 꼭 이루지 않는다 하더라도 목의 피부가 여유롭고 너그러우면 장수할 수 있는 요인에 해당한다고 할 수 있다. 항하쌍조는 남자보다는 여자 장수인에게서 많이 나타났다.

이상에서 살펴본 바와 같이 상학에서 나타난 장수이론은 무조건적인 수요를 판단하기 위한 장수이론이 아님을 알 수 있었다. 인체 내의 오장육부의 기운이 외부에 구체적인 형상으로 표시되는데, 상학은 바로 이 부분을 읽어 한 사람의 건강과 수요 그리고 장수를 판단하는 것이다. 이는 동양의학적 이론을 근저에 두고 외부에 나타난 형상으로서 장수를 판단하는 것으로, 상학에서의 장수이론과 장수인은 밀접한 상관관계를 가지고 있었음을 확인할 수 있었다. 이상의 내용을 종합 정리하면 다음과 같다.

첫째, 정·기·신은 인체의 원기와 건강을 주관하므로 정·기·신이 좋아야 장수할 수 있다는 것을 확인할 수 있었다. 눈의 형태에 있어 심하게 깊거나 너무 둥글고 돌안된 사람이 없었으며 약간 깊은 듯한 느낌을 가지고 있었고, 신보다는 정이 더 충만하였다. 이는 몸 전체에 진액과 호르몬이 충만하다는 것을 의미하며 음양의 조화를 잘 이루고 있다고 할 수 있다. 장수인들의 경우 안형보다는 눈의 정과 신이 장수와 밀접한 관계가 있다고 할 수 있다.

둘째, 선천 원기인 신장의 기를 나타내는 골의 상태가 강하며 노골되지 않으면 장수한다는 것을 확인할 수 있었다. 관골이입과 옥량골, 수골의 상태가 견고하다는 점, 골의 여분인 치아가 좋다는 것은 골기·신기가 뛰어나다는 점, 신기의 발로인 귀의 크기와 두터움, 견고함, 색의 선명도는 장수와 깊은 관계를 가지고 있다는 것을 확인할 수 있었다. 호이와 호미의 경우 남자에게만 해당되며 남자 장수인들은 대부분 호이와 호미가 있었다.

셋째, 장수인들은 거의 모두가 산근이 곧고 바르게 되어 있으며 유연하게 흘러내렸고 절단된 사람은 아무도 없었다. 코의 상태와 장수와는 밀접한 상관관계를 가지고 있다는 사실을 확인할 수 있었고, 90세·100세에 가까운 장수인일수록 코의 산근과 비량의 기세가 더욱 뛰어났음을 알 수 있었다.

넷째, 삼정의 조화, 오악의 풍륭함도 장수하는 데 큰 요인으로 작용하지만, 장수인이 아닌 일반인들에게서도 많이 나타나는 현상으로 이 부분들만 좋아서 꼭 장수한다고 할 수는 없다. 오악의 상태가 상에 속한다 하더라도 오악의 풍륭함이 부드러움 속에서 이루어진 사람보다는 강골로서 오악이 잘 융기되어 있는 장수인이 더 많이 있음을 알 수 있었다.

다섯째, 장수인들의 피부는 거의가 두텁고 너그러우며 여유가 있는 편으로 얇거나 팽팽하고 급한 사람은 없었음을 확인했다. 목의 피부 역시 여유롭고 너그러우면 장수할 수 있는 요인에 해당한다고 할 수 있지만 이것만으로 판단하기에는 부족하였다.

여섯째, 인중과 법령의 상태가 수명과 관계를 가지고 있는 것은 분명하지만 인중이나 법령만 가지고서는 장수를 판단하기가 어렵다. 하지만 다른 부분에서 장수의 요인이 부족한 장수인들은 인중이 뛰어나게 좋아 길게 잘 흐르고 있음을 확인할 수 있었다.

일곱째, 입과 더불어 지각, 하정의 상태가 좋다는 것도 확인할 수 있었다.

2. 장수이론의 현대적 해석 가능성

지금까지 상학에 나타나는 장수이론을 통해 현존 장수인의 상에 대해 분석하고, 그 결과에 따라 장수인과 장수이론은 밀접한 상관관계가 있음을 증명할 수 있었다. 상학의 장수이론들이 부합되는 경우가 대부분이었지만 기존의 이론과 다르게 나타나는 부분도 있었는데 가장 큰 이유는 고령화 현상이 일어나면서 나타나는 평균수명의 연장[320]이라 할 수 있다. 고전의 상서들이 출간되었을 때의 평균수명에 대해 확인할 수는 없지만, 통계청에서 발표한 2001년 생명표에 따르면 평균수명은 76.5세[321]로서 의학이 발달하고, 경제 성장이 개선되어 의식주 환경도 향상됨에 따라 장수상(長壽相)에 대한 이론 또한 변화가 있을 수밖에 없다고 생각한다. 고전 상학 이론에 나타나는 장수의 요인에 완벽하다면 더없이 건강한 장수인이라고 할 수 있지만, 그에 미치지 못한다 해도 현대에서는 장수가 가능하다. 이에 필자는 상학에 나타난 고전의 장수이론을 기반으로 현대적 장수상에 대하여 논하고자 한다. 먼저 古典의 장수이론과 다르게 나타나는 부분에 대하여 살펴보면 다음과 같다.

눈은 가늘고 길어 깊은 듯해야 장수한다고 하였는데 이는 안형

---

320) 최성재, 「한국 백세인의 사회적 및 심리적 특성」(박상철 편, 『한국의 백세인』), "20세기 전까지만 해도 인간의 평균수명은 45세(New England Centenarian Study Homepage, 2001)에 불과하였으나 100년이 지난 현재는 80세를 넘는 나라가 많다. 우리나라의 경우 20세기 초만 해도 평균수명이 23세 정도(김정근, 1984)에 불과했는데 2000년에는 남녀 평균 74세에 이르렀다." p.29.

321) 2003년 9월 17일 통계청에서 작성 발표한 2001년도 생명표에 의하면 남녀의 평균수명은 76.5세로 2000년의 남자 71.7세에서 72.8세, 여자 79.2세에서 80세로 연장되었다. 최근 우리나라의 수명은 매년 약 1년씩 증가하고 있다.

의 가장 좋은 상으로 장수의 상이 분명하다. 하지만 안형이 세장 하지 않아도 장수를 하고 있는 장수인들이 많았다. 때문에 안형이 가늘고 길지 않아도 너무 둥글거나 돌안, 노안이 되지 않고 깊은 듯하면 장수를 할 수 있다. 안형보다는 눈의 정·신의 기가 더욱 중요하므로 정·신의 기가 부족하지 않고 충만해야 한다.

고전에서는 '삼정의 조화가 이루어져야 장수한다'라고 하였는데 조화가 약간 떨어지더라도 하정이 풍만한 면장자의 경우에 장수인 들이 많았다. '삼정의 조화를 이루어야 장수한다'는 것은 당연한 말이지만, 이는 상정 또는 중정이 강하고 하정(말년을 나타낸다)이 부족하여 부조화가 된 경우 장수가 어려운 것이지, 상정이 약간 부족하면서 하정이 길고 풍만한 면장자에게는 해당되지 않았다. 장 수의 상에 있어 삼정의 상태가 가장 좋은 것은 조화를 이루면서 하정이 풍부한 면장자이고, 조화가 약간 떨어지더라도 하정이 풍만 한 면장자의 경우는 장수할 수 있다고 생각한다. 하지만 조화가 되었다 해도 면상이 너무 길거나 너무 단촉한 경우 장수에 문제가 있다.

장수의 요인 중의 하나로 오악의 풍륭함을 들 수 있는데, 이는 장수인이 아니라 일반인들에게서도 많이 나타나는 현상으로 이 부 분들만 좋아서 꼭 장수한다고 할 수는 없다. 오악의 상태가 너무 부실하면 골격의 형성 자체가 제대로 이루어질 수 없는 것이기 때 문에 장수하기가 어렵다고 재해석할 수 있다.

귀의 경우 수주와 입이 조응되면 장수할 수 있다고 하였는데, 이 부분은 이론이 너무 비약적이라고 생각한다. 수주가 입과 조응 을 한다는 것은 입에 해당하는 말년에 귀와 입이 서로 도우면서 장수하게 된다는 것을 의미하는데, 이는 장수보다는 전체적인 상에서 말년의 길함을 표시하는 것이 더 마땅하다고 본다. 장수에 있어 귀를 판단하는 경우, 수주와 입의 조응보다는 귀와 수주의 크기, 견고함, 두터움, 기색의 선명함이 장수와 더 상관성을 가지고 있었으며, 분석결과에서도 수주와 입의 조응관계는 그렇게 많이 나타나지 않았다. 따라서 수주와 입이 조응되지 않아도 장수하는 데 크게 문제가 되지 않는다고 본다. 호이의 경우는 나이 들어 신장의 정(강한 수기: 호르몬 진액 등)이 표출되는 것을 의미하는 것으로 신기가 좋아서 장수할 수 있는 것인데, 이는 남자의 경우에 해당이 되며 여자에게는 나타나지 않는다. 따라서 여자의 경우, 호이가 장수의 요인이 된다고 하기 어렵다. 또한 '60세 이후에 호이가 나면 장수할 수 있다' 하였는데 현재의 60세는 장수인이라 판단하는 데 문제가 있고, 장수인이 아니라 해도 남자의 경우 호이가 많이 나타나 있기 때문에 호이가 있어야만 장수한다고 말할 수는 없다.

수반의 경우를 살펴보면 나이가 들면 얼굴에 반점들이 많이 생기게 된다. 흔히 저승꽃이라고들 부르기도 하는 것들이다. 예전에는 나이가 많은 사람들이 드물었기 때문에 나이가 든 사람의 얼굴이 반점들이 생기면 장수한다는 말이 나오지 않았을까 생각한다. 하지만 평균 수명이 76세에 이른 지금은 많은 사람들 대부분이 반점들이 나타나고 있다. 그 사람들 모두가 장수를 한다고 말할 수는 없는 것이다. 또한 분석결과 검고 진한 수반을 형성한 장수인은 많지 않았다. 따라서 제대로 된 수반이 형성되면 장수하는 데 훌륭한 요인이 될 수 있지만 수반이 없어도 장수하는 데 지장은 없다고 할 수 있다.

고전에서는 '미고장, 미유장호'(眉高長, 眉有長毫) 하면 장수한다고 하였는데 이는 장수인과 장수의 이론에서 차이가 많이 나는 부분이다. 장수인들의 눈썹이 이마 위까지 높이 뜨고 긴 것만은 아니었다. 그렇다고 해서 압안을 하여 두 눈을 힘들고 무겁게 내리누른 형상은 없었다. 여자의 경우는 높이 떠 있는 장수인들이 많았지만 눈썹의 기세가 부족했다. 따라서 미고장(눈썹이 높이 떠서 눈을 덮을 정도로 길면) 장수하는 데 있어 더없이 좋겠지만, 미고장이 아니라 해도 압안을 하지 않으면 장수에 큰 지장은 없다고 할 수 있다. 또한 호미가 나타난다는 것은 그만큼 기혈이 왕성하다는 것을 의미하는 것으로, 남자의 경우 대부분 호미를 가지고 있었으나 여자의 경우는 호미가 해당되지 않았다. 따라서 여자의 경우는 호미는 장수의 요인이라 할 수 없다.

인중이 길고 깊으면 장수한다고 하였는데 장수인들 중 인중이 길고 뚜렷한 사람은 드물었다. 길고 뚜렷하기보다는 인중의 평탄함을 요한다. 장수의 다른 요인이 충만하면 인중이 크게 영향을 미치지 않지만, 다른 요인들이 부족할 경우에는 길고 느긋한 여유로움을 지닌 인중이 꼭 있어야 한다.

상서를 기록했을 당시 61세이면 일 갑자(一 甲子)를 살았다고 하여 환갑 또는 화갑이라 부르며, 그 시기에 어려운 장수를 하였다고 할 수 있었을 것이다. 때문에 50~60이면 형성되는(모든 사람에게는 아니지만) 수반, 항하쌍조, 호미, 호이 등이 그 시기에는 꼭 필요한 장수의 요인으로 선택되었으리라고 본다.

고전에 나타난 장수의 요인에 100% 부합된다면 더할 수 없는 최상의 장수상이라 할 수 있지만 부합되지 않는다고 장수를 못 하는 것은 아니다. 평균수명의 연장과 함께 위생적 환경의 변화, 의학의 발달, 경제적 성장 등 사회적으로 변화해 감에 따라 장수의 요인이 부족하더라도 장수를 하는 예들이 많이 있기 때문이다.

필자는 이상의 내용과 함께 현존 장수인의 상에서 나타나는 장수요인을 현대적으로 재정립한다면

첫째, 정과 신이 유여하고 충만하여야 하며, 눈의 형태는 약간 깊은 듯하면서 너무 둥글거나 돌안이 되어서는 안 되고, 신을 은장하고 있어야 한다.

둘째, 선천원기를 나타내는 골의 상태가 강건하며, 골육의 조화가 이루어져야 한다. 혹 골육의 조화를 100% 이루지 못했다 하더라도 노골되지는 않아야 한다. 또한 관골이입이 잘 되어 옥량골, 수골이 단단해야 하며, 신의 발로인 귀와 수주가 크고 두텁고 단단하며 깨끗해야 한다. 남자의 경우 호이가 있으면 더욱 좋다.

셋째, 코에 있어 산근은 단절되지 말고 유연하게 흘러야 하며, 비골의 기세를 나타내는 비량이 견고하면서 노골되지 말아야 하고 연수상이 함몰되어서는 안 된다.

넷째, 오악이 풍륭하고 삼정의 조화가 이루어져야 하는데 조화가 부족하다면 지각과 하정이 풍만한 면장자이어야 한다. 오악의 상태는 이지러짐이 없이 잘 융기되어 풍만해야 한다.

다섯째, 눈썹은 어떠한 형태로든 눈을 잘 보호하고 있어야 하며 압안이 되어서는 안 된다. 남자의 경우 호미가 있으면 더욱 좋다.

여섯째, 인중과 법령이 길고 평탄하게 잘 흘러 주어야 하고 금

루가 이루어지면 더욱 좋다. 다른 요인이 부족한 경우에
는 길고 깊게 잘 흐르는 인중이 꼭 요구되었다.

일곱째, 얼굴을 비롯한 피부는 두터우면서 여유가 있어야 하고,
목의 피부 역시 여유 있고 너그러워야 하며 항하쌍조를
형성하면 더욱 좋다.

여덟째, 항상 여유로움을 가진 웃는 상이어야 한다.

3. 장수이론에 근거한 양생(養生)방법

무병장수하기를 바라는 것은 인간 본능의 중요한 부분으로 예로
부터 이에 관하여 많은 연구를 하여 왔다. 상학의 장수에 대한 연
구는 부모로부터 물려받은 선천적인 요인을 판단하여, 각 체질에
맞는 후천적 요인을 통해 건강한 장수를 유도하는 데 그 의의를
두고 있다. 건강한 장수를 위한 양생의 방법으로는 생활환경, 사회
적 · 심리적 환경, 식생활 등 후천적인 환경요인에 대하여 다각적
인 접근이 필요하다. 이미 고령화 시대로 접어드는 현대에서 '건강
한 장수를 하는 데 있어 어떠한 양생방법이 필요하며, 장수의 요
인에 부족함 있을 때는 건강을 어떻게 관리해야 하는가'에 대해
살펴보고자 한다.

양생(養生)322)이란 '생명을 보양한다' 의미로 고대로부터 양생은

---

322) 鄭幸奎, 「養生에 관한 文獻 연구」, 경희대 박사학위논문, 1995년, p.1. 高鶴亭 주
    편, 『中國醫用氣功學』, "養生이란 말은 오랜 역사를 지녔는데 馬王堆에서 출토된
    醫書 『養生方』, 『却穀食氣』, 『導引圖』 등의 서적에서 보인다. 『內經』에서는 '道

양성(養生), 섭생(養生), 도생(養生), 위생(養生), 보생(養生) 등으로 불리어 왔고, 또한 노년의 보건에 대하여는 수로(養生), 수친(養生) 수세(養生), 양로(養生) 등으로 불리어 왔다.[323] 양생의 생은 생명력을 의미하며 양생이라고 하는 것은 '생명력을 기른다' · '생명력을 자라게 한다'는 뜻으로 사용할 수 있다. 『황제내경』「상고천진론」(養生)에 그 시대 사람들의 건강이 천년을 다하지 못하고 약하여지는 이유에 대해 다음과 같이 설명하고 있다.

(황제가)기백에게 묻기를, "상고시대의 사람들은 나이 100세를 지나도 동작이 쇠하지 않았다고 들었는데 지금 사람들은 나이 반백(50세)에 동작이 쇠하는 것은 시대가 다른 때문인가? 아니면 사람이 섭양(攝養 : 양생의 도)을 잘못하여 그러한 것인가?" 기백이 대답하기를, "상고시대의 사람들은 도를 알고 음양의 법을 알아서 천지자연의 도수(度數)에 화합하여 음식을 조절하며 기거함에 변함이 없고 지나치게 피로하도록 하지 않습니다. 형체가 정신과 함께 건실하여 천년[324]을 다할 때까지 100세를 누렸습니다. 그러나 지금 사람들은 술을 장(漿)[325]으로 삼고 망령되이 행동하며(음식, 기거, 과로 등) 취한 뒤에 입방하여 그 정욕을 다하여 정기가 고갈하고 좋아하는 것으로 진기를 소모시키니 정이 항상 충만하지를 못합니다. 때에 따라 신(神)을 조양하지 못하고 마음의 즐거움만 취하여 생락(生樂)[326]을 거스르고 기거에 절제가 없으므로 반백이 못 되어서 쇠하는 법입니다."[327]

生'이라 하였는데 後世醫家가 『內經』을 整理할 때 '攝生'이라는 말로 책머리에 배열하였다. 『千金方』「養生」篇에서 養生을 論하였는데 '道生', '攝生', '養性', '養生' 등 각 개념은 일치한다." p.68 재인용.

323) 李南九, 「養生에 關한 文獻的 考察」, 대전대 석사학위논문, 2000년, p.1, 劉占文, 『中國養生學』, p.2 재인용.

324) 인간이 하늘로부터 품부받은 壽命으로 자연수명이라 할 수 있다.

325) 이경우 역, 『黃帝內經·素問』, 吳崑 "옛사람들은 매번 식사 때마다 반드시 湯飮을 하였으니 그것을 말하여 '水漿'이라 한다." p.22.

326) 같은 책, 養生하는 즐거움, p.14.

327) 『黃帝內經·素問』「上古天眞論」第1, "乃問於天師曰, 余聞上古之人, 春秋皆度百歲, 而動作不衰; 今時之人, 年半百而動作皆衰者, 時世異耶? 人將失之耶? 岐伯對曰, 上古之人, 其知道者, 法於陰陽, 和於術數, 食飮有節, 起居有常, 不妄作勞, 故能形與神俱, 而盡終其天年, 度百歲乃去. 今時之人不然也, 以酒爲漿, 以妄爲常,

위의 내용을 살펴보면, 상고시대의 사람들은 음양의 규율을 본받아 의·식·주 등의 환경 및 생활 습관을 자연의 변화에 따라 순리적으로 행하였고 쓸데없는 일에 체력을 낭비하지 않았으므로, 육체와 정신을 온전히 보존하여 천부 받은 수명대로 백 살이 넘도록 건강하게 살았다고 할 수 있다. 그러나 당시(BC 200년경) 사람들은 그 옛사람들과 같지 않게 무절제하고 방탕한 생활로 쓸데없는 일에 힘을 낭비하고 술에 취해 정욕을 낭비함으로써 선천적인 정기를 소모시키고, 자연의 변화를 거스르면서까지 생활환경 및 습관에 절도가 없기 때문에 50살도 못 되어 체력이 쇠약해진 것이라고 하였다. 또한 『동의보감』 「내경·신형」편의 「수요지이」(「壽夭之異」)에서는 다음과 같이 말하고 있다.

우박(虞搏)이 말하기를, "사람의 수요에는 각각 천명이 존재한다. 천명이란 천지와 부모에게서 타고난 원기를 말한다. …… 처음 태어날 때 두 가지의 기를 왕성하게 받은 사람은 마땅히 상·중의 수를 얻고, 한쪽으로 치우친 기를 왕성하게 받은 사람은 중·하의 수를 얻고, 두 가지 기를 약하게 받은 사람은 보양을 할 수는 있지만, 하수밖에 얻지 못하거나, 그렇지 않으면 대부분 요절이 많다. 비록 그렇다 하더라도 풍·한·서·습의 외에 감촉되거나, 굶거나 과식하거나 과로로 내상까지 받게 된다면, 어찌 모두가 타고난 원기대로만 살수 있겠는가. 그러므로 상고시대의 성인들은 백 가지 풀을 맛보고, 병에 해당한 약을 만들어서, 사람들이 각기 자기의 명대로 살 수 있도록 도우려고 하였던 것이다. 「전」에 말하기를 몸을 수양하여 명대로 살 것을 바랄 뿐이라고 하였으니, 반드시 사람으로서 할 도리를 지키고 하늘의 뜻을 따른다면(자연법칙에 적응하여 생활한다면) 나쁜 것도 좋은 것으로 만들 수 있고 죽을 것도 살릴 수 있으므로 사람의 일을 천명에만 의존할 것이 아니다. …… "[328]

醉以入房, 以欲竭其精, 以[耗|好]散其眞, 不知持滿, 不時御神, 務快其心, 逆於生樂, 起居無節, 故半百而衰也."

328) 『東醫寶鑑』 「內經篇·神形」 「壽夭之異」, "虞搏曰, '人之壽夭, 各有天命存焉. 夫所謂天命者, 天地父母之元氣也. …… 其有生之初, 受氣之兩盛者, 當得上中之壽, 受氣之偏盛者, 當得中下之壽, 受氣之兩衰者, 能保養, 僅得下壽, 不然多夭折. 雖

위에서 살펴본 바에 의하면, 사람에게는 각각 타고난 수명이 있다 하더라도 외부의 기후, 예상치 못한 상황 등 후천적으로 나타나는 여러 가지 생활환경의 요인들 때문에 타고난 원기대로만 살아가기를 바랄 수만은 없다는 것이다. 때문에 천명만 바라보고 있지 말고 사람으로서 할 도리를 지키고, 자연환경에 적응하여 적극적으로 양생을 하여 건강을 관리하면, 죽을 것도 살릴 수 있다고 하면서 양생에 관한 중요성을 밝히고 있다. 다시 말하면 사람이 타고난 수명이 있다 하더라도 양생을 잘하면 건강하여 장수할 수 있고, 양생을 잘하지 못하면 건강을 잃게 된다는 것이다.

『동의보감』에는 정·기·신을 보양하는 법(보양정기신: 保養精氣神), 사철의 기후에 맞게 정신을 수양하는 법(사기조신: 四氣調神), 사철에 맞게 몸을 조섭하는 것(사시절선: 四時節宣), 섭생하는 데서 금기해야 할 것(양성금기: 養性禁忌) 등 다양한 양생법이 기록되어 있다. 그중 「내경·신형」편 「섭양요결」(攝養要訣)에 있는 태을진인(太乙眞人)의 양생법329)을 보면 다음과 같은 내용이 있다. 양생을 위하여 가장 중요한 것은 기를 기르는 것이다. 기를 기르

然或風寒暑濕之感於外, 飢飽勞役之傷乎內, 豈能一一盡乎, 所稟之元氣也. 故上古聖人, 嘗百草, 製醫藥, 乃欲扶植乎生民, 各得盡其天年也.' 傳曰, 修身以, 命而已, 必須盡人事以副天意, 則凶者化吉, 亡者得存, 未嘗令人委之於天命也. …… "

329) 같은 책, 「內經·神形」 「攝養要訣」, "太乙眞人, 七禁文曰, '一者少言語, 養內氣, 二者戒色慾, 養精氣, 三者薄滋味, 養血氣, 四者嚥精液, 養藏氣, 五者莫嗔, 怒養肝氣, 六者美飮食, 養胃氣, 七者少思慮養心氣, 人由氣生, 氣由神旺, 養氣全神, 可得眞道. 凡在萬形之中, 所保者. 莫先於元氣.'(太乙眞人의 七禁文에 말하기를 '첫째로 말을 적게 하여 內氣를 기르고, 둘째로 色과 욕심을 경계하여 精氣를 기르며, 셋째로 기름기 있는 음식을 적게 먹어 血氣를 기르고, 넷째로 침을 삼켜서 오장의 기운을 기르며, 다섯째로 진노하지 않아 肝氣를 기르며, 여섯째로 맛있는 음식으로 胃氣를 기르고, 일곱째로 사색과 걱정을 적게 하여 心氣를 기른다. 사람은 氣에 의해서 살아가고 氣는 神에 의하여 왕성해진다. 氣를 보양하여 神을 온전하게 한다면 진실로 道를 얻을 수 있다. 모든 것의 형체 중에 보양해야 하는 것은 먼저 元氣를 기르는 것이다.')"

면 신이 온전해져 정·기·신이 충만해지고, 정·기·신이 충만하면 형상 또한 온전해지기 때문이라는 것이다. 따라서 말을 적게 하여 내기를 기르고, 색욕을 삼가 정기를 기르며, 진미로운 음식을 적게 먹어 혈기를 기르고, 침을 자주 삼켜서 오장의 기운을 기르며, 분노하거나 성내는 마음을 갖지 않아 간기를 기르며, 맛있는 음식으로 위기를 기르고, 생각과 걱정, 근심을 적게 하여 심기를 길러야 오장과 정·기·신이 튼튼하고 충만하여 건강하다는 것이다.

너무 과하지도 않고 부족하지도 않게 먹고, 말하고, 움직이는 것(少食·少言·少動)이 동양의학의 양생방법 중 하나이다. 이와 더불어 장수이론에 나타난 장수요인 중 본인에게 부족한 부분이 있다면, 위의 양생법에 추가하여 건강을 관리한다면 건강한 장수를 할 수 있으리라 생각한다.

정과 신이 유여하지 못하면 원기를 보양시키면서 소식·소언·소동과 함께 각각 부족한 부분에 중점을 두어 건강을 관리한다.

두상이 원만하지 못하면 밝은 양기가 부족한 것이므로 적극적인 활동과 긍정적인 사고를 가지도록 하며, 골이 부족한 사람은 선천적인 원기와 신장의 기운이 부족하므로 정·기·신을 잘 보양하고 요통·견통·자궁계통에 주의하여 건강을 관리한다.

눈이 부족한 사람은 간·비위계통이 약하기 때문에 항상 식생활에 주의해야 한다. 눈이 너무 크고 허랑하다면 간담의 기능을 위주로 건강을 관리해야 하며, 눈초리가 위로 많이 올라간 사람은 예민하고 감정의 기복이 심하여 신경성 질환이 많이 올 수 있으므로 마음을 잘 다스려 기가 울체되지 않도록 노력해야 하며, 눈이 안으로 쑥 들어간 사람은 비위가 좋지 않으므로 소화기 계통을 중심으로 건강을 관리하고 또한 몸이 냉하기 때문에 항상 몸을 따뜻하게 해 주어야 한다. 또한 눈썹이 부족하다면 간기를 기르도록 노력하며, 과로를 하지 말고 근육계통의 건강관리를 위주로 하며 스트레스를 주의해야 한다.

귀가 부족한 사람은 기본적인 선천 원기가 부족하고 신장의 기운이 약하기 때문에 이를 위주로 건강관리를 한다. 특히 귀가 큰데 단단하지 못하고 힘이 없는 사람은 요통, 자궁계통에 주의하여 건강관리를 하는 것이 좋다.

코가 부족한 사람은 심ㆍ폐ㆍ비위ㆍ대장ㆍ방광 등에 주의하여 건강을 관리해야 한다. 그중 코가 작은 사람은 신경이 예민하고 불안하기 때문에 소화기 계통에 주의하여 건강을 관리하고, 또한 심폐의 기능이 부족하기 때문에 금연이 절대적이다. 항상 자신감 있는 활동을 할 수 있도록 스스로 노력하고 욕심을 너무 부려서는 안 된다. 반면 코 부위가 너무 과대하다면 활동적인 일을 많이 하여 기가 울체되는 일이 없도록 해야 한다. 그렇지 못하면 그로 인해 질환들이 많이 올 수 있으므로 이를 주의하여 건강을 관리하는 것이 스트레스를 벗어나는 길이라고도 할 수 있다. 연ㆍ수상 부위가 돌출된 사람은 몸 전체에서 기의 순환이 제대로 이루어지지 않기 때문에 만성 소화불량ㆍ변비ㆍ생리불순 등이 많이 나타나므로 이를 중심으로 건강을 관리하고, 비공이 드러나 보이는 사람은 방광계통을 관리하며, 콧등에 기미가 끼거나 푸른빛이 도는 사람은 소화기 계통을 주의해서 건강을 관리해야 한다. 마지막으로 전체적인 형상에서 항상 여유롭고 느긋함을 지니도록 마음을 관리하는 게 중요하다고 할 수 있다.

이 외에도 일상생활에서 기상·취침·휴식·식사 등을 변화없이 일정하게 규칙적으로 하기, 취미생활을 즐겨 활기를 찾는 활발한 대인관계를 맺기, 꾸준히 매일 40~50분간 걷기 등 무리하지 않게 운동하기, 낙천적으로 느긋하게 그러나 부지런하게 꾸준히 활동하면서, 노화현상을 긍정적으로 받아들이는 정신적 자세를 갖는다면 건강한 장수에 도움이 될 수 있을 것이다.

V. 결 론

상학(相學)에서는 외부의 형상이란 그냥 나타난 것이 아니라, 몸 안에 있는 내면의 기운이 외부로 반영하여 외형을 형성하게 되었다는 논리 아래, 사람을 관찰하고 그에 따라 다양한 판단을 하였다. 필자는 몸을 통해 인간을 이해하는 수단 중의 하나인 상학의 이론을 중심으로 '고전 상학에 나타나는 장수이론과 현존 장수인의 상관관계'를 연구하기 위하여 60명의 장수인을 장수요인의 분석틀에 의거하여 규명하였으며 그에 대한 연구 결과를 요약하면 다음과 같다.

첫째, 장수인과 고전 장수이론과는 밀접한 상관관계를 가지고 있음을 확인할 수 있었다. 상학에서 나타난 장수이론은 무조건적인 수요를 판단하기 위한 장수이론이 아니고, 인체 내의 오장육부의 기운이 외부에 구체적인 형상으로 표시되는데 상학은 바로 이 부분을 읽어 한 사람의 건강과 수요 그리고 장수를 판단하였다.

둘째, 현대적인 측면에서 장수상을 재정립하였다. 고전 상학이론에 나타나는 장수의 요인에 완벽하다면 더없이 건강한 장수인이라고 할 수 있지만, 그에 미치지 못한다 해도 현대에서는 장수가 가능하다. 정과 신이 유여하고 충만하여야 하며, 눈의 형태는 약간 깊은 듯하면서 너무 둥글거나 돌안이 되어서는 안 되고 신을 은장하고 있어야 한다. 눈썹은 어떠한 형태로든 눈을 잘 보호하고 있어야 하며 압안이 되어서는 안 되고, 남자의 경우 호미가 있으면 더욱 좋다. 선천원기를 나타내는 골의 상태는 강건해야 하고, 골육의 조화가 이루어져야 하며 혹 이루어지지 못했다 하더라도 노골되지는 않아야 한다. 또한 관골이입이 잘되어 옥량골, 수골이 단단해야 하며, 신기의 발로인 귀와 수주가 크고 두텁고 단단하며 깨끗해야 한다. 남자의 경우 호이가 있으면 더욱 좋다. 코에 있어 산근은 단절되지 말고 유연하게 흘러야 하며, 비골의 기세를 나타내는 비량이 견고하면서 노골되지 말아야 하고 연수상이 함몰되어서는 안 된다. 삼정의 조화가 이루어져야 하는데 조화가 부족하다면 지각과 하정이 풍만한 면장자이어야 한다. 오악의 상태는 이지러짐이 없이 잘 융기되어 풍만해야 한다. 인중과 법령이 길고 평탄하게 잘 흘러 주어야 하고 금루가 이루어지면 더욱 좋다. 다른 요인이 부족한 경우에는 길고 깊게 잘 흐르는 인중이 꼭 요구되었다. 얼굴을 비롯한 피부는 두터우면서 여유가 있어야 하고, 목의 피부 역시 여유 있고 너그러워야 하며 항하쌍조를 형성하면 더욱 좋다. 항상 여유로움을 가진 웃는 상이어야 한다.

셋째, 장수를 위한 기본적인 양생법과 각각의 상에서 장수요인 중 부족한 부분을 보충해 주는 건강관리방법을 제시하였다. 기본적인 양생방법으로는 너무 과하지도 않고 부족하지도 않게 먹고, 말하고, 움직이는 것(少食・少言・少動)이 중요하다. 일상생활에서 기상・취침・휴식・식사 등을 변화없이 일정하게 규칙적으로 하기, 꾸준히 매일 40~50분간 걷기 등 무리하지 않게 운동하기, 낙천적으로 느긋하게 그러나 부지런하게 꾸준한 활동이 필요하다. 정과 신이 유여하지 못하면 원기를 보양하고, 소식・소언・소동을 하면서 각각 부족한 부분에 중점을 두어 건강을 관리한다.

두상이 원만하지 못하면 적극적인 활동과 긍정적인 사고를 가지도록 하며, 골이 부족한 사람은 선천적인 원기와 신장의 기운이 부족하므로 정·기·신을 잘 보양하고, 요통·견통·자궁계통에 주의하여 건강을 관리한다. 눈이 부족한 사람은 간·비위계통이 약하기 때문에 항상 식생활에 주의해야 한다. 특히 눈이 안으로 쑥 들어간 사람은 비위가 좋지 않으므로 소화기 계통을 중심으로 건강을 관리하고 또한 몸이 냉하기 때문에 항상 몸을 따뜻하게 해주어야 한다. 눈썹이 부족하다면 간기를 기르도록 노력하며 과로를 하지 말고, 근육계통의 건강관리를 위주로 하며 스트레스를 주의해야 한다. 귀가 부족한 사람은 요통·자궁계통에 주의하여 건강관리를 하는 것이 좋다. 코가 부족한 사람은 심·폐·비위·대장·방광 등에 주의하여 건강을 관리해야 한다. 코가 작은 사람 소화기 계통에 주의하여 건강을 관리하고, 또한 심폐의 기능이 부족하기 때문에 금연이 절대적이다. 반면 코 부위가 너무 과대하다면 활동적인 일을 많이 하여 기가 울체되는 일이 없도록 해야 한다. 연·수상 부위가 돌출된 사람은 몸 전체에서 기의 순환이 제대로 이루어지지 않기 때문에 만성 소화불량·변비·생리불순 등이 많이 나타나므로 이를 중심으로 건강을 관리하고, 콧등에 기미가 끼거나 푸른빛이 도는 사람은 소화기 계통을 주의해서 건강을 관리하며, 비공이 드러나 보이는 사람은 방광계통을 관리한다. 마지막으로 전체적인 형상에서 항상 여유롭고 느긋함을 지닌 웃는 상이 될 수 있도록 마음을 관리하는 것이 중요하다.

장수인과 장수이론이 서로 부합되는 경우가 대부분이었지만 기존의 이론과 상이하게 나타나는 부분도 있었다. 이는 현대 사회가 다양하게 변화해 감에 따라 장수상(長壽相)의 이론에 대한 시각도 바뀌어야 한다는 것을 의미한다. 이를 해결하기 위해서는 장수의 요인에 대한 이론적인 부분만을 가지고 왈가왈부할 것이 아니라, 장수인들에 대한 집단적이며 공동적인 실례조사와 함께 장수상의 확인 작업이 선행되어 일정한 결과 값을 도출해 내야 한다고 생각한다.

관상은 타고난 형상을 가지고 논하는 것이기 때문에 자칫 잘못하면 자신 스스로의 삶을 위해 노력하기보다는, 운명적인 것이라 치부해 버리는 부정적인 측면이 있을 수 있다. 운명을 파악하는 데 있어 관상이 한몫을 한 것은 사실이다. 하지만 '40세 이후의 자신의 얼굴에 대하여 스스로 책임을 져야 한다'라는 말이 있듯이 자신의 얼굴은 자신이 만들어 가는 것이다. 선천적으로 장수할 상을 타고났다고 하여 위생관념을 소홀히 하거나 무절제한 생활을 해서도 안 되고, 장수할 상이 아니라고 해서 포기해서도 안 된다. 타고난 선천적인 조건이 여러 가지 영향을 미치는 바가 크기는 하지만, 미리 알 수 있다면 부족한 조건을 보충하여 예방적인 차원의 대처가 필요하고, 좋은 조건은 더욱 좋은 방향으로 향상시키는 노력이 필요하다. 타고난 골격의 형성은 변화시키기 어렵다 하더라도, 장수의 가장 큰 요인이라고 할 수 있는 정·기·신의 상태, 골육의 조화 등은 양생과 건강관리를 통하여 얼마든지 조절 가능하기 때문에 생활 습관을 바꾸고 노력하는 만큼 상도 변화해 갈 수가 있다.

관상은 일상생활에 깊숙이 들어와 있음에도 불구하고 관상에 대한 학문적 연구는 다른 학문 영역에 비해 지극히 주변부에 머물러 있다. 그 이유는 우선 상학이라는 것이 과학이나 합리성이라는 기준에서 볼 때 마치 비과학적이고 심지어는 미신의 영역에 있는 것처럼 보이기 때문일 것이다. 1970년대 이전까지 이성, 자유주의, 진보적 관념이 지배하면서 이른바 민간 신앙, 민속, 주술을 포함한 '비과학'의 영역들은 도외시될 수밖에 없었다. 따라서 상학은 아주 오랜 기간 동안 존속되었으면서도 학문적인 평가를 받지 못했던 것이다. 상학에 대한 연구가 부진한 또 다른 이유로는 이것이 생활에 녹아 있는 일종의 관습의 영역으로 관상을 주제로 다룬 자료가 귀할 뿐 아니라 연구가 활발하게 이루어질 수 없었기 때문이다. 기록이 많지 않다는 것은 오히려 너무나 보편적인 일상의 행위였다는 것을 의미한다고 볼 수 있다.[330]

　상학의 이론이 보는 견해에 따라 차이가 나는 것은 상학의 학문적 체계가 정립되지 않았기 때문임을 의미한다. 인간의 몸을 연구하는 상학이 현대에 활용 가능한 학문으로 변화되기 위해서는 상학 이론에 대한 재해석이 필요하다. 첫째, 상학이론의 객관적이고 보편 타당성을 위하여 상학에 대한 용어를 정의하고 통일을 기하여 현대적 언어로 다시 정립해야 한다. 고대인들의 사유방식과 그 시대의 언어로는 변화해 나가는 현대인들을 설명하기에는 한계가 있기 때문이다. 둘째, 고전의 상학이론에 대한 체계적이고 논리적인 학문적 연구가 선행되어야 한다. 셋째, 상학이 의미 있는 학문 분야로 자리 잡기 위해서는 다양한 학문적 접근을 통한 이론적 탐구가 필요하다. 상학은 이러한 과정을 통하여 보편적 타당성이 입증될 수 있으며 막연하고 추상적인 형이상학적인 면모를 탈피하여 현대적인 학문의 한 분야로 자리를 잡을 수 있으리라고 생각한다.

---

330) 설혜심 저, 『서양의 관상학 그 긴 그림자』, p.31.

참고문헌

辭典類

本辭典由教育部國語推行委員會所編錄, 『國語辭典』, 1998年(本辭典
     另有光碟版).
東漢 · 許愼 撰, 段玉裁 注, 『說文解字主』, 上海古籍出版社, 1981.
諸橋轍次 著, 『大漢和事典』, 東京: 大修官書店, 昭和 33.

原典 · 註譯類

『國語』, 上海古籍出版社, 1998.
『逸周書洭 校集注』, 上海古籍出版社, 1995.
『晉書』, 景仁文化社, 1979.
龔稚川, 『相理大全』, 臺中: 瑞成書局, 1969.
郭慶藩, 『莊子集釋』, 北京: 中華書局, 1978.
金赫濟 校閱, 『麻衣相法』, 서울: 명문당, 1988.
羅桂成 編著, 『唐宋陰陽五行論集』, 臺北: 文源書局有限公司, 1988.
樓紹棠 編著, 『相學通鑑』, 臺北: 正一善書出版社, 1989.
無師自通, 『秘本相人法』, 臺北: 臺灣力行書店, 출판연도 불명.
班固 撰, 凌稚隆 輯校, 『漢書』, 국립중앙도서관 1998.
范文園 原著, 李昱德 評注, 『神相水鏡集全編 · 點校本』, 臺北: 捷幻
     出版社. 1996.
范華 撰, 李賢 等注 『後漢書』, 北京: 中華書局 1965.

「玉管照神局」(『四庫全書 術數類全編』), 靑海人民出版社, 1999.

「月波洞中記」(『四庫全書 術數類全編』), 靑海人民出版社, 1999.

「人倫大統賦」(『四庫全書 術數類全編』), 靑海人民出版社, 1999.

「太淸神鑑」(『四庫全書 術數類全編』), 靑海人民出版社. 1999.

司馬遷 撰, 『史記』, 北京: 中華書局, 1982.

小通天, 『面相秘笈』, 臺北: 小通天相舘, 1982.

希夷·陳搏秘傳, 柳莊·袁忠撤訂正, 『神相全編』, 臺北: 新文豊出版
          公司, 1927.

宋濂 等撰, 『元史』, 北京: 中華書局.

宋齋邱, 『玉管照神局(千古神相極秘傳書)』, 臺北: 武陵出版社, 1982.

安積光角, 『相學三書增補』, 刊寫者未詳, 국립중앙도서관 소장, 1818.

楊伯峻 譯註, 『孟子』, 北京: 中華書局, 1996.

_____, 『春秋左傳注』, 北京: 中華書局, 1990.

梁湘潤 編著, 『相學辭淵』, 臺北: 行卯出版社, 1995.

『禮記』

王朴 撰, 『太淸神鑑』, 四庫全書版, 臺北: 武陵出版社, 1983.

王文鍈 編著, 『鍈王氏秘傳知人風鑑原理相法全書』, 國立故宮博物院
          珍藏, 臺北: 武陵出版社, 1988.

王聰珍 撰, 『大戴禮記』, 北京: 中華書局, 1983.

王先謙, 『荀子集解』, 『諸子集成』本, 中華書局, 1986.

右髻道人, 『神相水鏡集』, 臺北: 新文豊出版公司, 1989.

牛兵占 等編著, 『黃帝內經』 石家庄: 河北科學技術出版社, 1994.

魏收 撰, 『魏書』, 北京: 中華書局, 1995.

韋千里 編著, 『中國相法精華』, 交友識人必備珍本, 출판사, 출판연도
          불명.

劉劭, 王玫 評注, 『人物志』, 北京, 紅旗出版社, 1996.

柳莊·袁忠散, 『柳莊相法』, 臺北: 新文豊出版公司, 1989.

劉珣, 張昭遠 共撰, 『舊唐書』, 刊寫者未詳, 同治11(1872), 국립중앙도
          서관 소장.

李建枰 主編, 『柳莊相法』, 中州古籍出版, 2003.

이경우 역, 『黃帝內經·素問』, 서울: 여강출판사, 2002.

이경우 역,『黃帝內經・靈樞』, 서울: 여강출판사, 2002.

李世烈 解譯,『漢書 藝文志』, 서울: 자유문고, 1995.

張果老,『果老星宗』, 臺北: 武陵出版社, 출판연도 불명.

張榮明,『方述考 中國 傳統文化』, 上海, 學林出版社, 2000.

張廷玉 等撰,『明史』, 北京: 中華書局.

張行簡 等撰,『神相 金較剪』, 臺北: 武陵出版社, 1988.

_____,『人倫大統賦』「欽定四庫全書」, 臺北: 武陵出版社, 1988.

張行簡 等撰,『太淸相法』, 臺北: 武陵出版社, 1988.

井田齒學,『相學辯蒙』, 刊寫者未詳, 국립중앙도서관 소장, 1799.

陳淡埜,『相理衡眞』, 臺北: 武陵出版社, 1987.

陳壽 撰, 裴松之 註,『三國志』, 국립중앙도서관, 2001.

陣夢雷,『古今圖書集成』, 北京: 中華書局, 巴蜀書局, 1988.

脫脫 等修,『宋史』, 北京: 中華書局, 1995.

韓美書籍 編,『欽定四庫全書』, 韓美書籍, 2002.

許浚 原著,『東醫寶鑑』.

_____, 東醫寶鑑國譯委員會 編,『東醫寶鑑』, 서울: 南山堂, 1987.

홍원식 역,『黃帝內經 靈樞』, 서울: 전통문화연구회, 1995.

_____,『黃帝內經・素問譯解』, 서울: 고문사, 1993.

單行本類

김명광,『얼굴이 사람을 말한다』, 서울: 무한, 2001.

김성현,『한국인의 얼굴 한국인의 운명』, 서울: 동학사, 2002.

대니얼맥닐(Daniel McNeill), 안정희 역,『The Face 얼굴』, 서울: 사이언
     스북스, 2003.

東原 李正來,『相學眞傳』, 서울: 友情出版社, 1984.

박상철 편,『한국의 백세인』, 서울: 서울대학교 출판부, 2002.

朴一峰 譯著,『近思錄』, 서울: 육문사, 1993.

北溪 陳享 著, 김영민 譯,『北溪字義』, 서울: 예문서원, 1993.

설혜심,『서양의 관상학 그 긴 그림자』, 서울: 한길사, 2002.

希夷·陳搏秘傳, 柳莊·袁忠撤訂正, 鄭民鉉 譯, 『增廣 神相全編』, 서울: 삼원문화사, 1998.

신기원, 『내 관상 내가 본다』, 서울: 한세, 2000.

양계초, 풍우란 외, 김홍경 편역, 『陰陽五行說의 연구』, 서울: 신지서원, 1993.

오현리, 『정통관상백과』, 서울: 동학사, 2001.

王充, 이주행 옮김, 『論衡』, 서울: 소나무, 1996.

劉强, 송병기 역, 『形象診斷』, 서울: 의성당, 1997.

劉劭, 이승환 옮김, 『인물지』, 서울: 홍익출판사. 1999.

유태우, 『陰陽脈診 研究』, 서울: 陰陽脈診出版社, 1988.

_____, 『鍼灸經絡』, 서울: 陰陽脈診出版社, 1988.

윤상철 역, 『皇極經世』, 서울: 대유학당, 2002.

殷南根, 이동철 역, 『오행의 새로운 이해』, 서울: 법인문화사, 2000.

陰陽脈診出版社 編著, 『骨相學入門』, 서울: 陰陽脈診出版社, 1985.

이진수, 『한국 養生思想 연구』, 서울: 한양대학교 출판부, 1999.

조성우 역, 『麻衣相法』, 서울: 명문당, 2001.

조성태, 『생긴 대로 병이 온다』, 서울: 명상, 1998.

織田啓成, 李案雄 譯, 『顔面望診法』, 서울: 鼎談, 1993.

陳淡埜, 무진미래연구원 譯, 『相理衡眞』, 서울: 황금시대, 1998.

토머스펄스 외, 우종민·신동근 옮김, 『100세 장수법』, 서울: 사이언스북스, 2003.

풍우란, 박성규 옮김, 『중국철학사』, 서울: 까치글방, 1999.

論文類

김한경, 「얼굴 미모의 구조적 특징 및 감성적 구성개념」, 연세대 석사학위논문, 2001.

박영일, 「劉劭의 『人物志』 번역 연구」, 원광대 석사학위논문, 2002.

박정윤, 「陰陽五行說의 성립과 그 理論的 배경」, 고려대 석사학위논문, 2001년.

설유경, 「사상의학에서 성정의 개념과 뇌와의 상관성에 관한 고찰」, 동의대 석사학위논문, 2000.

심재평, 「사상의학의 사상체질과 동·서양의 체질체형론 비교연구」, 성균관대 석사학위논문, 1999.

이남구, 「養生에 관한 문헌적 고찰」, 대전대 석사학위논문, 2000년.

이성옥, 「경상남도 100세 이상 장수노인의 건강관련 특성에 관한 연구」, 인제대 석사학위논문, 2002.

이세성, 「장수와 사상체질과의 상관성에 관한 연구」, 상지대 석사학위논문, 1998.

정윤철, 「黃帝內經에 나타난 天人相應에 대한 연구」, 대전대 석사학위논문, 2000년.

정행규, 「養生에 관한 문헌 연구」, 경희대 박사학위논문, 1995년.

주경희, 「100세 이상 장수노인 특성에 대한 탐색적 연구」, 서울대 석사학위논문, 2002.

주선희, 「人相學에 對한 東洋哲學적 考察」, 대전대 석사학위논문, 2002.

홍세령, 「韓國人 30–40代 女性의 四象體質別 顔面特徵에 關한 硏究」, 경희대 석사학위논문, 2001.

〈표 5〉(1-1-1) 분석결과(85세 이상 장수인)

분류			번호	1	2	3	4	5	6	7	8	9	10	11	12	13	14	15	16	17	18	19	20
頭相骨相	1	精·氣·神	頭圓	중·상	상	중·상	중·상	상·상	상·상	상·상	상	상·중	상·상	상	상	중	중·상	중·상	중·상	중	상	상	상
			額有橫骨	중	상	중	상	상	상	상	상·하	상	상·상	상	중	상	상·상	상·상	상·상	중	상·하	중	상
			筋骨실대	중·하	상	상·상	상·상	상·상	중	상	상	상·하	상	상	중	상	상	상	상	중	상	상	중
			觀骨耳入	중·상	상·상	상·상	상·하	상·상	중·상	상·하	상·하	상·하	상·상	중	중·상	상	상	상·하	중·상	상·하	상·상	중·상	상·상
			壽骨堅起	상	상	?	?	상	중	상	?	상	상	?	?	?	?	생하	?	?	상	상	상
	2	조 하	三停	상	상	상·상	상·상	상	상	중·상	상·상	상·하	상	상·상	상·하	중	상·중	상	상	상	상	상·상	중
面 相	3		五岳豊隆·壽斑	상·중	상	상·하	상·중	상	중·상	중·상	상·상	상·하	상	상·상	상·하	상·하	상·중	상	상	중·하	상	상·하	상·하
	4		命門光澤	상	상	중	상·하	상	상	중·하	상	상	중	중	상·하	상	?	상	중	중·하	중	상·하	?
	5	눈	眼細長而神深者	상	중·중	중·하	상	상·하	상·상	상·하	상·하	상	상	중	상·하	중·상	상	상	중·상	중·하	중·상	중·상	상·상
			兩目有神隱藏	상·상	상·중	중·하	상·하	상·상	상	상	상·하	상	중	중	상·하	상·상	상·하	상	상	상·하	중·상	상·상	상
相	6	눈썹	眉高長	상	상·하	중·하	상·하	상·상	상·상	상	중	중	중	상	상·하	상·하	상·하	상	상	중	상	상·하	상
			眉有長毫	무	무	?	?	?	?	무	무	무	무	무	?	무	무	무	?	?	무	약	?

85세 이상 장수인

<表 6>(1-2-1) 분석결과(85세 이상 장수인)

85세 이상 장수인

분류			번호	1	2	3	4	5	6	7	8	9	10	11	12	13	14	15	16	17	18	19	20
面	7	귀	耳厚大堅	상	상·상	중	중·상	?	상	상	상·상	상·하	상	?	상	상·하	상·상	상·상	?	상	상·상	상·상	상·상
			垂珠朝口者	상·상	상·상	상	중	?	상·하	중·상	상	중	상	?	중	중	상	상	중	상	상	중·상	상
			耳洪明慈潤	상	상·중	상·하	중	?	중	상	상	중	상	?	중		상	상	?	상	상·하	상	상
			耳有長豪	?	?	?	?	?	중	무	무	무	무	?	?	?	?	무	?	?	무	무	?
	8	코	鼻梁正勢	상	상	상	상·상	상·상	상	상	중·상	상·상	상·상	상·상	상·상	상·상	중	상·하	상	상	상·상	상	상·상
			山根不折而上下正直	상	상	상	상·상	상·상	상	상	상	상·상	상·상	상·하	상·상	상	상	중·하	상	상	상·상	상·하	상
			年壽上不陷	상	상	상·상	상·하	상	상	상	상	상	상	상	상·하	상·상	상	상	상	상	상·상	상	상·상
相			人中深而長潤	상	중	상	중·상	하	상	상	상	상	상	상	상	상	상	상	중	상·상	중	상	중
			人中平長	상	상	상	중	중	중	중·상	상·하	중	상	중	상	중	중	상	중	상·상	상	상	중
	9	인중 법령	法令深長而明潤	상	상	상	상	상	상	?	?	?	상	상·상	상	중	상·상	중·하	하	상·하	중·상	상	상
	10	치아 입	齒齊堅密	?	?	상	중	상	?	상·하	상·하	?	?	?	?	?	?	?	하	?	?	?	?
			口方闊而有夜者	중	상·하	상·하	중	상	중	상·하	?	상·하	?	상	상·하	상	상·상	중·하	상	?	상·하	?	상·상
	11	지각	地閣方圓	상·하	상·하	상	중	상	상	상·상	상	상	상	상	상	중	중	중	상	중	중	상	상
	12	목	項下有皮如絛者	상	상	중	중	중	상·상	상	상·상	중	중	상·상	상	중	상	중	중	하	?	중·상	중

〈표 7〉(1-1-2) 분석결과(85세 이상 장수인)

85세 이상 장수인

분류		번호		21	22	23	24	25	26	27	28	29	30	31	32	33	34	35	36	37	38	39	40
頭相·骨相			精·氣·神	상	상	상	상	중	상·상	중	중	상·상	상	상·하	중	상	상	상	상	상·상	상	중	상
	1		頭圓	상·상	상·상	상·중	중·하	중	상·상	상	중	상·상	상	상	상·하	상·상	상	상	중	상·상	상·하	상	중
			額有橫骨	상·상	상·하	상·하	상	중	상·하	상	하·상	상	상	상·하	상·하	상	상	상	상·중	상·하	상	중	중·중
			筋骨상태	상	상·하	상·하	상	중	상·하	상	상	상	상	상·하	중	상·상	중	상	중	상	상	상·상	상
			顴骨耳入	상·하	상·하	상·하	상	상	상·하	상	상	상	?	상·하	중	상	상	상	?	중	상	상·상	중
			壽骨堅起	?	?	상	상	중·하	?	?	?	?·하	상	중	?	상	중	상	상	중	중	상	중
面相	2		三停	상·하	상·하	상·상	상·하	중·하	상·상	상	하	상·하	상·하	상	상	상·하	상·상	상·상	상·상	상	상	상	상·상
			五岳豐隆	상	중	중	상·하	상	상	중·상	상	중·하	중	상	하	상	상·상	상·상	상	상	상	상	상
	3		面皮寬厚·壽斑	상·하	상·상	상	상	상	상·하	중	?	상	상·하	상	상·상	상·상	중	상	상	상	상	상·상	상
	4		命門光澤	?	?	상	상	상	상	?	?	상	중	상	하	상	?	상	상	상·하	상	상	상
	5		眼細長而深者	중·하	상·하	상·하	상	상	상	상	?	상	상·하	상	상·하	상	상·하	상	상	상·하	상·하	상	상
			兩目有神隱藏	상	중	중·하	상	상	상	하	중·상	상·상	상·하	중	상·하	중	상·상	상·하	중	상	상	중	상·상
	6	눈썹	眉高長	상·하	상·하	중·상	상	중·하	중·상	하	중·상	중·하	중·하	상·하	중·하	중	상·하	중·하	중	상	상·상	중	중·하
			眉有長毫	무	무	유	유	무	?	하	?	?		?	?	무	?	무	?	유	유	?	무

〈표 8〉(1-2-2) 분석결과(85세 이상 장수인)

85세 이상 장수인

분류		번호	항목	21	22	23	24	25	26	27	28	29	30	31	32	33	34	35	36	37	38	39	40
面	귀	7	耳厚大堅	상	상	상·상	상·상	상	상·하	?	?	?	상	상	상	상·상	?	상·상	?	상·상	상	중	중
			垂珠朝口者	상·하	상·하	상·하	상·중	?	상	중	?	?	중·상	중	중	중	상	상	중	상	중	중	중·하
			耳洪明慈潤	?	상·하	상·하	상·중	유	?	?	?	?	상	상	중	상·하	?	상	?	상	상	상	상
			耳有長毫	무	무	무	유	?	?	?	?	?	?	?	?	유	?	유	?	유	유	상	유
	코	8	鼻梁正勢	상·상	중·상	중·상	유	상	상	상·하	상·상	중	상·상	상	중	상·상	중·하	상·상	중	상	상·하	상·상	상
			山根不折 而上下正直	상·상	상·상	중	상·중	중	상	상·상	상·상	중	상·하	상	상·하	상·상	중	상·상	중	상	중	상	상
			年壽上不陷	상·상	상·상	중·상	상·중	상	상	상	상·상	상	중	상	중	상·하	하	상·상	상·상	상	상	상·상	중
	인중	9	人中深而 長潤	중·상	상·하	상·상	상	상	상·상	상·하	상	상	중	상	중	중	중	상	상·상	중	중	중	상
			人中平長	상	상·상	상·상	상	상	상·상	하	상	중	상·하	?	중	상	상	상	상·상	중	상·상	중	상·상
	법령		法令深長而 明潤	상	상	?	상	중	중	중	중	중	상·하	상	하	중·상	중	상	하	상	상·상	중	중
相	치아	10	齒齊堅密	상·상	중·상	?	상	상	상	상	상	상	상	상	하	중·상	중	상·하	중·하	중·하	상·상	상	?
	입		口方闊而有 凌者	중·상	중·중	상·상	상	상	상	중	중	상	상·하	중	하	상·하	중	상·하	중·하	상	상·하	중	상
	지각	11	地閣方圓	상	중·상	중·상	상	중	상	중·상	중	중	상	중	중	중	중	상·하	중	상	상·하	상·상	상
	목	12	項下有皮如 條者	중·상	?	중	중	중	상	하	중	중	상·하	상	중	중	중	중	중	중	중	상	상·하

85세 이상 장수인

분류			번호	41	42	43	44	45	46	47	48	49	50
頭相 骨相	精·氣·神	頭	1 頭圓	상	상	상	상	상·하	상	중·상	중·상	상	상
			額有橫骨	상·상	상·상	중·상	상·하	상·상	상·하	중	상	상	중
			筋骨상태	상	상	중·상	중·하	상	상	중·하	상·하	상·중	중
			顴骨耳入	중·상	상	상·하	상	상	상·상	상·하	상	중	상
			壽骨竪起	?	?	상·하	상	상	상	상	?	?	상
面 相		조화	2 三停	중	상·상	중	상	상	상·상	상	상	중·상	중
			3 五岳豊隆	상	상	중	상	상	중	상	상	상·상	상·하
			4 面皮寬厚·壽斑	상	상	상·하	상·상	상	상·하	중	중	상·상	상·하
			命門光澤	?	?	상	상·하	상	상	상	중	상	중·상
		눈	5 眼細長而深者	상	상·하	상·상	상	중	상·상	상	상	중·상	상
			兩目有神隱藏	상·중	상·하	상·상	상·중	상·하	상	상·하	중	상·상	상
		눈썹	6 眉高長	중	상·하	상·중	상	중	중·상	상·상	상	중	상
			眉有長毫	무	무	무	무	무	무	무	?	무	무

〈표 10〉(1-2-3) 분석결과(85세 이상 장수인)

85세 이상 장수인

분류		번호	41	42	43	44	45	46	47	48	49	50
面相 7	귀	耳厚大堅	상·상	상·하	상·상	상·상	상	상	상	상·상	상·중	상·상
		垂珠朝口者	상	중	상	상	상	상	중	상·상	상·하	상
		耳洪明慈潤	상	?	상·상	상·하	상	상	중	상·상	상	하
8	코	耳有長毫	무	무		무	무	?	?	?	무	?
		鼻梁正勢	중	상·상	상	상	상·상	상·상	중·하	상	상	상·상
		山根不折而上下正直	상·하	상·상	상	상·하	상·상	상·중	중·하	상	상·하	상·상
		年壽上不陷	중·상	상·상	상·상	상·중	상·상	상·상	상·하	상·상	상·상	상·상
9	인중 법령	人中深而長潤	상	상	상	상·상	중	상	상	중	중·하	상
		人中平長	상	상	상	상	상	상	상·상	중	상	상
10	치아 입	法令深長而明潤	상	상	상	상	중	상	상	중	상	상
		齒齊堅密	?	?		?	?	상	?	?	?	?
		口方闊而有凌者	상	상	상	상	상	상·상	하	상·상	?	상
11	지각	地閣方圓	상	상	중·상	상	상	상	중	상·상	상·하	상·하
12	목	項下有皮如絛者	중	상·하	중·상	상·상	중	중	중·상	중	상·상	중

분류		번호	1	2	3	4	5	6	7	8	9	10
頭相 骨相	1	精・氣・神	상·상	중·상	상	상·하	상·상·하	상	중·상	상	중·하	중·상
		頭圓	상·상	상·하	상	상	상·상·하	상	상	상	중·하	중·상
		額有橫骨	상	상·상	상	상·하	상	중·상	상	상	중	상
		筋骨상태	상	상	상	상·하	상	중·상	상	상	상·상	상
		顴骨耳入	상	상·하	상·상	상·상	상	상	상	상	하	상·하
		壽骨豊起	?	?	상	?	?	?	?	?	?	?
面 相	2	조화 三停	상	중	상	상	중	상·하	상·하	상	중	상
		五岳豊隆	상	상·하	상	상·상	상	상	상	상·상	상·상	상
	3	面皮寬厚・壽斑	상	상	상	중·상	상	상	상	상·상	상·상	상·상
	4	命門光澤	?	?	상	?	?	?	?	?	?	?
	5	눈 眼細長而深者	상·하	상·상	상	상·하	상	중·상	중·상	상·하	상·하	중·상
		兩目有神隱藏	상·하	상·하	상·하	상·상	?	상	상·하	상	중·하	상·하
	6	눈썹 眉高長	상·상	상·하	상·하	상·상	중·상	상·하	중·상	상	상·하	상
		眉骨長毫	?	?	?	상	?	?	?	?	?	?

〈표 12〉(2-2-1) 분석결과(100세 장수인)

분류			100세 장수인 번호	1	2	3	4	5	6	7	8	9	10
面相	7	귀	耳厚大堅	?	상	상		?	상	상	상·상	상·상	상·상
			垂珠朝口者	?		상		?	상	상	상·상	상·상	상·상
			耳洪明慈潤	?	?	?	?	?	?	?		?	?
			耳有長毫	?	?	?	?	?	?	?	?	상	?
	8	코	鼻梁正勢	상·상	중·상	상·상	상·상	상·상	상·상	상	상	상	상
			山根不折而上下正直	상·상	상	상·상	상·상	상	상·상	상·상	상	상	상
			年壽上不陷	상·하	상·하	상·하	상·하	상	상·상	상·상	상·상	상·상	상·상
	9	인중 법령	人中深而長潤	중·상	중·상	중·하	중·상	하	상·하	중	상·상	상·상	상·하
			人中平長	중·상	상·하	하	상·하	하	상·상	상·하	상·하	상·상	상·하
			法令深長而明潤	상·하	상·상	상	상	상	상·상	중	상	상·상	상·하
	10	치아 입	齒齊堅密	?	?	?	?	?	?	상	?	?	?
			口方闊而有凌者	중·하	중·하	중·하	상·하	중	중·상	상·하	상	중·상	상·하
	11	지각	地閣方圓	상·상	상	상	하	상	중·하	상·하	상·하	중·하	상·상
	12	목	項下有皮如絛者	?	?	?	?	?	?	?	?	?	?

<표 13> 精氣神(85세 이상 장수인)

번호	1	2	3	4	5	6	7	8	9	10
精·氣·神	중·상	상	중·상	중·상	상·상	상	상·상	상	상·중	상·상
번호	11	12	13	14	15	16	17	18	19	20
精·氣·神	중	상	중	중·상	상	중·상	상	상	상	상
번호	21	22	23	24	25	26	27	28	29	30
精·氣·神	상	상	상	상	중	상·상	중	중	상·상	상
번호	31	32	33	34	35	36	37	38	39	40
精·氣·神	상·하	중	상	상	상	상	상	상	중	상
번호	41	42	43	44	45	46	47	48	49	50
精·氣·神	상	상	상	상	상·하	상	상·상	중·상	상	상

<표 14> 精氣神(85세 이상 장수인 중 100세인)

번호	1	2	3	4	5	6	7	8	9	10
精·氣·神	상	상	상	상·하	상·하	상	중·상	상	중·하	중·상

〈표 15〉 頭相·骨相(85세 이상 장수인)

분류		번호	1	2	3	4	5	6	7	8	9	10	11	12	13	14	15	16	17	18	19	20
頭相	頭圓		중	중	상	상	상	중	상	상·하	상	상·상	상	중	상	상·상	상	상·상	중	상·하	중	상
骨相	額骨橫骨		중·하	중·하	상·상	상	상·상	중	상·하	상·하	상·하	상	중	상	상·하	상·상	상	상·상	중	상·하	상	중
	筋骨상태		상	상	상	상	상·상	중	상·하	상	상·상	상	중	상	상	상	상	상	중	상	중	상
	顴骨耳入		상·상	상·상	상·상	상	중·상	중	상·상	상·하	상·상	상·상	상	중·상	상	중	상·하	중·상	상·하	상·상	상	상·상
	壽骨堅起		상	상	?	?	?	중	상	?	상	상	?	중·상	?	?	상하	?	중	중	상	상

분류		번호	21	22	23	24	25	26	27	28	29	30	31	32	33	34	35	36	37	38	39	40
頭相	頭圓		중	상·상	상·중	중·하	중	상·상	중	중	중	상·상	상	중·상	상·상	상·상	중	중	상·상	상·하	상	중·중
骨相	額骨橫骨		상·상	상·상	중·상	상	중	상	상	상상	중	상·상	중	상·하	상·상	상·상	상·상	상·상	상·하	상	중	중·상
	筋骨상태		상·하	상·하	상·하	상	중	상	중	상	상·하	상·상	중	상	상·하	상	상	중	상·하	상	상·상	상
	顴骨耳入		상·상	중	상	상	상	상	상·하	상	중	?	중	상	상	상	상	상	상	상	상·상	중
	壽骨堅起		?	?	상	상	?	?	?	?	?	?	중	중	상	?	상	?	중	중	상	중

분류		번호	41	42	43	44	45	46	47	48	49	50
頭相	頭圓		상	상·상	중	상·하	상·상	상·하	중	상·상	상	중
骨相	額骨橫骨		상·상	상	상·상	상·하	상	중	중·하	상·상	중	중
	筋骨상태		상	상	중	상·상	상	상	중	상	상·하	중
	顴骨耳入		중·상	상·상	상·하	상·상	상	상	상·하	상	중·상	상·하
	壽骨堅起		?	?	상·하	상	상	상	?	?	?	중·상

〈표 16〉 面相: 三停의 조화, 五岳豊隆, 面皮寬厚壽斑, 命門光澤(85세 이상 장수인)

분류		1	2	3	4	5	6	7	8	9	10	11	12	13	14	15	16	17	18	19	20
面相	三停	상	상	상·상	상·중	상	상	중·상	상·하	상·상	상	상·상	상	중	상	상	상	상	상	중	중
	五岳豊隆	상·중	중	상	상·중	상·상	중	상·상	상·중	상·상	상	상·상	중	중·상	상·중	상	상·상	중·상	중·상	중	상·하
	面皮寬厚·壽斑	상	중	상·하	상·하	상	상	상	상·하	상·상	중	상·상	상·하	상·하	상	상	중	중	상	상·하	상·상
	命門光澤	상	상	중	상·하	상·하	상·상	중·상	상	상	중	상	상·하	상	?	상	중	중·하	중	상·하	?

분류		21	22	23	24	25	26	27	28	29	30	31	32	33	34	35	36	37	38	39	40
面相	三停	상·상	상·중	중·상	상·중	중·하	상	중·상	하	중·하	상	중	상	상·하	중	상·상	상	상	상·하	중	중·상
	五岳豊隆	상·중	상·하	상·중	상·하	중	상·상	중·하	상	상·하	상	상	중·하	상·상	중·상	중	상·상	중·상	중	상	상
	面皮寬厚·壽斑	?	상·하	상	상	상·상	?	중	상	상	상·하	상	중·상	상·상	중·상	상	?	상	상	상·상	상
	命門光澤	상	?	?	상	?	?	?	?	상	중	상	하	상	?	상	?	상·하	상	상	상·상

분류		41	42	43	44	45	46	47	48	49	50
面相	三停	중	상·상	상·중	상	상	상	중	상	중·상	중
	五岳豊隆	상	상	중·하	상	상	상·상	상	상	상·중	상·하
	面皮寬厚·壽斑	상	상	상·하	상·하	상	상	중	중·상	상·상	상·하
	命門光澤	?	?	상	상·하	중	상	중	중	상	중

〈표 17〉 面相 : 눈, 눈썹(85세 이상 장수인)

分類(面相)		번호	1	2	3	4	5	6	7	8	9	10	11	12	13	14	15	16	17	18	19	20
눈	眼細長深者 兩目有神隱藏		중	상	상	중	중	상·상	상	상·하	상	상	중	상	상	상	상	상	중	중·상	중·상	중
눈썹	眉高長		상	중	중	상	상	상·상	상·상	상·중	상	상	상	상	중·상	상	상	중	중	중·상	상	상
눈썹	有長毫眉		상	상	중	상	중	중	상·상	중	중	중	중	상	상·하	상·하	상	상	중	상	상	상
			?	?	?	?	?	?	무	무	아	아	무	?	무	아	아	?	?	아	아	?

分類(面相)		번호	21	22	23	24	25	26	27	28	29	30	31	32	33	34	35	36	37	38	39	40
눈	眼細長深者 兩目有神隱藏		중·상	중·상	중·상	상	상	상	중	상	상	상·상	상	중	중	중	상	중	상·하	상·하	중	상
눈썹	眉高長		상·하	상	상	상	중	상	중	중	상·상	상·상	중	상	중	상·하	상	상	상·상	상	상	상
눈썹	眉有長毫		상·상	상·하	중·상	중	상	중	하	상	중·하	상	상	중	중·상	상·상	중·상	중	상	상·상	상	중·하
			무	무	아	아	?	?	?	?	?	?	?	?	무	?	무	?	아	아	?	무

分類(面相)		번호	41	42	43	44	45	46	47	48	49	50
눈	眼細長深者 兩目有神隱藏		상	상·하	상·상	상	상	상·상	상	중	상	중
눈썹	眉高長		상·중	중	상·상	상·중	상·하	상	상·하	상	상	상
눈썹	眉有長毫		중	?	상·상	상	중	중	중	상	중	상
			아	무	무	무	아	아	무	?	무	무

<표 18> 面相 : 귀(85세 이상 장수인)

분류		번호	1	2	3	4	5	6	7	8	9	10	11	12	13	14	15	16	17	18	19	20
面相	귀	耳厚大堅	상	상·상	중	중·상	?	상	상	상·상	상·하	상	?	상	?	상·상	중·상	?	상	상·상	상·중	상·상
		垂珠朝口者	상·상	상·상	상·상	중	?	상·하	중·상	상	중	상	?	중	상	상	상	중	상	상	중·상	상
		耳洪明慈潤	상	상·중	상·하	중	?	중	상	상	중	상	?	중	중	상	상	?	상	상·하	상	상
		耳有長毫	?	?	?	?	?	중	무	무	무	무	?	?	?	?	무	?	무	무	무	무

분류		번호	21	22	23	24	25	26	27	28	29	30	31	32	33	34	35	36	37	38	39	40
面相	귀	耳厚大堅	상	상	상·상	상·상	?	상	?	?	?	상·상 중·상	상	상	상·상	?	상·상	?	상·상	상	중	중
		垂珠朝口者	상·하	상·하	상·하	상·중	상	상	중	상	상	상	중	상	상·상	상	상	중	상	중·하	중	중·하
		耳洪明慈潤	?	상	상	중·상	중	?	상	상	상	상	상	상	상·상	상	상	상	상	상	상	상·하
		耳有長毫	무	무	무	우	?	중	무	무	무	?	?	?	무	?	우	?	우	우	상	우

분류		번호	41	42	43	44	45	46	47	48	49	50
面相	귀	耳厚大堅	상·상	상·하	상·상	상·상	상·상	상	상	상·상	상·중	상·상
		垂珠朝口者	상	중	상	상·하	상	상	중	상·상	상·하	상
		耳洪明慈潤	상	?	상·상	상·하	상	?	중	상·상	상	상
		耳有長毫	우	무	무	무	우	?	?	?	무	?

〈표 19〉 面相: 코(85세 이상 장수인)

코 (번호 1~20)

분류 \ 번호	1	2	3	4	5	6	7	8	9	10	11	12	13	14	15	16	17	18	19	20
鼻梁正勢	상	상·상	상	상·상	상·상	상	중·상	상·중·하	상·상	상	상	상	상	중	상·상	상	중·상	상·상	상	상·상
山根不折而上下正直	상	상	상	상·상	상·상	상	중	중	상·상	상·상·상	상·상·하	상	상	중	상·상	상	상	상·상	상·상·하	중
年壽上不陷	상	상	상·상	상	상·상	중·상	상	중	상·상	중·상	상	중	상	상·상	상·상	상	상	상	상	중

코 (번호 21~40)

분류 \ 번호	21	22	23	24	25	26	27	28	29	30	31	32	33	34	35	36	37	38	39	40
鼻梁正勢	상	중·상	상·중	상	상	중·상	상·상	상·중	중	중·상	상	중	상·상	상·상	상·중·상	중	상·하	상·하	상·상·하	상
山根不折而上下正直	상	중·상	중	상·중	중	중	상	중·상	중	상·하	상	중·하	상·상	상	상·상	중	상	중	상	상
年壽上不陷	상	상	중·상	상	상	상	상	중	상	중·상	상	중	상	상·상	상·상	상	상	상	상·상	중

코 (번호 41~50)

분류 \ 번호	41	42	43	44	45	46	47	48	49	50
鼻梁正勢	중	상·상	상	상	중·상	상·상	중·하	상	상·하	상
山根不折而上下正直	상·하	상·상	상	상·하	상·상	상·중	중·하	상	상·하	상·상
年壽上不陷	중·상·상	상·상	상	상·중	상·상	상·상	상·하	상	상·상	상·상

〈표 20〉 面相: 치아, 입, 지각, 목(85세 이상 장수인)

번호	치아 齒齊堅密	입 口方闊而有稜	지각 地閣方圓	목 項下有皮如絛者
1	?	중	상·하	상
2	?	상·하	상·하	상
3	?	상	상	중
4	?	중	상	중
5	?	상	상	중
6	?	중	상	상·상
7	?	상·하	상·하	중·상
8	?	상·하	상	상·상
9	?	상·상	상	중
10	?	상	상	중·상
11	?	상	상·상	상
12	?	상·상	상	하
13	?	중	중	중
14	중	중	상	상
15	중·하	상	상	중
16	?	상	상	중
17	?	상	중	하
18	?	상·하	중	?
19	?	상	상	중·상
20	?	상·상	상	상·하
21	상	중·상·상	상	중·상·상
22	상	중·상·하	상	?
23	?	상	상·상	중
24	?	상	상	상·상
25	?	상	중	중
26	?	상	상·상	상
27	?	중	중·하	하
28	?	?	상	중
29	중	상	상	중
30	?	상	상·상	상·하
31	?	중	상	상
32	?	하	중	중
33	?	상·하	상	상·상
34	?	상	상	중
35	?	상·하	상·하	중
36	?	중·하	중	중
37	중·하	중·하	상	상
38	상·상	상·상	상·하	중
39	?	중	상·상	상
40	?	?	상	상·하
41	?	상	상	중
42	?	상	상	상·하
43	?	상	중·하	중·상
44	?	상	상	상·상
45	?	상	상	중
46	상	상·상	상	중
47	?	하	중	중·상
48	?	상	상·상	중
49	?	상·하	상·상	상·상
50	?	상	상·하	중

〈표 21〉 종합 분석결과 1(85세 이상 장수인)

분류	상·중·하	상·상	상·중 (상)	상·하	중·상	중·중 (중)	중·하	하·상	하·중	하·하	?	비 고
頭相	精·氣·神	1	27 / 36명 72%	2	7	7 / 14명 28%	0	0	0	0		* 각각의 분석 결과를 다시 가감승제하여 상중으로 표기하였다.
頭相	頭圓 額有橫骨 筋骨상태	15	10 / 36명 72%	11	7	3	4	0	0	0		
骨相	顴骨耳入 壽骨堅起	18	12 / 40명 80%	10	7	3 / 10명 20%	0	0	0	0		
面 (조)	三停	7	21 / 32명 64%	4	5	10 / 18명 36%	3					* 수반의 경우 검고 진하게 나타나는 경우만을 해당사항으로 보았다.
面 (하)	五岳豊隆	5	20 / 31명 62%	6	8	9 / 18명 3%	1	1				
面	面皮寬厚·壽斑 命門光澤	9	20 / 40명 80%	11	5	5 / 10명 20%			1명 2%			
相 (눈)	眼細長而深者 兩目有神隱藏	10	22 / 44명 88%	12	2	4 / 6명 12%	0					* 眉有長毫의 경우 여자는 해당되지 않는다.
相 (눈썹)	眉高長 眉有長毫	5	9 / 26명 52%	12	10	11 / 24명 48%	3					

〈표 22〉 종합 분석결과 2(85세 이상 장수인)

분류	상·중·하	상			중			하			?	비 고
		상·상	상·중	상·하	중·상	중·중	중·하	하·상	하·중	하·하		
面 · 相 — 귀	耳厚大堅 垂珠朝口者 耳洪明慈潤 耳有長毫	18	8	10 36명 86%	6	6명 14%					8명	* 耳有長毫의 경우 여자는 해당하지 않는다.
코	鼻梁正勢 山根不折而上下正直 年壽上不陷	19	12	9 40명 80%	7	1 10명 20%	2				8명	
인중	人中深而 長潤 人中不長	11	16	12 39명 78%	2	6 11명 22%	3					
법령	法令深長而明潤	7	15	20 42명 84%	5	1 7명 14%	1	1 1명 2%			?	* 치아의 경우 4명이 자신의 치아를 가지고 있었다.
치아 입 지각	齒齊堅密 口方闊而有凌者 地閣方圓	6	10	3 19명 39%	6	21 27명 57%	0	2 2명 4%			2명	
목	項下有皮如條者											

〈표 23〉 종합 분석결과 1(85세 이상 장수인 중 100세인)

분류		상·상	상	상·하	중·상	중	중·하	하·상	하	하·하	?	비고
頭相	精·氣·神	1	6	7명 70%	3		3명 30%					*눈썹이 毫眉는 사진만으로 파악하기가 어려웠다.
	頭圓 額有橫骨 筋骨성대		6	6명 60%	3	1	4명 40%					
骨相	顴骨耳入 壽骨堅起	2	6	8명 80%	2		2명 20%					
面相	三停		7	7명 70%	2	1	3명 30%					
	五岳豊隆	2	6	8명 80%	2		2명 20%					
	面皮寬厚·壽斑 命門光澤	4	4	8명 80%	2		2명 20%					
	눈 眼細長而深者 兩目有神隱藏		5	5명 50%	4	1	5명 50%					
	눈썹 眉高長 眉有長毫	4	2	6명 60%	4		4명 40%					

〈표 24〉 종합 분석결과 2(85세 이상 장수인 중 100세인)

분류		상·중·하	상			중			하			?	비고
			상·상	상·중	상·하	중·상	중·중	중·하	하·상	하·중	하·하		
面	귀	耳厚大堅 垂珠朝口者 耳洪明慈潤 耳有長毫	3	4			1					2	* 귀의 경우 사진만으로 파악하기 힘든 예가 있으며 특히 耳毫의 경우는 파악하기가 어려웠다.
			7 명 70%			1명 10%							
	코	鼻梁正勢 山根不折而上下正直 年壽上不陷	7	3									
			10명 100%										
相	인중 법령	人中深而 長潤 人中平長 法令深長而明潤	2	4		2		2					* 치아의 경우 한 사람만이 자신의 치아를 가지고 있었으며 나머지는 틀니를 하였다.
			6명 60%			4명 40%							
	치아 입 지각	齒齊駚密 口方闊而有凌者 地閣方圓	4	4		2							* 턱 아래 목의 項下有皮如條는 사진으로 파악하기가 어려웠다.
			8명 80%			2명 20%							
	목	項下有皮如條者					?					10	

부록 #2: 그림

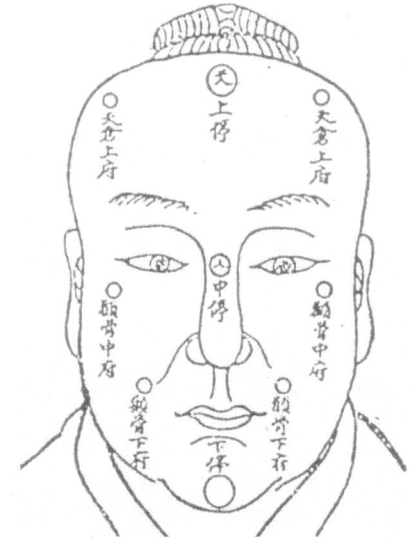

〈그림 1〉 六府·三停·三才之圖

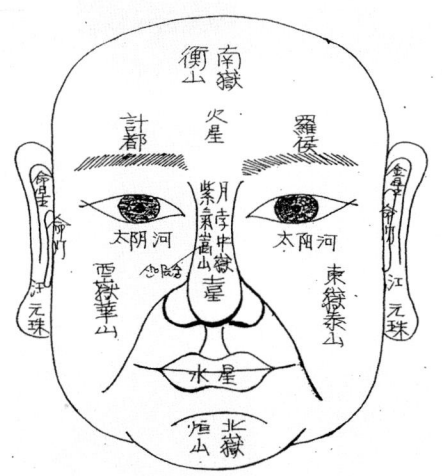

〈그림 2〉 五星·六曜·五岳·四瀆之圖

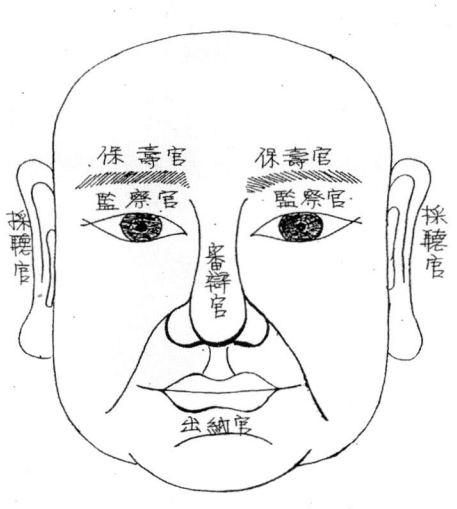

〈그림 3〉 五官之圖

〈설문지〉

안녕하십니까? 저는 장수에 관한 연구를 하고 있습니다.

장수노인에 대한 현대적인 연구가 많이 진행되고 있는 가운데 장수인은 타고나는 것인가? 현대에서의 장수하고 있는 노인들의 상은 어떠하며, 장수에는 어떠한 조건과 생활환경, 양생 등이 필요한가에 대해 알아보고자 합니다.

본 설문지는 장수노인의 이러한 특성에 대하여 알아보기 위한 것이며, 본 조사의 결과는 건강장수의 정책에 귀중한 자료로 이용될 것입니다. 할머니(할아버지)께서 답변해 주신 내용은 통계법에 따라 비밀이 절대로 보장되며, 본 내용은 논문을 쓰기 위한 통계적 자료에만 사용되고 다른 목적으로 사용되지 않을 것이므로 모든 문항에 솔직히 답변해 주시면 감사하겠습니다.

 * 질문과 답변에 어려움이 있는 노인의 경우 가장 가까운 사람을 통해 대리응답을 받도록 하십시오.

 * 대리응답의 경우 할아버지(할머니)의 사진을 부탁드리며, 대리응답을 하신 분이 누구인지 알려주십시오. 예) 딸, 며느리, 아들, 손자, 등

〈85세 이상 할머니, 할아버지에 대한 설문조사〉

* 다음 질문에서 해당사항에 ∨ 표를 해 주시기 바랍니다.

1. 응답자의 성별(할아버지입니까? 할머니입니까?)
   ① 남자 ② 여자

2. 할아버지(할머니)의 연세는 어떻게 되십니까?
   (날짜가 불분명하면 기입하지 마시고, 태어난 시간이 분명치
   않을 때는 대략 말씀해 주시면 됩니다.)
   _____세, 또는 _____띠.
   음력, 양력(_____년 ___월 ___일 _____시 생 대략
   _____시)

3. 할아버지(할머니)의 태어난 시간은 어떻게 아셨습니까?
   ① 어머니 ② 아버지 ③ 친척(관계: 본인의 _____)

4. * 현재 거주하는 곳은 어디십니까?
   (국내/국외) _____도(시) _____군 _____동(리)

* 할아버지(할머니)께서 태어난 지역은 어디입니까?
   (국내/국외) _____도(시) _____군 _____동(리)

5. 할아버지(할머니)의 배우자의 연세는 얼마이십니까?

① 현재 _____세 ② 사별(사별할 때 본인의 나이: _____세)

③ 이혼(이혼할 때 본인의 나이 _____세)

④ 별거(별거할 때 본인의 나이 _____세) ⑤ 미혼 ⑥ 기타( )

6. 할아버지(할머니)는 누구와 살고 계십니까?

① 배우자 ② 아들·며느리 ③ 딸·사위 ④ 손자녀·조카
⑤친척 ⑥ 독거

7. 현재 생존하고 계신 할아버지(할머니) 형제자매의 연세는 얼마이신가요?

① 60대 ② 70대 ③ 80대 ④ 90대 이상(_____세)

8. 할아버지(할머니) 형제자매가 사망하셨다면 돌아가셨을 때의 연세는 어떻습니까?

① 50대 이하 ② 50대 ③ 60대 ④ 70대 ⑤ 80대 ⑥ 90대
(_____세)

9. 담배를 피우고 계십니까?

① 현재 피우고 있다(흡연량: 하루 개피/갑). ② 피우다 끊었다.
③ 처음부터 피우지 않았다.

10. 술을 드시고 계십니까?

① 들고 있다(주량:). ② 전에는 들었으나 지금은 들지 않

는다.

③ 처음부터 들지 않았다.

11. 술을 드신다면 얼마나 자주 드십니까?

① 거의 매일 ② 일주일에 2~3일 ③ 일주일에 한 번 정도

④ 2주일에 한 번 정도 ⑤ 한 달에 한 번 정도

⑥ 거의 안 한다. ⑦ 전혀 안 한다.

12. 할아버지라면 눈썹에 긴 털이 있습니까?

① 있다. ② 없다.

13. 할아버지라면 귓속에 긴 털이 있습니까?

① 있다. ② 없다.

14. 치아의 상태는 어떠하십니까?

① 좋다. ② 보통이다. ③ 틀니

15. 치아의 견밀도 관찰.

16. 크게 아픈 적은 없으셨습니까? 있다면 말씀해 주십시오.

김연희 ──

▌약 력

전북 전주 출생
1977년, 중앙대학교 도서관학과 졸업
2004년, 원광대학교 동양철학 석사
2009년, 원광대학교 동양문화학 박사
　　　　원광대학교 동양학대학원 체상 및 동양인간학 강사
　　　　원광대학교 평생교육원 강사
　　　　고려수지침 요법학회 강사
　　　　대전 동방문화진흥회 강사

▌주요 논문 및 저서

박사논문 「劉劭 <人物志>의 人材論에 관한 相學的 연구」
석사논문 「相學에 나타난 長壽 理論의 연구」 -현존 장수인의 相을 중심으로-
연구논문 「劉劭 <人物志>에 나타난 도가적 성향 탐구」
　　　　「동양의학 개론과 오운육기」
　　　　「오운육기와 질병 및 사주와의 상관관계」
　　　　「운기체질과 고혈압의 관계」
　　　　「운기체질과 당뇨병과의 상관관계에 관한 연구」

　　　저서 『관상학의 인재경영』

관상학의
장수비결

초판인쇄 | 2009년 11월 23일
초판발행 | 2009년 11월 23일

지은이 | 김연희
펴낸이 | 채종준
펴낸곳 | 한국학술정보㈜
주　소 | 경기도 파주시 교하읍 문발리 파주출판문화정보산업단지 513-5
전　화 | 031) 908-3181(대표)
팩　스 | 031) 908-3189
홈페이지 | http://www.kstudy.com
E-mail | 출판사업부　publish@kstudy.com
등　록 | 제일산-115호(2000. 6. 19)

ISBN　978-89-268-0465-0 93150 (Paper Book)
　　　　978-89-268-0466-7 98150 (e-Book)

내일을여는지식　■ 은 시대와 시대의 지식을 이어 갑니다.